Oliver Driver

Was deine Seele will ...

und wie du dort hinkommst

Ein Arbeits- und Übungsbuch
in deine Kraft

ISBN 978-3-8434-1021-2

Oliver Driver:	Umschlag: Murat Karacay, Schirner
Was deine Seele will ...	unter Verwendung des Bildes
und wie du dort hinkommst	Nr. 20639256 (wong yu liang),
Ein Arbeits- und Übungsbuch	www.fotolia.de
in deine Kraft	Redaktion: Barbara Rave, Schirner
© 2011 Schirner Verlag, Darmstadt	Satz: Lisa Zilch, Schirner
	Printed by: OURDASdruckt!, Celle,
	Germany

www.schirner.com

1. Auflage 2011

Alle Rechte der Verbreitung, auch durch Funk, Fernsehen und sonstige
Kommunikationsmittel, fotomechanische oder vertonte Wiedergabe sowie des
auszugsweisen Nachdrucks vorbehalten

Für meine Eltern

Ich bedanke mich bei allen, die zu diesem Buch beigetragen haben: Barbara Rave im Lektorat, Murat Karacay für das Cover und allen anderen, die zur Entstehung dieses Buches beigetragen haben.

Als ich vor ein paar Jahren mein erstes Manuskript an den Schirner Verlag schickte, ahnte ich nicht, dass sich im Laufe der Zeit eine kleine, treue Lesergemeinde entwickeln sollte und darauf noch weitere Bücher folgen würden. Ich war kein Schriftsteller – dachte ich, nie hatte ich mich als Buchautor gesehen. Entsprechenden Dank schulde ich Heidi und Markus Schirner, die mir diese einmalige Chance gegeben und mich immer ermutigt haben, mehr zu schreiben.

Insbesondere danke ich Doris, meiner Frau, für das Verständnis für alles, was sich aus dieser Tätigkeit so an Nebenwirkungen zeigt und für die Unterstützung bei der Verfolgung eines Traums, der sich mehr und mehr realisiert.

> Die Welt ist reicher, weil du da bist.

Inhalt

Vorwort 13
Was Sie erwartet 15
Das Feuer in Ihnen 19
Kindheitsträume 21
Ihre Medizin 28
Das Spiel des Lebens 35
Intuition − Die Grundübung 40

Ressourcen und Hindernisse 43
   Stolpersteine im Weg 46

Ziele, Träume und Visionen 51
   Ziele sind 53
   Wünsche sind 57
   Visionen sind 59
   Träume sind 62
   Pläne schmieden 64
   Erfolg 66

Situationsanalyse 72
   Das Glück der Kinder 78
   Grundbedürfnisse 80
   Werte 84
   Leidenschaften 97
   Glück 102
   Sinn 105

Glaube ist nicht Wahrheit – Glaubenssätze als Hürde 108
Was sind Glaubenssätze? 110
Die Entstehung von Glaubenssätzen 111
Wofür brauchen wir Glaubenssätze? 112
Das Problem mit Glaubenssätzen 114

Motivation 116

Der große Antreibertest 118

Persönlichkeitsmodelle 127
Körper, Geist und Seele 129
Körper, Körperbewusstsein (KU) 130
Geist, Verstand (LONO) 131
Seele (KANE) 132
Ego 135
Frau Herz und Herr Verstand 140
Drei Seelen in Ihrer Brust 146
Das innere Team 149

Veränderungen 154
Gewohnheiten 156
Das Medizinrad 159
Ziele im Medizinrad 162
Phase I: Ende und Anfang 163
Phase II: Die Planung 166
Phase III: Die Umsetzung 167
Phase IV: Die Ernte 170
Träumer oder Macher? 174

Träume realisieren..177
  S.M.A.R.T.E...179
    SMARTE – Sinnesspezifisch und Konkret..........................181
    SMARTE - Messbar...182
    SMARTE – Attraktiv..183
    SMARTE – Realistisch..185
    SMARTE – Terminiert...186
    SMARTE – Eigenständig erreichbar...................................187
  Hätte, könnte, sollte...190

Ihr Ziel – Die Strategie...192
  Auswertung..198
  Zielcheck..208

Mentaltraining – Nutzen Sie die Technik der Sieger...........211
  Lernen von erfolgreichen Menschen..................................214
  Visualisierungen...217

Die Strategie des Vasco da Gama...227

Ihr Traum als Motto...232

Kreativität und Intuition..253
  Kreativität..254
  Intuition...257
  Brainstorming...262
  Mind-Mapping...265
  Die Walt-Disney-Methode...267
  Die 6-Hüte-Methode..269
  Ideen-Auswertung..270
  Brainraising...272

Zeit..276
  Der richtige Zeitpunkt..279
  Teilziele 280
  Ihr Traumfahrplan...284
  Der Tages- und Monatskalender..................................287
  Ihr Traum als Hobby...290

Effektivität und Effizienz..291
  Perfektionismus...294
  Proaktiv – Reaktiv..295
  Prioritäten – Verzetteln Sie sich nicht!......................298

Arbeit mit Glaubenssätzen...303
  Welche Glaubenssätze haben Sie?..............................303
  Glaubenssatzmolekül..308
  Interpretationen..311
  Wie verändern Sie Ihre Glaubenssätze?......................312
  Ökologie-Check...320
  Neue Glaubenssätze..323
  Positive Glaubenssätze 324
  Glaubenssatzkonflikte...325
  Verhalten muss man lernen 326

Ein Traum wird wahr...327

Schlusswort...333

Über den Autor...337

Vorwort

Ich will mein Leben verändern. Na, dann verändere ich es doch einfach. Einfach? Ich will etwas, und ich mache es! Einfach so? Gewollt habe ich schon vieles, umgesetzt weniger. Geht es Ihnen auch so? Seien Sie mal ehrlich. Leben Sie jetzt und hier Ihren Traum? Geben Sie Ihr Bestes, um Ihren Traum zu leben? Setzen Sie Ihre guten Vorsätze um, oder scheitern Sie in schöner Regelmäßigkeit?

Wenn du dein Leben verändern willst, musst du dein Leben verändern.

Wie wäre es, wenn wir uns gemeinsam auf die Suche nach Ihrem Traum machen würden? Was, meinen Sie, würde sich in Ihrem Leben ändern, wenn Sie sich heute entscheiden, diesen Weg mitzugehen?

Überlegen Sie bitte für einen Moment: »Wo wären Sie in ein paar Monaten, in einem Jahr oder in fünf Jahren? Was wäre anders? Was sollte bleiben, wie es ist?«

Ein guter Traum ist wie eine neue Liebe. Anfangs fesselt er uns mit aller Macht. Wir sind begeistert und voller Schwung. Nichts kann uns bremsen. Aber dann lässt, wie oft auch in der Liebe, der anfängliche Elan nach. Sie werden es nicht verhindern können. Plötzlich stehen Sie am Scheidepunkt und müssen einen Entschluss darüber fassen, ob Sie diesen Weg weitergehen möchten.

Klaus träumt von einem kleinen Haus in den Bergen, Petra hat die Vision eines Seminarzentrums auf Mallorca. Ingrid will nur endlich diese verdammten paar Kilos abnehmen, die sie von der Lieblingshose trennen, und dann ist da noch Jochen, der schon lange genug von Zigarettengeruch und Kurzatmigkeit hat, es aber nie schafft, mit dem Rauchen aufzuhören. Erkennen Sie sich wieder? Vielleicht wünschen Sie sich auch etwas ganz anderes: endlich einmal wieder Urlaub machen oder ein altes Cabrio restaurieren, Klavier spielen lernen, ein Sabbatjahr nehmen, ein Boot bauen und die Welt umsegeln, den Montblanc besteigen, einmal den Jakobsweg ganz erleben, mehr Zeit für die Familie haben, weniger arbeiten oder Karriere machen, ein Buch schreiben oder ein eigenes Geschäft eröffnen.

Haben Sie schon angefangen, an der Verwirklichung Ihres Wunsches zu arbeiten? Wenn Sie bereits wissen, was Sie im Leben wollen, Sie Ihren Seelenauftrag also schon kennen, finden Sie in diesem Buch Tipps und Tricks, wie Sie »am Ball bleiben«. Es wird sich lohnen!

Möglicherweise ahnen Sie aber noch gar nicht, wo es hingehen soll, und Sie suchen nach Möglichkeiten, Ihren Lebensweg zu entdecken. Sie spüren, dass Sie nicht Ihr Leben leben, wissen jedoch noch nicht, wie es sich ändern könnte. Die Zwänge des Alltags haben bisher vielleicht viele Ideen und Träume bereits im Ansatz erstickt.

Manchmal ist es sogar besser, gar nicht zu wissen, wohin man will. Ziele schränken ein, sie begrenzen. Sie engen Ihre Möglichkeiten ein. Lassen Sie sich überraschen, was Sie über sich entdecken werden!

Haben Sie gelegentlich das Gefühl, gelebt zu werden? Fühlen Sie sich oft machtlos gegen äußere Faktoren? Oder haben Sie Ihre Vision irgendwann auf Ihrem Weg verloren? Dann lassen Sie uns doch einfach ein paar Schritte zurückgehen und diese scheinbar verloren gegangene Vision wiederbeleben.

Vielleicht wollen Sie Ihr Potenzial endlich entfalten und aus dem Alltagstrott heraus. Haben Sie eine Vorstellung von einer Lebensqualität, die momentan nicht in Ihrem Leben vorhanden ist? Wie sähe Ihr Leben aus, wenn diese Qualität da wäre?

Was deine Seele will ... und wie du dort hinkommst
Im ersten Teil des Buches kümmern wir uns darum was Ihre Seele will, und im zweiten darum, wie Sie das erreichen. Sie werden einen Blick auf Ihre Bedürfnisse, Werte und Leidenschaften werfen. Manches wissen Sie bereits, aber vieles wird Sie auch überraschen. Was ist Ihnen wichtig? So wichtig, dass Sie dieses Buch in die Hand genommen haben und überlegen, ob es eine Unterstützung sein könnte? Erlauben Sie mir, Ihnen einen Weg vorzuschlagen, der es Ihnen ermöglicht, zurückzufinden zu einem erfüllten Leben, zurück zu einem selbstbestimmten Leben. Finden Sie zurück zu Ihrer inneren Balance, verwirklichen Sie Ihre Träume, erreichen Sie Ihre Ziele.

Was Sie erwartet

Seit Jahrtausenden orientieren sich Seefahrer an markanten Punkten der Küste und vor allem an den Sternen. Nomaden finden Ihren Weg in der Wüste ebenfalls mithilfe der Sterne. Die Phönizier, die aus dem östlichen Mittelmeerraum stammten, segelten bereits vor 3 000 Jahren nach Nordafrika. Die Polynesier konnten den Nachthimmel wie eine Straßenkarte lesen. Noch vor Christi Geburt umsegelte Pytheas Britannien und gelangte sogar bis nach Island. Vasco da Gama fand als erster Europäer den Seeweg nach Indien. Auf ihn werde ich noch im Zusammenhang mit der Entwicklung einer Lösungsstrategie zu sprechen kommen.

> Auch der längste Weg beginnt mit einem Schritt.
> (Laotse)

Wenn dieses Buch Ihnen hilft, einen Leitstern zu finden, an dem Sie sich orientieren können und der Ihr Schiff führt, hat es sein Ziel erreicht.

Das Thema Ziele, Träume und Visionen und wie ich sie erkenne, was sie bedeuten und wie ich sie umsetze, ist vielschichtig. Alle Aspekte, über die Sie hier lesen werden, hängen zusammen wie ein Mobile. Sie sind inhaltlich so miteinander verwoben, dass es in einem Buch wie es durch das Format nun einmal vorgegeben ist, kaum darstellbar ist. Mir scheint es daher die beste Lösung zu sein, Ihnen ein buntes Potpourri an Theorie, Übungen, Beispielen, Gedanken, Zitaten und mehr anzubieten, die sich beim Lesen wie Steinchen zu einem dreidimensionalen Mosaik verbinden. Die Entdeckung eines Traums kann dem Erstellen eines großen Mosaiks ähneln. Einzelne Steinchen haben Sie, aber es fehlen noch viele. Beim Lesen und in den Übungen finden Sie immer mehr Mosaiksteinchen, und dann setzen Sie das Bild zusammen. Diese Arbeit kann Ihnen niemand abnehmen.

Sie werden eine Vielzahl an einfachen Übungen finden, die Sie an das jeweilige Thema heranführen und es vertiefen. Diese erkennen Sie an dem lächelnden »Ü«. Bei manchen ist der Sinn offensichtlich und die Bedeutung des Ergebnisses klar, bei anderen wiederum nicht auf den ersten Blick. Wenn an diesen Stellen nichts weiter erläutert wird, lassen Sie das Ergebnis einfach sacken. Nach und nach entwickeln Sie ein Gefühl für sich selbst und öffnen sich all den Sehnsüchten, die im Alltag gern verdrängt werden.

Sie werden lernen, Ihr Unterbewusstsein, Ihre Intuition, in Ihr Leben zu integrieren und ganzheitlich zu denken und zu fühlen. Sie werden sich selbst besser kennenlernen, und Sie finden langsam aber sicher einen Weg zu Ihrer eigenen Kraft. Ab Seite 200 können Sie die Ergebnisse einiger Übungen gesammelt eintragen, wenn Sie darangehen, Ihr Ziel zu formulieren.

Weil ich zugegebenermaßen ein Freund von schlauen Sätzen und Weisheiten der großen und kleinen Denker dieser Erde bin, werden Sie hier und da ein Zitat zum Thema finden.

 Auf Ihrem Weg zu Ihrem Traum werden Sie immer wieder auf Probleme, Herausforderungen oder Rätsel stoßen. Es wird Zeiten der Hoffnungslosigkeit, der Dunkelheit, geben, in denen Sie meinen, »kein Licht mehr am Ende des Tunnels« zu sehen. Darauf können Sie sich vorbereiten. Ich zeige Ihnen, was auf Sie zukommen kann und was Sie dagegen tun können. Die Sonne markiert Textstellen, die mögliche Ressourcen, Eigenschaften und Hilfsmittel für Ihren Weg zum Ziel erläutern.

 Themen, die auf den ersten Blick wie Hindernisse auf Ihrem Weg erscheinen, aber ebenfalls wertvolle Hinweise zur Zielerreichung bieten, werden durch eine leicht von Wolken verdeckte Sonne gekennzeichnet. Denn wenn Sie die positiven Aspekte der Wolken verstanden haben, wird aus Ihnen eine kraftvolle Ressource.

 Wissenswertes, Erläuterungen, erklärende Beispiele und Geschichten sind mit einem grauen Kasten gekennzeichnet. Zusätzlich finden Sie ein »W« als Symbol.

Sie lernen, was es mit Zielen, Wünschen, Träumen und Visionen auf sich hat und worin die Unterschiede bestehen. Wir gehen auf die Wichtigkeit der Integration Ihrer Seele und Ihres Unbewussten in Bezug auf Ziele und Entscheidungen ein. Sie werden sich mit sich selbst beschäftigen und in den verschiedenen Übungen erfahren Sie mehr über sich.

Ich werde kurz auf verschiedene Persönlichkeitsmodelle eingehen, deren Kenntnis Ihnen hilft, mehr über sich selbst zu lernen. Manchmal ist es gut zu wissen, woher die innere Stimme kommt, die den tollen Plan torpediert, und wie Sie mit ihr umgehen können. Es ist normal, dass ein Teil von Ihnen Angst hat. Allerdings stellt sich die Frage, wie groß die Angst sein darf und wie man sie sinnvoll nutzt. Angst wirkt schließlich auch schützend. Alles hat seinen Sinn und sollte anerkannt werden. Lassen Sie uns gemeinsam daran arbeiten und den Weg zu Ihrem Traum freimachen.

Über den Einfluss des Unbewussten und der Emotionen und warum Sie diese tunlichst beachten sollten, geht es hin zu Motivationsfragen. Anschließend erläutere ich Ihnen am Beispiel des indianischen Medizinrades, das durch seinen Bezug zum Kreislauf des Jahres und der Natur ideal ist, das Thema Veränderungen. Viele Übungen beinhalten Elemente aus dem Mentaltraining, hin und wieder ergänzt durch uraltes schamanisches Wissen und indianische Weisheiten. Diese sorgen dafür, dass Sie »am Ball bleiben« und Ihren Traum im Unterbewusstsein fest verankern.

Zuletzt gehe ich auf die konkrete Entwicklung einer Strategie zum Erreichen Ihres Zieles ein. Man könnte sagen, dass wir in diesem Teil auf die Ergebnisse des ersten Teils schauen und ein darauf maßgeschneidertes Angebot zur Zielverwirklichung entwickeln. Über die Klärung von Bedürfnissen, Werten und Leidenschaften geht es zu den Möglichkeiten einer erfolgversprechenden Zielformulierung und -definition. Am Ende dieses Teils haben Sie Ihre eigene Strategie mit Ihrer individuellen Zeitschiene entwickelt. Sie sagen, wie Ihr Traumziel genau aussieht, und gemeinsam werden wir die Landkarte mit dem Weg dorthin zeichnen. Im Laufe der Reise werden Sie diese Karte immer wieder überarbeiten, und Sie werden merken, welch eine Schatzkarte Sie da entworfen haben.

Detailliert gehe ich am Ende des Buches auf das Thema Glaubenssätze ein. Dort finden Sie zahlreiche Übungen zu deren Entdeckung und deren Veränderung bzw. Auflösung.

Seien Sie sorgfältig, wenn Sie mit diesem Buch arbeiten. Vieles erscheint logisch und klar, anderes haben Sie vielleicht schon gewusst, dennoch möchte ich Sie bitten, das Buch so zu lesen und zu handhaben, als ob es das erste Mal wäre, dass Sie diese Dinge hören. Am meisten werden Sie davon profitieren, wenn Sie wirklich systematisch vorgehen. Machen Sie jede Übung, und nehmen Sie sich die entsprechende Zeit dafür. Wenn es Ihnen hilft, stellen Sie sich doch vor, dass es das letzte Buch wäre, das Sie lesen werden – denn danach sind Sie viel zu sehr mit dem Leben Ihrer Träume beschäftigt …

Das Feuer in Ihnen

Ich will Sie begeistern und fesseln! Begeistern für das Potenzial, das in Ihnen steckt. Fesseln an Ihren Traum, der auf Sie wartet – nicht mehr und nicht weniger. Ich will ein Feuer in Ihnen entzünden. Ein Feuer, das vielleicht schon seit Langem tief in Ihrem Inneren glimmt. Möglich, dass es nur noch ein Funke ist, eine vage Idee oder eine Ahnung. Ein Feuer, das so schwach ist, dass Sie es schon lange nicht mehr wahrgenommen haben. Und dennoch wissen wir alle: Ein einzelner Funke genügt oft, um einen ganzen Waldbrand auszulösen. Große Feuer sind beängstigend und gewaltig. Sie reinigen und zerstören zugleich. Große Feuer brauchen Sauerstoff, sonst ersticken sie. Sie brauchen immer neuen Brennstoff, sonst verkümmern sie.

Ich hoffe, dass Sie mithilfe dieses Buches das Feuer in sich wieder zum Lodern bringen: Sei es, dass Sie einen Traum verwirklichen, sei es, dass Sie ein Ziel endlich angehen, sei es, dass Sie nur spüren, dass sich etwas ändern muss. Es muss sich etwas ändern, damit sich etwas ändert, vergessen Sie dies nicht!

Vor Ihnen liegt ein unbekannter Weg. Dieser wird den alten, ausgetretenen Pfad der Langeweile und Monotonie ersetzen. Der Weg hat unerwartete Wendungen, er führt durch weite Täler und über hohe Berge. Manchmal ist er steinig und gefährlich. Dann wieder geht es über waghalsige Brücken oder durch tückische Sümpfe. Im einen Moment erfordert er Ihre ganze Aufmerksamkeit, im anderen können Sie Ihre Gedanken schweifen lassen. Irgendwann nähern Sie sich dem Gipfel – Ihrem Ziel. Die Umgebung ist karger, die Luft dünner, dennoch gelingen die letzten Schritte angesichts des nahen Zieles wie von allein.

Sie haben nur ein Leben. Leben Sie es! Sie können es schaffen!

Die folgende Übung möchte ich exemplarisch nehmen, um Ihnen die Wichtigkeit aller Übungen zu zeigen. Man kann sie sehr schnell machen und als fertig abhaken. Mancher wird sie auch nur überfliegen, denken, dass sie für ihn nicht so wichtig ist, und weiterlesen. Wenn Sie etwas verändern wollen, sollten Sie erkennen, wer Sie bei dieser Arbeit sabotiert. Offensichtlich ist da jemand in Ihnen, der einfach keine Lust hat. Einer, der vielleicht auch Angst hat, dass es ihm an den Kragen geht. Mag sein, dass Ihnen das Buch auch so gefällt. Dafür habe ich es allerdings nicht geschrieben – und Sie haben es nicht deswegen gekauft. Es soll Sie bewegen und

Ihre Möglichkeiten erweitern, es soll Sie zu Ihrer Medizin führen. Das kann es nur, wenn Sie diesen inneren Saboteur erkennen und abschalten. Es ist Ihre Entscheidung, ob Sie dieses Buch als Begleiter zu mehr Erfüllung in Ihrem Leben wählen oder ob es nur eine nette Lektüre bleibt.

ÜBUNG – STOPP!

Ich möchte Ihnen eine Übung vorschlagen, die Sie in den nächsten drei Wochen gern mehrmals täglich machen können. Diese Übung ist so einfach, dass Sie schon nach einer Woche ihre Wirkung bemerken sollten. Sagen Sie sich mehrmals täglich: »Stopp!«, und halten Sie abrupt inne in dem, was Sie gerade tun. Verharren Sie für einen Moment wie eingefroren, und schenken Sie sich eine Minute, in der Sie auf Ihre körperlichen Wahrnehmungen achten. Wie sitzen oder stehen Sie? Wo sind Muskeln angespannt? Was schmerzt? Was spüren Sie ganz allgemein? Wo berührt die Kleidung Ihre Haut? Was hören Sie? Fällt Ihnen ein Geruch auf? Ändern Sie an all dem nichts, beobachten Sie sich einfach eine Minute lang selbst. Lassen Sie alles so, wie es ist. Und dann machen Sie das weiter, was Sie vorher getan haben. Ziel dieser kleinen Übung ist es, die Achtsamkeit in Ihnen zu wecken.

Kindheitsträume

Als Kind wollte ich Zoodirektor werden. Glaube ich, oder …? Ich merkte beim Schreiben dieser Zeilen, dass ich vergessen hatte, was da noch war. Ich hatte die Träume meiner Kindheit vergessen – vielleicht sogar verraten? Ich musste mich wirklich konzentrieren und mich für einige Minuten zurücklehnen, damit mir wenigstens noch »Fußballtorwart« einfiel. Also rief ich meine Mutter an und fragte sie, was ich eigentlich als kleiner Junge alles werden wollte. Sie würde sich doch sicherlich erinnern. So genau wusste sie es auch nicht mehr. Schnell sind die Träume der Kindheit vergessen.

Sei vorsichtig mit dem, was du dir wünschst, es könnte wahr werden!

Was war geschehen? Woran liegt es, dass wir unsere Träume verlieren? Ich möchte Sie trösten. Nie haben Sie einen Traum verloren. Sie haben ihn nur in Sicherheit gebracht. Kinder beschützen das, was ihnen am wichtigsten ist. Hatten Sie als Kind auch eine kleine Kiste, in der Sie kleine persönliche Dinge versteckten? Eine Zeit lang habe ich diese Kiste sogar im Garten vergraben. Geprägt von unserer Umgebung gehen wir genauso mit bestimmten Talenten, Eigenschaften und auch mit Träumen um. Mancher von uns wollte als Kind vielleicht einmal Maler oder Schriftsteller werden, doch die Eltern verankerten schon früh – immer unser Bestes im Sinn – den Glaubenssatz in uns, dass dies brotlose Kunst sei. Wir verstecken unsere Träume, weil niemand sie sehen soll, weil wir Angst haben, dass sie uns jemand wegnimmt oder zerstört. Auch Sie haben vielleicht manche Träume tief in Ihrer Seele vergraben und finden den Schlüssel zu Ihrer Schatzkiste nicht mehr. Dieses Buch kann der Schlüssel für Sie sein

Ein wenig Hilfe will das Glück gern haben.
(Norwegisches Sprichwort)

Ein paar Tage später rief mich übrigens meine Mutter zurück und sagte, dass ich immer habe Häuser bauen wollen; ganz wie mein Opa, der Architekt gewesen war. Hm, dass dies als Kind mein Berufswunsch war, hatte ich anscheinend vergessen, obwohl er sich tendenziell durch mein ganzes Leben zog. Im Alter von gut zehn Jahren verbrachte ich Wochen damit, Baumhäuser auf den größten Bäumen im Wald hinter unserem Haus zu bauen. Auf der großen Buche sieht man jetzt noch einige Bretter, die mein Freund und ich dort mühsam in großer Höhe festgenagelt hatten. Ich hoffe, der Baum hat mir zwischenzeitlich die Wunden verziehen, die ich ihm zugefügt hatte. Später fing ich dann an, »in die Erde zu gehen« und zwischen den Wurzeln der Bäume tiefe Höhlen zu graben. Ein Wunder, dass mir dabei nichts passiert ist. Als der Kindheitswunsch bereits vergessen war, studierte ich Bauingenieurwesen. Ich wollte Staudämme in Südamerika und Fernsehtürme bauen. Es entwickelte sich jedoch alles ganz anders ...

Beim Korrekturlesen dieser Zeilen fällt mir gerade ein, dass ich im Alter von etwa 14 Jahren auch mal eine ganze Zeit lang Fotograf werden wollte und alles auf Film festgehalten habe, was mir vor die Linse kam. Der Kritiker in mir flüsterte jedoch: »Du bist nicht gut genug. Es gibt viel bessere Fotografen. Lass das besser sein!« Ging es Ihnen vielleicht auch so?

ÜBUNG – MEIN TRAUMTAGEBUCH

Beginnen Sie Ihre Traumarbeit damit, dass Sie ein kleines Tagebuch anlegen. Halten Sie darin die Ergebnisse aller Übungen fest, und vielleicht machen Sie auch gleich ein richtiges Tagebuch daraus, in das Sie täglich alles schreiben, was Sie bewegt. Stellen Sie sich vor, dass eines Tages, wenn Sie bereits lange tot sind, Ihr Ururenkel etwas über Sie wissen möchte und sich fragt: »Wie war meine Ururgroßmutter/mein Ururgroßvater? Welche Träume hatte sie/er, wie hat sie/er es damals geschafft?« Die Antwort darauf soll er in Ihrem Buch finden.
Auf die erste Seite schreiben Sie:
Wie mein Traum wahr wurde ...

Wenn Sie noch zögern, weil Sie sich fragen, ob es Sinn ergibt, die alten Träume auszugraben, möchte ich Ihnen vorschlagen, einen Film anzuschauen: den amerikanischen Spielfilm *The Kid – Image ist alles* mit Bruce Willis. Er spielt darin Russell Morgan Duritz, einen wahren Kotzbrocken, der als Imageberater anderen Menschen zeigt, wie sie sich optimal verkaufen – also vorgeben, jemand zu sein, der sie nicht sind. Freunde hat er keine. Kurz vor seinem 40. Geburtstag taucht der kleine Junge Rusty auf, der sich als Russells Alter Ego im Alter von acht Jahren entpuppt. Nach und nach erkennen beide, dass Russell im Laufe der Jahre alle Träume seiner Kindheit verloren hat. Nie hat er sich den Golden Retriever »Chester« gekauft, nie hat er die tolle Traumfrau geheiratet, und nie hat er Kinder bekommen. Und vor allem: Nie ist er Pilot geworden. Rusty hält den alten Russell daher für ein Riesenarschloch und einen Versager. Klar und deutlich zeigt er ihm, was er doch für ein »armes Schwein« ist …

Ist es nicht schade, dass wir unsere Träume irgendwann einfach vergessen oder ganz tief in uns vergraben haben?

ÜBUNG – FAMILIENKREIS

Machen Sie es wie die Indianer: Laden Sie Ihre ganze Familie und vielleicht auch Freunde aus Ihrer Kindheit ein. Setzen Sie sich im Kreis um ein Lagerfeuer, und erzählen Sie Geschichten. Der Kreis ist ein uralter Archetyp, der Energien erweckt und wie ein Katalysator für viele Themen wirkt. Sie können diese Übung mit nur fünf Personen machen, idealerweise aber mit mehr. Im Zentrum des Kreises machen Sie ein Lagerfeuer oder stellen zumindest eine Kerze, Blumen oder Ähnliches auf. Daneben platzieren Sie einige persönliche Erinnerungsstücke an Ihre Kindheit. Jeder der Gäste wird gebeten, ebenfalls ein Foto oder einen Gegenstand mitzubringen, der ihn mit Ihnen verbindet. Vielleicht gibt es noch alte Bastelarbeiten, die Sie vor Jahren als Kind einmal zu Weihnachten verschenkt haben.

Besorgen Sie sich eine Klangschale, eine Zimbel, ein Triangel oder Ähnliches. Zusätzlich legen Sie einen handlichen Stein in die Mitte – den Redestein. Nur wer den Stein in der Hand hält, darf sprechen. Die anderen sind still schenken ihre ganze Aufmerksamkeit dem jeweiligen Sprecher. Stellen Sie zur Eröffnung eine Frage in die Runde, auf die jeder Teilnehmer als Antwort etwas aus seinem aktuellen Leben erzählen kann.

Beispiel:
Was hat dich in den letzten Monaten/Tagen/Wochen besonders bewegt? Immer wenn Sie den Eindruck haben, dass das Treffen eine besondere Energie entwickelt oder wenn jemand etwas Bewegendes gesagt hat, läuten Sie die Glocke, oder schlagen Sie die Klangschale. Lassen Sie einen kurzen Moment der Stille von 30–60 Sekunden entstehen, in denen alle einfach nur da sein können. In der zweiten Runde stellen Sie eine Frage, die Ihre Beziehung zu jedem Teilnehmer aus dessen Sicht thematisiert.

Beispiel:
Wie hast du mich das erste Mal getroffen, und wie war das für dich? An welche andere Geschichte erinnerst du dich gern? Jeder erzählt eine alte Geschichte, die er mit Ihnen verbindet. Vielleicht hat Ihnen jemand immer ein besonderes Märchen erzählt oder ein Gutenachtlied gesungen und ist bereit, dies nochmals zu tun. Danach feiern Sie mit allen ein Fest!

Ich weiß nicht, ob Sie dieses Buch in die Hand genommen haben, weil Sie ein konkretes Ziel haben, das Sie nun angehen wollen, oder weil Sie noch auf der Suche nach einem Ziel für Ihr Leben sind und eigentlich keine Ahnung haben, was dieses sein könnte. Das Einzige, was meist völlig klar zu sein scheint, ist, dass es so nicht weitergehen kann oder soll. Was auch immer Ihr Antrieb ist, Sie werden in diesem Buch das organisatorische und mentale Handwerkszeug finden, das Sie zur Realisierung Ihrer Wünsche benötigen. Zuvor werde ich Ihnen aber auch erklären, was es mit Zielen und Träumen auf sich hat. Dann werden wir uns gemeinsam auf die Suche nach Ihrem geheimsten Wunsch machen.

Ihre Stärken[1]

Jeder Mensch hat individuelle Stärken. Stärken sind Talente, die wir vertieft haben, etwas, was wir deshalb besonders gut können. Im Gegenzug ist ein Potenzial ein Talent, das noch nicht entwickelt wurde. Vielleicht hatten Sie einfach keine Zeit, sich darum zu kümmern, vielleicht war dieses Talent bisher aber auch nie notwendig. Erst wenn Sie gefordert werden, beschäftigen Sie sich mit diesem Potenzial und entwickeln dadurch möglicherweise eine weitere Stärke.

Was sind die Stärken, die Sie bereits haben? Was würden Freunde, Kollegen und andere dazu sagen? Wo haben Sie üblicherweise viel Erfolg? Wofür ernten Sie Lob und Beifall? Was waren die erfolgreichsten Momente in Ihrem Leben? Welche Stärken konnten Sie damals zeigen und nutzen? Was können Sie besser als andere? Was fällt Ihnen leicht?

Welche Kompetenzen haben Sie eher weniger? Wovon könnten Sie mehr gebrauchen? Was wollen Sie verbessern?

Natürlich erfüllen sich Ihre Träume nicht allein durch das Lesen dieses Buches. Es bleibt für Sie einiges zu tun. Sie sollten die vorgeschlagenen Übungen sorgfältig machen und auch auf die Stimme von Frau Herz hören. Wer Frau Herz ist, erfahren Sie später. Veränderungen beginnen im Inneren und werden dann im Außen erfahren, in Ihrem Leben, nicht in der Theorie Ihrer Gedanken. Insofern bitte ich Sie inständigst und aus vollem Herzen:

Verwirklichen Sie Ihren Traum im wahren Leben,
nicht nur in Gedanken.

Wenn Sie es nicht machen, wer soll es sonst tun? Ich hoffe, Sie sind bereit dazu. Entdecken Sie die Wahrheit über sich selbst, und stürzen Sie sich hinein in Ihr wahres Leben. Haben Sie Angst vor der Wahrheit? Seien Sie jetzt bitte mal ganz ehrlich zu sich selbst. Tief in Ihnen wissen Sie genau, wo in Ihrem Leben die Defizite liegen und was Sie angehen müssten, um diese zu beheben, oder? Sie versuchen, der Wahrheit nicht ins Gesicht zu sehen, denn dann müssten Sie handeln. Sie müssten lieb gewonnene Gewohnheiten und Besitztümer aufgeben. Sie müssten sich verändern.

---

[1] *Auf der Homepage http://www.in-eigener-sache.de finden Sie einen sehr ausführlichen Kompetenztest, der Ihnen helfen kann, mehr Klarheit bezüglich Ihrer persönlichen Stärken zu erlangen.*

Die Wahrheit kann so unbequem sein, oder? Nein, kann sie meiner Meinung nach eben nicht. Die Wahrheit ist nie unbequem, sie ist die Wahrheit. Unbequem sind die Widerstände, die wir gegen sie aufbauen.

Es wäre fahrlässig, Ihnen zu versprechen, dass jeder Mensch jedes Ziel erreichen kann, wenn er nur genügend Willenskraft aufbringt. Ich habe viele Bücher gelesen, in denen es heißt, dass man einfach alles erreichen kann, wenn man es sich nur genug wünscht. Wünsch dich reich, gesund, gut aussehend … Da liest man dann ein paar Geschichten von Menschen wie M.S. oder A.B., die es anscheinend genau so geschafft haben. Aber keiner hat sie je kennengelernt. Und was ist mit all denen, die auch gewünscht haben und nichts ist passiert? Waren diese Menschen zu dumm, oder haben sie einfach nicht genug Willenskraft gehabt? Alles ordentlich zu visualisieren und dadurch die fantastischsten Dinge zu schaffen, ist nicht realistisch. Mentaltraining und Visualisierungen sind starke Mittel zur Unterstützung von inneren Prozessen, jedoch nie Allheilmittel.

Seien Sie sich bewusst: Es gibt Ziele, die nicht für jeden Menschen realistisch sind. Aber es gilt: *Jeder normal begabte Mensch kann ein normales Ziel, das andere, vergleichbare Menschen mit normalen Mitteln erreicht haben, ebenfalls erreichen.* Mag sein, dass begabtere oder auch nur willensstärkere Menschen ein etwas außergewöhnlicheres Ziel mit mehr Engagement, Aufwand und Einsatz auch noch erreichen können. Man kann auch einfach einmal Glück haben, und wenn Sie wissen, dass Sie ein Sonntagskind sind, dem immer alles gelungen ist, wird Ihnen diese Einstellung sicher weiterhelfen. Sie werden es leichter haben als die Skeptiker unter uns. Aber wer im Alter von 40 Jahren plötzlich Fußballprofi werden möchte, wird dies garantiert nicht mehr schaffen. Wenn Ihre Klavierkünste bisher eher unterdurchschnittlich waren und Sie älter als – sagen wir einmal – 16 Jahre sind, werden Sie nie Konzertpianist werden. Aber vielleicht hat Ihre Familie Freude an Ihrem Spiel, und hin und wieder begeistern Sie die Kleinen im Kindergarten mit lustigen Geschichten, die Sie dann am Klavier musikalisch untermalen.

Ich bin mir bewusst, dass die Übergänge zwischen realistischen und unrealistischen Wünschen sehr fließend sind. Zudem sind sie für alle Menschen unterschiedlich. Insofern ist die Aufteilung nach realistisch und unrealistisch nicht korrekt, denn sie gaukelt vor, dass es objektive Grenzen für Sie gibt. Grenzen sind jedoch subjektiv. Sie selbst legen Ihre Grenzen fest. Das, was Sie für möglich halten und woran Sie glauben, ist entscheidend.

ÜBUNG – WIE LÄUFT'S DENN SO?

Lassen Sie mich die Frage ein wenig begrenzen: Was läuft momentan gut in Ihrem Leben? Gehen Sie alle Bereiche wie Gesundheit, Job, Finanzen, Familie, Freunde, Hobbys, Sport, Wohnsituation, Umfeld etc. durch, und schreiben Sie alles auf! Zwei bis drei Punkte zu jedem Bereich sollten Ihnen einfallen.

Ich werde auch auf solche Wünsche eingehen, die unrealistisch oder gar unmöglich erscheinen. Wir werden herausfinden, ob dies tatsächlich so ist. Es mag Ihnen so vorkommen, als ob es schwierig werden könnte – wirklich unmöglich ist aber gar nicht einmal so viel. Wünsche sind zudem flexibel. Wenn Sie Ihren Wunsch ein wenig umgestalten, sodass er immer noch zu Ihnen und Ihren Möglichkeiten passt, wird er vielleicht realisierbar.

Auf Ihre Bedürfnisse, also auf das, was Sie antreibt, werden wir detailliert eingehen, denn damit legen Sie den Grundstein zu Ihrem Glück. Sie werden dafür Ihre Bedürfnisse, Ihre zugrunde liegende Motivation, genau prüfen und so auf den Kern Ihres Wunsches stoßen. Meist ist dieser Ursprung, dieses Grundbedürfnis, auf mehrere Arten zu befriedigen.

Wer zum Beispiel mit 40 Jahren noch Fußballprofi werden möchte, könnte ein Bedürfnis nach Aufmerksamkeit, nach Vergnügen, nach Bewegung, nach Lebensfreude oder nach Verbundenheit haben. Vielleicht hat derjenige als Junge mit den Nachbarjungs gekickt und ist als Erwachsener Finanzbeamter geworden. Heute ist er aufgrund seines Jobs nicht allzu beliebt. Niemand freut sich, wenn er als Prüfer in einen Betrieb kommt. Spüren Sie nun, worum es diesem Menschen in Wirklichkeit geht? Es gibt also zahlreiche Möglichkeiten für die Bedürfnisse, die hinter dem Wunsch stehen. In diesem Fall fiel die Wahl auf Fußballprofi, weil dies die Befriedigung seiner Bedürfnisse verspricht. Er wünscht sich vielleicht die alte Leidenschaft und Kameradschaft vom Fußballplatz zurück in sein heutiges Leben.

Im kommenden Kapitel werden Sie erfahren, dass in Ihnen eine unglaublich starke Kraft lebt. Diese Kraft kann Ihr inneres Feuer wieder auflodern lassen und Sie Ihrem Traum näherbringen.

Ihre Medizin

> Die Minute, in der man das zu tun beginnt, was man tun will, ist der Anfang einer wirklich anderen Art des Lebens.
> (Richard Buckminster Fuller)

Sie sind etwas ganz Besonderes. Sie haben etwas, was kein anderer Mensch auf dieser Erde hat. Dieses Buch habe ich für ganz besondere Menschen geschrieben. Für die Mutter, die plötzlich allein zu Hause sitzt, weil die Kinder aus dem Haus sind und sie nach einem neuen Lebensinhalt sucht. Für den Manager, dem der Burn-out gerade gezeigt hat, dass es so nicht weitergeht. Für den Angestellten, der davon träumt, einmal eine Weltreise zu machen. Also für alle, die gezielt etwas in ihrem Leben verändern wollen, und für alle, die etwas Besonderes in sich spüren. Bei den Indianern Nordamerikas heißt es, dass jeder Mensch im Augenblick seiner Geburt eine individuelle Kraft erhält. Sie nennen diese Kraft »medicine«. »Medicine« ist eine Art Urkraft und hat nichts mit unserem Begriff *Medizin* als Bezeichnung für Heilkunst zu tun.

W Menschen, die in ihrer Medizin leben, ...

... strahlen, sind voller Energie, freuen sich auf jeden neuen Tag, lieben ihr Leben, sind erfüllt von einer Idee, sind achtsam und entspannt, ruhen in sich selbst, sind motiviert und wissen, was sie wollen, glauben an sich, kümmern sich um sich selbst, haben eine gute Lebensqualität, sind offen und authentisch, ziehen andere Menschen magisch an, sind auch finanziell in ihrem Rahmen erfolgreich, nehmen das Leben als Geschenk und sind dankbar für alles.

Sie haben Ihre ureigene Medizin. Kein anderer Mensch verfügt über dieselbe persönliche Kraft. Diese Kraft beinhaltet Ihre Talente, Ihre Fähigkeiten und vielleicht auch Ihre Lebensaufgabe. »Lebensaufgabe« klingt leider ein wenig fremdbestimmt, deshalb benutze ich den Begriff ungern. Ich möchte weiterhin lieber von Medizin sprechen. Ihre Medizin wächst mit Ihnen, sie entwickelt sich weiter. Sie ist eine Kraft, die es Ihnen ermöglicht, aktiv Ihre Träume anzugehen. Diese Kraft ist nicht nur Ihr Schatz, sie kann auch zum Schatz für andere Menschen werden, zur Quelle für das Glück Ihrer Umgebung.

 ÜBUNG – WAS MÖGEN ANDERE MENSCHEN AN IHNEN?

Es ist Zeit für ein wenig Eigenlob. Was mögen Ihre Freunde, Ihre Familie, Ihre Kollegen, Ihre Mitmenschen im Sportverein, in der Partei oder vom Stammtisch an Ihnen? Nehmen Sie sich Zeit, und schreiben Sie alles auf. Hören Sie auf, selbstkritisch zu sein, loben Sie sich einfach einmal »über den grünen Klee«! Keine falsche Bescheidenheit!

Der Gedanke einer individuellen Medizin kann Ihr gesamtes Leben verändern. Wenn es keine zwei Menschen auf der ganzen Welt gibt, die dieselben Talente und Fähigkeiten haben, dann verliert das Wort »Konkurrenz« jeden Sinn. Neid und der Vergleich mit anderen werden sinnlos, denn was nutzt mir die Erfüllung eines Wunsches, der nicht zu meiner Medizin passt? Wer neidisch ist auf seines Nachbarn Haus, Auto oder Job, kann davon ausgehen, dass er nicht gemäß seiner Medizin lebt. Sie haben einzigartige Gaben, die Sie entdecken und nutzen sollten. Nicht jeder kann ein zweiter Albert Einstein, ein Leonardo da Vinci oder ein Ludwig van Beethoven sein. Aber Sie können Sie selbst sein, denn das können nur Sie. Darin sind Sie einzigartig. Ein erfülltes Leben zu leben heißt, ein stimmiges Leben im Einklang mit seiner Medizin zu leben.

Mag sein, dass der Sinn des Lebens darin liegt, diese Gaben zu entdecken. Dies ist schließlich keine Sache von ein paar Tagen, sondern ein Prozess, der ein Leben lang dauert. Wenn Sie am Ende Ihres Lebens sagen können, dass Sie Ihr Leben gelebt haben, wird Sie dies mit allem anderen versöhnen. Sie werden auf ein erfülltes Leben zurückblicken. Wer nicht gemäß seiner ursprünglichen Medizin lebt, wer nicht an sie glaubt, wird sein Leben verpassen.

Mir ist bewusst, dass sich dies leicht schreiben lässt. Es zu leben bedarf jedoch anfangs wesentlich mehr Energie. Dennoch hoffe ich, dass Sie zum Ende meines Buches spüren können, was damit gemeint ist. Verstehen Sie diese Medizin, diese Kraft, nicht als eine weitere Sisyphusaufgabe, die noch mehr Stress in Ihr sowieso schon kompliziertes Leben bringt. In Abwandlung eines alten Sprichwortes gilt: *Die Medizin führt jene, die sie annehmen. Die sie ablehnen, zwingt sie.*

In Ihrer Medizin zu leben kann sich in sehr kleinen Dingen und Schritten zeigen. Nicht jeder ist zum Forscher und Entdecker geboren, nicht jeder ist ein Christoph Kolumbus. Auf Kolumbus' Schiff war aber auch ein Kombüsenjunge, der in der Küche aushalf und damit eine wichtige Aufgabe hatte. Vielleicht war das für den Jungen die Erfüllung seines Traums. Er konnte bei einem Riesenabenteuer dabei sein und lebte in seiner Medizin. Jahre später fegte er sicherlich nicht mehr die Abfälle zusammen. Vielleicht wurde er Koch, vielleicht aber auch Seefahrer oder gar Kapitän.

Auch Ihre Medizin ist nichts Statisches, sie lebt und beinhaltet eine stetige Entwicklung. Sie fließt durch Ihr Leben wie ein Fluss. Einmal ist er breit und ruhig, dann wieder voller Klippen und Turbulenzen. Ihre Medizin des heutigen Tages ist nicht dieselbe, die Sie bei Ihrer Geburt hatten. Genau so, wie Sie geistig und körperlich gewachsen sind und sich entwickelt haben, ist auch Ihre Medizin – oft ohne Ihr Zutun und Ihr Wissen – gewachsen.

Nun will ich nicht behaupten, dass jeder Schiffsjunge mit seiner Aufgabe glücklich war. Manch einer wurde vielleicht gezwungen, auf das Schiff zu gehen, und sah dies nicht als Chance sondern als Himmelfahrtskommando. Ein anderer hatte eigentlich überhaupt keine Ahnung und heuerte aus reiner Langeweile an, bis er merkte, dass es ein Fehler war und er monatelang nicht zurück konnte.

Der Mensch neigt bekanntermaßen dazu, nicht mit dem zufrieden zu sein, was er hat. Geht es Ihnen genauso? Wissen Sie ziemlich genau, was Sie nicht wollen? Haben Sie aber Probleme, genau zu sagen, was Sie wirklich wollen? Dann lassen Sie uns doch einmal gemeinsam nach Ihrer Medizin suchen! »*Werde der, der du bist*«, sagte Nietzsche.

ÜBUNG – VISIONSTAFEL

Ein schönes Hilfsmittel für den Weg zu Ihrem Ziel ist eine Visionstafel, die Sie an einen Platz stellen oder hängen, an dem Sie sie möglichst oft sehen. Diese Visionstafel kann ruhig das Format eines Ölgemäldes mit entsprechendem Rahmen haben. Möchten Sie einfach nur aufhören zu rauchen, könnte eine Postkarte mit den Worten »Endlich Nichtraucher!!!« darauf bereits als Visionstafel genügen. Wahrscheinlich werden Sie allerdings bei der Arbeit mit diesem Buch Lust auf mehr bekommen, sodass Sie gleich noch andere Ideen entwickeln. Also machen Sie die Tafel doch lieber direkt ein wenig größer. Wenn Sie ein Ziel haben, das schon Projektcharakter hat, kann Ihre Tafel auch eine ganze Zimmerwand oder ein Flipchart sein. Gestalten Sie sie mit Liebe, und pinnen oder kleben Sie einfach alles darauf, was Sie erreichen möchten. Hin und wieder werde ich Sie nach einer Übung auch dazu auffordern, das jeweilige Ergebnis an Ihre Visionstafel zu heften.

Werden, was Sie sind? Sie zweifeln und fragen sich, ob das alles so einfach ist? Sie haben recht, es ist nicht einfach! Sonst würden viel mehr Menschen mit ihrer Medizin im Einklang leben. Aber es ist möglich. Wenn es bei Ihnen um berufliche Aspekte geht, werden Sie überlegen, ob Sie denn wirklich zu einem neuen Beruf umschwenken sollen. Jetzt noch einmal ganz von vorne starten, was, wenn es schiefgeht? Erlauben Sie mir eine Gegenfrage: Warum sollte es scheitern, wenn Sie Ihrer Medizin folgen, also voll und ganz Ihre Kraft, Ihr Potenzial ausnutzen? Warum sollten Sie sonst all diese wunderbaren Anlagen in sich haben, wenn es damit nicht möglich ist, den Lebensstandard zu haben, den Sie sich wünschen? Glauben Sie an sich, Sie können es!

Ich scheue mich wie gesagt, das Wort »Lebensaufgabe« zu benutzen. Man verbindet damit neben einer Vision auch immer etwas Bedrohliches. Mir macht es Angst, dass es etwas geben soll, was eigentlich meine Bestimmung ist, die ich aber gar nicht kenne. Woher soll ich wissen, dass ich auf dem richtigen Weg bin? Wer entscheidet darüber überhaupt? Ich selbst? Besser nicht, denn ich neige dazu, im Zweifel **gegen** den Angeklagten zu entscheiden. Sie auch?

Es gibt Menschen, die bereits als Kind wussten, dass sie wie der Papa Arzt werden wollten. Etwas anderes kam nie infrage. Die Praxis war im Haus, und so konnte das Kind ständig nach nebenan laufen, um Papa zu besuchen. Es war begeistert und beeindruckt. Das wollte es auch einmal machen. Zielstrebig ging es seinen Weg, machte Nachtdienst im Krankenhaus, Praktika, Zivildienst und studierte dann Medizin. Der NC war kein Problem, es war ihm schließlich bewusst, dass nur ein sehr gutes Abitur den Traumjob ermöglichen würde. Und heute, verheiratet und mit den geplanten drei Kindern im Grüngürtel der Großstadt lebend, ist alles so, wie es sein soll.

Andere Menschen können bei dieser Zielstrebigkeit nur den Kopf schütteln. Nein, das war in ihrem Leben ganz anders. Nie wussten sie genau, was sie wollten. Es gab so viele Möglichkeiten und Alternativen. Woher sollte man als Kind denn schon wissen, was man werden wollte? Später musste man sich für eine Ausbildung oder ein Studium entscheiden. Dabei hatte man doch keine Ahnung, was man wirklich machen wollte. So wechselte man zweimal den Studiengang, brach vielleicht sogar ab und landete in einem Job, der auch nicht der richtige war. Irgendwann dachte man, dass man am liebsten die Zeit zurückdrehen würde, um noch einmal ganz von vorne anzufangen.

Wie sieht es bei Ihnen aus? Wie sind Sie gestartet? Waren Sie ein Yehudi Menuhin, der bereits als Kind wusste, dass er Geiger werden wollte und der eine einfache Kindergeige vor Wut an die Wand warf, weil er eine bessere haben wollte? Oder geht es Ihnen eher wie mir? Haben Sie viele Jahre versucht, auf einen hohen Baum zu klettern und, als Sie endlich oben im Baumwipfel über die letzten Blätter schauen konnten, festgestellt, dass es der falsche Baum war?

Und doch war dieser Baum wichtig für mein Leben, auf ihm habe ich gelernt zu klettern.

W Selbstverwirklichung

Zu sein, was wir sind, und zu werden, wozu wir fähig sind,
das ist das größte Ziel unseres Lebens.

(Robert Louis Stevenson)

Selbstverwirklichung ist, wie Sie später noch sehen werden, ein Grundbedürfnis. Sich selbst zu verwirklichen bedeutet, zu wissen, wie das eigene Leben aussehen soll, und dies dann auch umzusetzen. Der eine weiß genau, was er will, der andere tappt noch im Dunkeln. Voraussetzung für eine erfolgreiche Selbstverwirklichung ist die schlüssige Beantwortung der folgenden Fragen:

Was wollen Sie?

Ihre Bedürfnisse, Werte und Leidenschaften und Ihre Medizin legen fest, wohin der Weg Sie führen wird. Das ist Ihre Motivation. Erfolg versprechende Ziele und Träume liegen mit diesen Aspekten in Harmonie.

Was können Sie?

Haben Sie die notwendigen Fähigkeiten für Ihr Ziel? Oder können Sie diese Fähigkeiten entwickeln, erlernen oder einkaufen? Im Rahmen der Planerstellung kommen wir auch darauf zu sprechen.

Was dürfen Sie?

Was lässt Ihre Umwelt zu? Im Ökologie-Check kümmern wir uns darum, ob und wie ein Ziel in Ihr privates Umfeld passt. Was erlaubt Ihnen Ihre innere Stimme? Welche Glaubenssätze haben Sie, die unter Umständen gewisse Dinge nicht zulassen?

Wenn ich mir jetzt und hier die Frage nach meiner Lebensaufgabe stellte und sie definitiv beantworten müsste, was würde ich sagen? Ist es das Schreiben von Büchern, die anderen Menschen hin und wieder hilfreiche Tipps geben? Aber ich habe vor, demnächst einmal etwas ganz anderes zu schreiben: einen spannenden Roman, der von einem meiner Vorfahren, dem Mediziner Driverius, der in der Renaissance lebte, handelt. Oder ist meine Aufgabe doch das Coaching von Menschen? Im Hinterkopf habe ich aber auch noch den Traum von einem kleinen Hotel am Meer, vielleicht an der Costa del Luz. Betrachte ich alles weniger auf mich bezogen, könnte es meine Aufgabe sein, meine Frau und unsere Tochter glücklich zu machen und dafür zu sorgen, dass sie ein weitgehend sorgenfreies Leben führen können. So könnte ich noch eine ganze Weile weitermachen. Oder ist es möglicherweise eine Kombination daraus? Alle diese Ideen sind schön und sicherlich richtig, aber auch ein wenig Furcht einflößend und bedrückend. In meinen Augen haben wir alle eine unendliche Auswahl an Möglichkeiten, die wir zu unserer Lebensaufgabe machen könnten. Mag sein, dass es meine Lebensaufgabe ist, genau in dieser Minute diese Sätze so gut wie möglich zu formulieren, mehr nicht.

ÜBUNG – WAS IST WICHTIG?

Schreiben Sie kurz und knackig auf, was Ihnen wichtig ist.

....

Nun beantworten Sie die Frage: Was ist noch wichtiger?

....

Und was ist noch wichtiger?

....

Stellen Sie sich diese Frage so lange, bis Sie körperlich spüren, dass Sie beim Kern angekommen sind.

Das Spiel des Lebens

»Spielen Sie Golf? Oder haben Sie noch Sex?« heißt es bei Nichtgolfern meist, und so dachte ich bis vor ein paar Jahren auch. Dann nahm mich ein Freund mit zum Schnupperkurs, und ich erkannte, dass das Golfspiel ganz wunderbare Parallelen zum wirklichen Leben hat. Zunächst gibt es eine Menge Regeln, manche sind logisch, andere erscheinen eher skurril und »an den Haaren herbeigezogen«. Diese Regeln sind vorgegeben und unveränderlich – egal, ob ich will oder nicht. Es gibt eine Menge verschiedener Schlägertypen, und Sie dürfen bis zu 14 Schläger auf eine Runde mitnehmen. Der Driver ist der längste Schläger, mit ihm gilt es, den Ball möglichst weit zu schlagen, ohne dass er einen Ausflug in die Büsche oder den See macht. Der Putter dient dazu, den Ball auf dem kurz geschorenen Grün einzulochen.

> Wer immer nur das tut, was er immer getan hat, wird auch immer nur das bekommen, was er immer bekommen hat.

Dazwischen gibt es weitere Schläger von unterschiedlicher Länge und Form für verschiedenste Schlagvarianten. Mit manchen Schlägern ist es möglich, den Ball nahezu senkrecht nach oben zu schlagen, um so auch direkt im Weg stehende Bäume zu überspielen –, auch wenn man gerade dann meist diesen Baum trifft. Wenn der Ball nicht so fliegt wie erwartet, sind in der Regel die Schläger schuld – wer auch sonst? Anfangs denkt man, Ziel des Spiels sei es, den Ball mit möglichst wenigen Schlägen in ein kleines Loch zu befördern. Je weniger Schläge man dazu benötigt, desto besser ist das persönliche Handicap, der Maßstab der individuellen Spielstärke. Nach wenigen Jahren hat man meist ein Handicap erreicht, das kaum noch verbessert werden kann. Die persönlichen Grenzen sind erreicht, mehr ist ohne aufwendiges Training nicht drin. Der Platz, auf dem man spielt, ist auch meist derselbe. Worum also geht es noch?

Es geht um das Spielen selbst. Nicht das Endergebnis einer Runde ist wichtig, auch wenn viele Golfspieler darauf ihr Augenmerk richten. Da das Handicap ihre Spielstärke zeigt, messen sie ihr Rundenergebnis an ihrer persönlichen Leistung. War die Runde besser als das Handicap, war es ein guter Tag. Da man langfristig nicht besser als sein Handicap spielen kann (sonst wäre auch das Handicap besser), verliert man in diesem Kampf gegen sich selbst.

Betrachten wir also statt der gesamten 18-Loch-Runde die einzelnen Löcher. Jedes dieser Löcher hat der Golfspieler bereits dutzende Male gespielt. Einmal braucht er an »Loch 1« drei Schläge, dann wieder vier und manchmal viel mehr. Hat man es aber auch nur ein einziges Mal mit drei Schlägen geschafft, geht es nicht mehr besser; bestenfalls schafft man dies nochmals. Klar, es könnte auch einmal ein Jahrhundertschlag gelingen, aber dann aller Wahrscheinlichkeit nie wieder. Wo aber bleibt dann der Sinn, wenn man sich an jedem einzelnen der 18 Löcher gegenüber seiner Bestleistung nur verschlechtern kann?

Im Spiel liegt der Ball vor jedem Schlag immer an einer anderen Stelle. Einmal ist dort kurzer Rasen, dann wieder hohes Gras, Matsch oder Wasser, mal sind dort Sandlöcher, Bäume und Büsche. Es gibt unendlich viele Möglichkeiten, sodass es unmöglich scheint, die perfekte Runde zu spielen – deswegen auch die Vielzahl der Schläger.

Und hier offenbart sich die Parallele zum Leben. Der Ball liegt an einer ganz bestimmten Stelle, die ich mir nicht ausgesucht habe. Dorthin habe ich ihn geschlagen. Aber eigentlich sollte er woanders hin. Der nächste Schlag erscheint mir vielleicht gar nicht so schwer, daher nehme ich das übliche Eisen, dresche auf den Ball … und versage – der Ball rollt nur wenige Meter oder fliegt direkt in einen See. Dann wieder liegt der Ball an einer vermeintlich schwierigen Stelle. Ich überlege lange, welcher Schläger der richtige sein könnte, richte meinen Körper sorgfältig aus, konzentriere mich und schlage. Der Ball fliegt 150 Meter – weiter, als ich es je erwartet habe!

Der Augenblick des Abschlags beträgt weniger als eine Sekunde, und danach habe ich keine Möglichkeit mehr, etwas zu ändern. Der Schlag ist vorbei, mangelnde Konzentration wird vom Ball gnadenlos bestraft. Muss ich dann den nächsten Ball schlagen, ist der Ärger über den misslungenen letzten Ball das größte Hindernis vor einem sauberen nächsten Schlag. Privater oder beruflicher Ärger bewirken übrigens das Gleiche. Der Golfschwung ist der perfekte Anzeiger für die persönliche Ausgeglichenheit. Ein Mangel an Konzentration wird genauso bestraft wie zu viel Konzentration und zu viel Wille. Der beste Schlag gelingt in einem Zustand der bewussten Achtsamkeit und Absichtslosigkeit.

Haben Sie erkannt, dass die einzige Möglichkeit, beim Golfspielen Spaß zu haben, die ist, einfach nur Spaß zu haben? Das Ziel ist es, im Moment des Schlags sein Bestes zu geben.

Ich analysiere die Situation, ich wähle die geeigneten Mittel aus, ich bereite alles optimal vor, ich stelle mich bestmöglich hin, und ich schenke alle meine Aufmerksamkeit dem Ball. Der vorherige Schlag ist vergessen, der nächste kümmert mich nicht. Der Geist ist leer an Gedanken, ohne zu träumen. Ich schlage. Der Ball fliegt, und ich kann nichts mehr ändern. Ich weiß, ich habe mein Bestes gegeben. Stelle ich fest, dass ich einen Fehler gemacht habe, nehme ich mir vor, diesen beim nächsten Mal zu korrigieren. Ist der Ball perfekt gelungen, bin ich glücklich.

Das Leben ist nicht anders. Es ist ein Spiel, das Sie nur spielen können um des Spielens willen. Was bleibt Ihnen irgendwann einmal aus der Zeit zwischen Geburt und Tod? Reichtum, Anerkennung, Macht, Familie und Freunde werden Sie zurücklassen müssen. Erinnerungen und Erfahrungen, die Sie im Spiel des Lebens gemacht haben, bleiben.

Sie können das Spiel des Lebens nicht gewinnen, weil es keine Gewinner oder Verlierer gibt. Spielen sollte Spaß machen, das ist der Sinn des Spiels. Wenn Sie beim Spielen keine Freude empfinden, stimmt etwas nicht. Wenn Ihr Leben nicht zum Großteil von Freude bestimmt ist, spielen Sie nicht Ihr Spiel. Spielen Sie aber Ihr Spiel, werden Sie feststellen, dass Sie Ihr Bestes geben, und sich daran erfreuen. Jeder Mensch verdient es, sein Spiel zu spielen. Es ist ein merkwürdiger Aspekt der Evolution, dass gerade wir Menschen mit Veränderungen, also dem Kern einer jeden Weiterentwicklung, so große Probleme haben. Jeden Tag verändert sich das Leben ein klein wenig. Das Spiel, das Sie morgen spielen werden, ist nicht mehr das Spiel, das Sie gestern gespielt haben. Täglich lernen Sie und bemerken dies anfangs nicht einmal, später jedoch wird Ihnen bewusst werden, wie Sie aus Ihrem Spiel heraus Ihre persönliche Medizin entdeckt haben.

Beim Golf könnten Sie einen Ball als unspielbar erklären und ein wenig besser legen, wenn der Schlag Ihnen allzu schwierig erscheint – dafür gibt es natürlich einen Strafschlag. Direkt neben diesem Gebüsch ist es doch schließlich nahezu unmöglich, den Ball weit zu schlagen. Wo ist das Problem? Dann fliegt er eben nur einen Meter weiter, und möglicherweise müssen Sie sogar mehrmals schlagen, bis Sie sich aus dieser Situation befreit haben. Aber dann haben Sie die Verantwortung für Ihr Tun übernommen und die Herausforderung überwunden.

Man kann natürlich jeden Ball auf Nummer sicher schlagen, sodass er halbwegs ordentlich fliegt und der folgende Schlag nicht allzu schwer wird. Gerade ältere Spieler, die ihren jugendlichen Ehrgeiz überwunden haben (und oft auch Rücksicht auf ihren Körper nehmen müssen), spielen einfache, leichte Bälle und kommen so zu hervorragenden Ergebnissen. Die Weisheit des Alters führt zu einem besonnenen, wohlüberlegten Spiel. Was nutzt mir der tollste Schlag, wenn ich dafür so viel riskiere, dass jeder fünfte Schlag völlig misslingt? Ständiges Abwägen von dem, was ich kann, dem, was ich meine zu können, und dem, was ich können möchte, ist für ein erfolgreiches Spiel erforderlich. Kontrolliertes Risiko ist das Erfolgsrezept. Ich muss wissen, was ich kann und was ich noch lernen muss, ansonsten scheitere ich mit hoher Wahrscheinlichkeit. Und wenn es dann einmal nicht anders geht und ich alles auf eine Karte setzen muss, tue ich dies, ohne zu zweifeln oder zu zögern.

Gehen Sie Ihren Weg mit Ihrer Geschwindigkeit. Es ist für das persönliche Glück nicht erforderlich, ein hohes Risiko einzugehen, wenn es nicht passt oder nicht der persönlichen Kraft entspricht.

ÜBUNG – NACHRUF BEERDIGUNG

Suchen Sie sich einen ungestörten Platz, und nehmen Sie sich ausreichend Zeit für diese Übung. Blenden Sie alles andere aus.
Stellen Sie sich vor, dass Sie nach einem langen, erfüllten Leben in hohem Alter verstorben sind. Ihre Seele geht zu Ihrer Beerdigungsfeier und sieht und hört dort alles. Versuchen Sie sich bildlich vorzustellen, wie Ihre Beerdigung aussehen und ablaufen könnte. Vielleicht regnet es leicht, oder die Sonne scheint. Es riecht nach Kerzen, Weihrauch und frischer Erde. Der Kies knirscht unter den Schuhen.
Menschen aus den verschiedenen Bereichen Ihres Lebens sind gekommen, um Ihnen die letzte Ehre zu erweisen. Wählen Sie vier Lebensbereiche wie z.B. Familie, Freunde, Beruf und Freizeit. Eine Person aus jedem dieser Bereiche hält nun auf Ihrer Beerdigung eine bewegende Rede. Gehen Sie davon aus, dass Sie genau Ihr Wunschleben gelebt ha-

ben. Sie haben Ihre Träume verwirklicht, Sie hatten ein tolles Leben. Es gab nicht immer nur Glück und Zufriedenheit, aber dennoch können Sie befriedigt zurückblicken.

Was würde jede dieser Personen in ihrer Grabrede über Sie sagen? Denken Sie daran, dass Sie es geschafft haben, genau das Leben zu leben, das Sie sich immer gewünscht haben. Woran werden andere sich erinnern? Was werden sie von Ihnen erzählen? Wofür sind sie Ihnen dankbar? Wofür wurden Sie geliebt? Schreiben Sie die vier Reden auf.

Überlegen Sie sich nun in Ruhe, was Sie tun müssten, damit diese Reden nach Ihrem Tod wirklich gehalten werden könnten. In welchen Bereichen besteht Handlungsbedarf?

Intuition – Die Grundübung

Intuition ist kein Allheilmittel. Aber wer gelernt hat, auf seine innere Stimme zu hören, und sie nicht mit irgendwelchen anderen Persönlichkeitsanteilen – was das genau ist, sehen Sie später noch in den dazugehörigen Kapiteln ab Seite 127 – verwechselt, die sich gern als Intuition melden, hat alles, was er für seinen Weg braucht. Weil dies aber eine Kunst ist, die nur noch die wenigsten Menschen beherrschen, müssen wir wieder lernen, auf unsere Intuition zu hören.

Ich möchte Ihnen hier eine Übung vorstellen, die Ihnen von Beginn an helfen soll, Ihre Intuition zu trainieren und schließlich mehr und mehr zu benutzen. Ihr Vertrauen in sie wird wachsen, und Sie werden dadurch einen großen Gewinn für Ihr Leben erlangen. Grundsätzlich sollten Sie bei jedem Problem oder jeder Frage diese Übung machen. Es kann auch hilfreich sein, sie morgens als Erstes als intuitive Annäherung an den beginnenden Tag anzuwenden.

Sollten Sie zu Ihrem Leben eine Frage haben, liegt die Antwort immer auch in Ihnen verborgen, denn tief in Ihrem Inneren kennen Sie sie.

ÜBUNG – FREIES ASSOZIIEREN

Gemeinsam mit meinem Freund Dirk Blumberg habe ich ein Kartenset[2] entwickelt, das wir im Coaching für das freie Assoziieren verwenden. Auf jeder Karte stehen vier Wörter: ein Leitbegriff, also ein bestimmtes, maßgebendes Thema für diese Karte, sowie drei weitere Begriffe aus drei Bereichen – ein Archetyp (ein Ur-Charakter wie z. B. »Der Held« oder »Der Heiler«), eine Aktivität sowie eine Eigenschaft.

Das freie Assoziieren ist einfach. Sie konzentrieren sich auf Ihre Frage oder Ihr Problem und ziehen dann eine Karte. Dadurch erhalten Sie, neben einem kleinen Aquarellbild mit einer zusätzlichen Assoziationsmöglichkeit, vier Begriffe, mit denen Sie arbeiten können. Betrachten Sie das Bild und die vier Begriffe absichtslos wie in einer Meditation mit geöffneten Augen, und lassen Sie Ihre Gedanken fließen.

Aber auch ohne das Kartenset können Sie mit der nachfolgenden tabellarischen Aufstellung arbeiten, lediglich das Bild fehlt dabei. Wählen Sie

---

2 Dieses wird im kommenden Jahr vom Schirner Verlag herausgebracht werden.

intuitiv eine der folgenden 48 Zeilen, und schreiben Sie sich dann diese vier Wörter auf ein Blatt Papier. Die von Ihnen »rein zufällig« gewählten Begriffe enthalten in Kombination mit Ihrem Unbewussten die Antwort auf Ihre Frage oder einen Lösungsansatz für Ihr Problem. Schauen Sie die Begriffe an, lassen Sie Ihren Gedanken freien Lauf, und warten Sie, was Ihnen in den Sinn kommt. Lassen Sie alles zu, und zensieren Sie nichts.

Schreiben Sie alle Gedanken und Einfälle einfach auf, wie sie Ihnen erscheinen.

Seelenanteil	Aktivität	Eigenschaft	Aspekt
der Heiler	reinigen	klar	Wachstum
der Seher	erneuern	weise	Kompetenz
der Schelm	loslassen	stark	Selbstverwirklichung
der König	nichts tun	offen	Gemeinschaft
der Narr	lieben	intensiv	Freude
der Reisende	erfahren	authentisch	Sinn
der Held	vertrauen	sicher	Nähe
die Amazone	inspirieren	aufmerksam	Beziehung
der Magier	entwickeln	lebendig	Initiative
der Schamane	wahrnehmen	menschlich	Kreativität
der Abenteurer	respektieren	aufrichtig	Freiheit
der Heilige	strukturieren	ehrlich	Liebe
der Herumtreiber	wertschätzen	eindeutig	Herkunft
der Jüngling	feiern	spirituell	Identität
der Eroberer	austauschen	kreativ	Harmonie
der Manager	schützen	aktiv	Selbstverantwortung
der Krieger	verständigen	frei	Integrität
der Forscher	unterstützen	beständig	Kraft
das Kind	verantworten	ausgewogen	Muße
der Lehrer	entspannen	selbstbestimmt	Kultur

Seelenanteil	Aktivität	Eigenschaft	Aspekt
die Hexe	mitfühlen	geborgen	Ausdauer
der Zauberer	verbinden	liebevoll	Respekt
der Weise	bewegen	bescheiden	Vision
der Trickster	zentrieren	geduldig	Distanz
der Dieb	einfühlen	stabil	Identität
der Visionär	ordnen	achtsam	Güte
der Priester	integrieren	gerecht	Demut
die Prinzessin	gesunden	glaubwürdig	Vernunft
der Vater	akzeptieren	tolerant	Sinn
die Geliebte	sehen	herzlich	Kommunikation
die Tochter	überwinden	beschaulich	Disziplin
der Sohn	anerkennen	einfach	Nähe
der Schöpfer	entscheiden	loyal	Leidenschaft
der Erfinder	wagen	kreativ	Würde
der Entdecker	lernen	offen	Freundschaft
der Lehrling	behüten	verlässlich	Treue
der Träumer	standhalten	selbstsicher	Risiko
der Häuptling	wandeln	gelassen	Rhythmus
der Künstler	einsehen	aufrichtig	Humor
der Schmied	bestärken	echt	Stille
der Bauer	unterstützen	ewig	Raum
der Gärtner	danken	ausgleichend	Talente
der Baumeister	verändern	entschlossen	Intuition
der Kapitän	träumen	rücksichtsvoll	Balance
der Bote	motivieren	vorsichtig	Stärke
der Hirte	loben	freundlich	Grenzen
der Jäger	geben	begeistert	Einsicht
der Drache	ehren	energisch	Ziele

Ressourcen und Hindernisse

Auf dem Weg vom Erkennen eines Problems hin zu seinem Verschwinden, also der Zielerreichung, setzen Sie verschiedenste Fähigkeiten ein und brauchen unterschiedlichste Hilfsmittel. Dies sind Ihre Ressourcen. Eine Ressource ist alles, was Sie beim Erreichen Ihres Zieles unterstützt, alles, worauf Sie zugreifen können oder könnten. Dies sind sowohl mentale als auch praktische Fähigkeiten, Potenziale, immaterielle und materielle Dinge, Umwelt und Menschen. Ressourcen sind etwas, was Sie in Fülle haben – manchmal ist Ihnen dies vielleicht nur noch nicht so bewusst.

> Die Lösung eines Problems erkennt man am Verschwinden des Problems.
> (Ludwig Wittgenstein)

Stellen Sie sich für einen Moment vor, dass Sie Kolumbus auf seiner Entdeckungsfahrt nach Amerika wären. Was war für ihn seine wichtigste Ressource? Geld, seine Segel- oder Navigationskenntnisse oder sein starker Wille?

Ich würde sagen, es war seine Mannschaft, die Menschen, die ihm während der gut zwei Monate dauernden Reise – wenn auch gelegentlich murrend – die Treue hielten. Menschen sind auch für Sie die wichtigste Ressource auf dem Weg zum Ziel, Menschen, die Sie kennen oder kennenlernen können. Ohne die emotionale und tatkräftige Unterstützung anderer Menschen werden Sie in vielen Bereichen nicht weit kommen.

Kaum ein Manager oder Politiker hätte Karriere gemacht, wenn ihm nicht jemand den Rücken freigehalten oder ihn in Phasen des Zweifelns und der Selbstkritik unterstützt hätte. Die Zeit der Traumverwirklichung ist schon schwer genug. Oft werfen Sie nach und nach Ihr gesamtes Leben über den Haufen. Wenn dann Ihr Partner – oder wer auch immer – nicht zu Ihnen hält und für Sie da ist, wird es verdammt schwierig. Irgendwann werden Sie aufgeben, meist den Traum, manchmal auch die Partnerschaft.

Überlegen Sie bei allen Entscheidungen, wie Ihre Familie darüber denkt und wie ihre Interessen betroffen sind. Machen Sie den Ökologie-Check (ab Seite 320), der bezweckt, die Auswirkungen eines Zieles auf die eigene Umwelt zu prüfen. Ihre Familie sollte hinter Ihnen stehen. Lassen Sie Ihre Familie aber auch mithelfen, denn oft sind wir so mit uns selbst beschäftigt, dass wir andere ausschließen. Jeder Mensch hat seinen eigenen Traum, doch all diese Träume ergeben einen gemeinsamen großen Traum. Ab dem Moment, in dem Sie Ihren wahren Traum gefunden haben, ist dieser ein Teil des Traums Ihrer Familie. Jedes Familienmitglied trägt seinen Traum zum großen Traum der Familie bei. Erst wenn alle Träume harmonieren, sind es Ihre wahren Träume.

ÜBUNG – FACHLEUTE FRAGEN

Wer wissen will, was er besonders gut kann, fragt am besten einen Fachmann. Und wer ist der beste Fachmann dafür? Ein Freund! Fragen Sie Freunde, Familie und Bekannte, was Sie besonders gut können. Was ist Ihre größte Stärke? Wo haben Sie ein besonderes Talent? Was schätzen sie an Ihnen?

Ihr Traum

Ihr Traum ist als Ihr Motivator die größte Ressource, die Sie haben. Ihr Traum kann andere Menschen bewegen und ebenfalls zum Träumen bringen. Mit Ihrem Traum können Sie Menschen faszinieren und überzeugen. Was glauben Sie, wie viele Menschen Sie um Ihren Traum beneiden?

Versuchen Sie, die Menschen zu begeistern. Je besser Ihnen das gelingt, desto weniger Wissen, Talent und Arbeit müssen Sie investieren. Man wird Ihnen gern helfen wollen, und jeder will Teil Ihres Traums werden.

 Die Schere

Wer sich zu Klugen gesellt, wird klug.
Wer sich mit Dummköpfen befreundet,
ist am Ende selber der Dumme.

Kaum erzählen Sie von Ihrem Traum, macht sich jeder daran, ihn zu kommentieren, zu kategorisieren und zurechtzustutzen. Freunde, Familie und Bekannte packen die mentale Schere aus und schnibbeln daran herum, bis nur noch ein kleiner, durchschnittlicher Traum übrigbleibt. Vielleicht hören Sie auch Kommentare wie: »Das kannst du doch nicht tun!«, »Das geht doch nicht!«, »Was glaubst du denn, wer du bist?« oder »Wenn das jeder tun würde ...« Lassen Sie sich nicht aus der Ruhe bringen. Kommentare dieser Art sind ein sicheres Zeichen dafür, dass Sie auf dem richtigen Weg sind.

Lassen Sie sich Ihren Traum nicht von anderen zerreden und kaputt machen. Sprechen Sie nicht mit jedem über Ihren Traum, teilen Sie ihn nur mit wichtigen Menschen und denen, die zur Lösung beitragen können. Diejenigen, die immer sofort »Ja aber ...«-Einwürfe anbringen, weihen Sie nicht ein. In Abwandlung des Bibelzitates, mit dem ich begonnen habe, rate ich Ihnen: »Wer mit den Adlern fliegen will, sollte nicht mit den Hühnern herumlaufen.«[3]

 ÜBUNG – WAS BRINGT SIE IN IHRE KRAFT?

Notieren Sie mindestens fünf Dinge, die Ihnen einfallen, die Sie in Ihre Kraft bringen. Ich meine damit Tätigkeiten, Erlebnisse oder Dinge, die Sie munter machen, bei denen Sie keine Energie verlieren, sondern die Sie im Gegenteil immer kraftvoller werden lassen. An Position 1 schreiben Sie Ihren Favoriten.

---

3 Klaus Douglass: Lebe Deinen Traum, Aßlar 1998, S. 43

Stolpersteine im Weg

Mit Träumen, Zielen, guten Vorsätzen oder gar Visionen ist es so eine Sache. Manche waren schon immer da, andere springen uns urplötzlich an, und wieder andere entwickeln sich langsam und ruhig. Sie entstehen aus Entwicklung, aus wachsender Einsicht, aus schlagartiger Erkenntnis oder aus äußerem Druck.

Anfangs sind Sie begeistert und engagiert, doch dann schleicht sich langsam etwas ein, etwas, was Sie zuerst gar nicht bemerken. Dies ist der Trick des »inneren Zielverhinderers«. Er kommt von hinten, arbeitet im Verborgenen, und wenn Sie ihn bemerken, ist es meist zu spät. Sie beginnen, in der Konsequenz der Umsetzung nachzulassen, Sie sind nicht mehr ganz so engagiert, Sie sehen immer mehr Hindernisse, der Weg erscheint schwerer und schwerer, und irgendwann geben Sie auf.

> *Es gibt keine Hindernisse, das zu erreichen,*
> *was Sie sich vorgenommen haben – außer denen,*
> *die Sie in Ihrem Bewusstsein kreieren.*
> *(Brian Tracy)*

Lassen Sie uns an dieser Stelle kurz auf mögliche Gründe eingehen, aus denen Menschen scheitern. In der Grafik sehen Sie die einzelnen Schritte der Entwicklung vom Wunsch zum Ziel sowie darunter die Gründe für ein mögliches Scheitern. Sie sehen, dass es zu jedem Zeitpunkt bestimmte Gründe bzw. Schwachstellen und Risiken gibt.

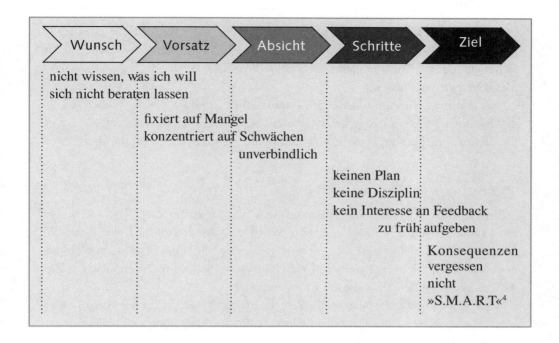

Ein wesentlicher Aspekt in jeder Strategie zur Wunschverwirklichung ist die Beschäftigung mit den Dingen, die schiefgehen können. Mehr als die Hälfte aller Probleme sind sicherlich vorhersehbar. Welche auftreten werden, wissen Sie vorher nie. Manche sind wahrscheinlicher als andere, sicher aber ist, dass Sie sich einigen werden stellen müssen – so sicher wie das Amen in der Kirche.

Leider neigt der Mensch dazu, aus kleinen Problemen große Probleme und aus großen Problemen Katastrophen zu machen. Betrachten Sie doch Probleme als Herausforderung oder als zu lösendes Rätsel. Konzentrieren Sie sich nicht auf das Problem, sondern auf die Lösung.

Ich weiß, dass es nicht einfach ist, wenn Probleme das Ausmaß einer existenziellen Bedrohung annehmen, dennoch hilft es Ihnen wenig, gebannt auf das immer größer werdende Problem zu starren. Genauso gut können Sie sich der Aufgabe stellen und nach der passenden Lösung suchen.

Die Stolpersteine, auf die Sie sich sehr gut vorbereiten können, sind menschliche Schwächen, die Ihnen auf Ihrem Weg begegnen können und werden. Wohlgemerkt,

---

4 Ab Seite 179 erfahren Sie, was ein »smartes« Ziel ist.

in den meisten Fällen sind dies Ihre Schwächen, nicht die Ihrer Mitmenschen. Oft können Ihnen gerade dabei andere Menschen sehr viel weiterhelfen. Scheuen Sie sich nicht, deren Hilfe anzunehmen. Sorgen Sie schon vorher dafür, dass Sie solche Menschen um sich haben.

Nun kommen wir zum wichtigsten Aspekt eines jeden Problems. Vielleicht kennen Sie die folgende Aussage bereits, vielleicht sind Sie aber auch überrascht. Lesen Sie diesen Satz, gern mehrmals, und meditieren vielleicht Sie sogar darüber![5]

Jedes Problem ist immer ein Lösungsversuch.

Ein Problem ist immer ein Schritt auf dem Weg zu einem Ziel. Wo es kein Ziel gibt, kann es auch kein Problem geben. Wenn alles so bleiben darf, wie es ist, Ihr aktuelles Leben also Ihrem Ziel entspricht, können Sie kein einziges Problem haben. Nur wenn Sie in irgendeinem Bereich etwas verändern möchten, also ein Ziel haben, ist es möglich, dass Sie ein Problem haben.

Denken Sie einmal darüber nach. Welches Problem beschäftigt Sie aktuell? Welchem Ziel, Wunsch oder Grundbedürfniss würden Sie es zuordnen? Wäre dieses Problem noch da, wenn es das Ziel nicht mehr gäbe?

Oder testen Sie es umgekehrt: Welches Ziel haben Sie? Warum haben Sie dieses Ziel noch nicht erreicht? Was trennt Sie von ihm? (Wohlgemerkt spreche ich von einem Ziel, nicht von einem vagen Traum.) Mit hoher Wahrscheinlichkeit gibt es ein Problem, eine Aufgabe oder einen anderen guten Grund, warum Sie noch nicht angekommen sind. Probleme sind mindestens so wichtig wie Ressourcen. Ein Problem weist Sie auf etwas hin, was Sie übersehen haben.

 ## Ihre Vergangenheit

Wissen Sie, wer schuld daran ist, dass Sie so sind, wie Sie sind? Haben Sie schon die Verantwortlichen aus Ihrer Kindheit ausgemacht?

Vergessen Sie das lieber gleich! Eine schlimme Kindheit, in armen Verhältnissen aufgewachsen zu sein, den Vater nicht gekannt zu haben … es mag sein, dass es so war; vielleicht war es auch ganz anders.

---

[5] *Kurzanleitung: Hinsetzen, Augen schließen, ein- und ausatmen, sich wahrnehmen, hin und wieder an den Satz denken.*

Jemand hat einmal gesagt: »Der größte Kummer ist nicht etwa der Kummer der Kindheit – den größten Kummer bereitet die erinnerte Kindheit.«[6] Es kann schrecklich gewesen sein, vielleicht ist es aber auch *nur* die Erinnerung, die schrecklich ist. Erlauben Sie sich, die Gefühle zu haben, die Sie entwickeln, wenn Sie an Ihre Kindheit denken. Wenn Sie können, vergeben Sie den anderen und sich selbst, und schauen Sie dann wieder nach vorne. Sicher ist, dass es Ihnen in keinerlei Hinsicht hilft, Ihr Ziel zu erreichen, wenn Sie in der Vergangenheit wühlen.

Die Lösung eines Problems hat nie etwas mit dem Problem zu tun.

Dies ist ein wichtiger Grundsatz der lösungsfokussierten Therapie. Alles Gerede über das Problem führt Sie nur immer tiefer in das Problem hinein. Die Lösung hat etwas mit dem Ziel zu tun, nicht mit dem Problem. Das Problem ist das Symptom, an dem wir gern »herumdoktern«, aber nicht die Ursache. Was Sie bei der Zielverwirklichung behindert, sind die Glaubenssätze, die Sie im Laufe Ihres Lebens angesammelt haben. Später (ab Seite 303) kommen wir noch dazu, wie Sie diese Glaubenssätze entdecken und auflösen können.

 ## Talent

Die Anlage von tausend Wäldern liegt in einem Samenkorn.
(Ralph Waldo Emerson)

Kennen Sie Ihre Talente? Sind Sie auf einem Gebiet besonders begabt? Oder sind Sie einer von Milliarden Menschen, die meinen, gar nichts besonders gut zu können? Was haben Sie als Kind gern getan? Was hat Ihnen am meisten Spaß bereitet? Was sind heute Ihre Hobbys? Wie verbringen Sie Ihre Freizeit?

Ich hoffe, Sie gewinnen nach und nach ein Gespür dafür, was Ihnen guttut – denn dort liegen Ihre Talente. Sicherlich gibt es Menschen, die in gewissen Bereichen begabter sind als Sie. Mag sein, dass Sie kein zweiter Herbert von Karajan, Picasso oder Heinrich Böll sind. Dennoch haben Sie genau wie diese etwas Einzigartiges – Ihre Medizin. Dieses Einzigartige ist nicht irgendwo da draußen und harrt seiner Entdeckung. Nein, es ist in Ihnen, Sie müssen es nicht suchen, nur genau hinschauen.

---

6 Barbara Sher: Ich könnte alles tun, wenn ich nur wüsste, was ich will. München 2008, S. 105

Genau wie ein Samenkorn alle Informationen beinhaltet, um einmal eine statt-liche Eiche – oder vielleicht eine kleine, verträumte Butterblume – zu werden, so haben auch Sie diese Informationen in sich. Jeder Samen braucht Erde, Wasser und Nährstoffe, sonst verkümmert er. Manche Samen können Jahrzehnte überdauern, bis ein Regenschauer sie zum Leben erweckt.

Was war/ist/wird Ihr Regenschauer (sein)? Warum lesen Sie dieses Buch? Was hat Sie dazu gebracht, sich mit Ihren Träumen zu beschäftigen?

Schließlich quillt der Samen langsam und streckt seinen blassgrünen Keim der Sonne entgegen. Nun benötigt er Wärme und Licht. *Sie* sind die Wärme und das Licht, die der Samen Ihrer Idee benötigt. Ihre Einstellung und Ihre Gedanken, sind die Umgebung, die Sie Ihrem Samen geben. Und wenn Sie diese mit Liebe geben, wird irgendwann aus Ihrer Idee, aus der Eiche, ein dichter Eichenwald.

Talent haben Sie also, aber kümmern Sie sich auch darum?

Ziele, Träume und Visionen

Wonach suchen Sie? Bei meiner Coaching-Tätigkeit ist eines der Hauptthemen oder -probleme meiner Kunden folgendes: *Eigentlich* haben sie einiges im Leben erreicht, *eigentlich* könnten sie zufrieden sein, *eigentlich* geht es ihnen gut, *eigentlich* haben sie doch eine ganz nette Familie … aber irgendetwas fehlt trotzdem. Oft haben diese Menschen dann noch ein schlechtes Gewissen, denn eigentlich sollten sie ja dankbar sein. Stattdessen fühlen sie sich, als würden sie auf vermeintlich hohem Niveau jammern. Schließlich geht es anderen Menschen doch viel schlechter.

> Morgen werde ich mich ändern;
> gestern wollte ich es heute schon.
> (Christine Busta)

Wohl nahezu jeder Mensch stellt sich die Frage danach, ob das schon alles im Leben gewesen sein kann. Das soll das Leben sein? Dafür hätte man doch gar nicht geboren werden müssen. Kaum ein Mensch wird sich an einen erinnern, wenn man tot ist, stimmt's?

Das zweite große Thema bei meinen Coachings zeigt sich anfangs oft in sehr unterschiedlichen Problembeschreibungen und in vielerlei Facetten. Oft kristallisiert sich heraus, dass das eigentliche Problem fehlendes Urvertrauen ist. Klient oder Klientin (im Weiteren benutze ich aus Vereinfachungsgründen die männliche Form; die Damen fühlen sich dadurch bitte nicht diskriminiert) vermissen die Verwurzelung in ihrem Leben. Das Vertrauen, das wir als Kinder alle in das Leben hatten, diesen Zustand, im Hier und Jetzt zu leben, scheint unerreichbar, weil er sich nach und nach in Sorgen und Probleme verwandelt hat.

Letztlich basieren beide Kernthemen auf der Angst vor der eigenen Vergänglichkeit. Wir sind in diesem Leben nicht unsterblich, unsere Zeit ist begrenzt. Einen Sinn im eigenen Leben zu erkennen, fällt oft schwer. Ich würde sagen, das ist alles eine Frage der Bewertung und der Einstellung. Da ich bisher überwiegend über die Theorie gesprochen habe und da das Wissen darüber noch nicht viel weiterhilft, machen wir uns nun daran, zum einen mehr über uns selbst zu lernen und zum anderen eine Idee davon zu bekommen, wie das Leben sein könnte.

 # Wissen

Je nachdem, was Sie planen, benötigen Sie viel Wissen. Heutzutage ist Wissen so leicht zugänglich wie nie zuvor. Daher ist es aber auch sehr vergänglich und schnelllebig geworden. Früher hätten Sie möglicherweise Tage in Bibliotheken verbracht, heute genügt oft eine kurze Suche im Internet, um dasselbe Ergebnis zu erreichen. Umfangreiches Wissen ist aus meiner Sicht hilfreich, jedoch lange nicht mehr so wichtig wie noch vor vielleicht 30 Jahren. Vieles können Sie kurzfristig lernen, ansonsten finden Sie heute sehr schnell einen Fachmann, der Sie berät, oder Sie fragen Ihre Freunde und Bekannten. Wenn es sich allerdings um eine Kernkompetenz handelt, die für Ihren Traum essenziell ist, sollte dieses Wissen vorhanden sein, oder Sie stellen sich darauf ein, dass Sie eine Menge lernen müssen. Es ist aber nie zu spät, etwas zu lernen, wenn man es nur will.

 ## ÜBUNG – WORAUF ICH STOLZ BIN

Überlegen Sie für ein paar Minuten, worauf Sie in Ihrem Leben besonders stolz sind. Idealerweise schreiben Sie alles als Ihre persönliche Erfolgsgeschichte auf. Wenn Sie jemanden haben, dem Sie Ihre Geschichte erzählen können, umso besser. Derjenige kann auch die folgenden Fragen nach den Details stellen. Erzählen Sie so, als ob ein Großvater seinem Enkel seine Lebensgeschichte berichtet.
Erinnern Sie sich an Zeiten,

- *in denen Sie besonders begeistert waren,*
- *in denen Sie sich wohl und lebendig fühlten,*
- *in denen Sie sich besonders einbringen konnten,*
- *in denen Sie etwas Besonderes schafften,*
- *in denen ein Team oder die Familie etwas gemeinsam schaffte,*
- *in denen Sie (unerwartete) Hilfe bekamen,*
- *in denen Sie einen persönlichen Erfolg hatten.*

Und hier noch einige weitere Fragen zur Anregung:

- *Was ist genau geschehen?*
- *Warum empfinden Sie das so?*
- *Was war Ihr eigener Beitrag?*
- *Wer hat sonst etwas dazu beigetragen?*
- *Was war das Besondere?*
- *Wie wurde das möglich? Was waren die Erfolgsfaktoren?*
- *Warum war dieses Erlebnis für Sie so wichtig?*
- *Wie hat es Sie selbst verändert?*
- *Was von diesen Gedanken könnte Ihnen heute helfen?*

Ziele sind ...

Bis jetzt habe ich die Begriffe Ziel, Traum, Wunsch, Vision und Leidenschaft sehr synonym verwendet, auch wenn sie dies nicht sind. Daher ziehe ich an dieser Stelle eine klare Trennung und stelle dar, worin die Unterschiede bestehen.

Ein Ziel ist ein Traum mit Datum.

Ein Ziel ist Bestandteil eines Lebensentwurfs, Probleme sind Hindernisse auf dem Weg dorthin. Das Ziel können wir meist in Teilziele unterteilen.

Was ist für Sie ein Ziel? Ist es die Leistung oder das Ergebnis? Sehen Sie eher den Prozess oder den Endpunkt als das Wesentliche an? Sein Problem zu kennen heißt keinesfalls, sein Ziel zu kennen. Oft wissen wir, was nicht stimmt, haben aber keine Ahnung, wie es sein sollte. Bedürfnisse zu verspüren, bringt Sie auch noch nicht unmittelbar zu einer Vorstellung von einem Ziel. Ihr Ausgangspunkt, sei es ein Problem, ein Bedürfnis oder ein Traum, muss in ein Ziel, eine Lösung, ein Ergebnis übersetzt werden.

W Definition Ziel[7]

1. Der Begriff Ziel bezeichnet einen in der Zukunft liegenden, gegenüber dem Gegenwärtigen im Allgemeinen veränderten, erstrebenswerten und angestrebten Zustand (Zielvorgabe).
2. Ein Ziel ist somit ein definierter und angestrebter Endpunkt eines Prozesses, meist einer menschlichen Handlung.
3. Mit dem Ziel ist häufig der Erfolg eines Projekts bzw. einer mehr oder weniger aufwendigen Arbeit markiert.
4. Beispiele hierfür sind das Ziel einer Reise, Qualitätsziele, Unternehmensziele oder das Erreichen einer Zeitvorgabe oder Marke bei einem sportlichen Wettkampf.
5. Ziele können durch Handlungen verfolgt werden.
6. Diese Handlungen als Mittel der Zielerreichung können wiederum als Ziele formuliert werden, die durch andere Handlungen (Mittel) verfolgt werden können.

Ein Ziel ist demnach der finale Zustand in der Zukunft, der durch die Gegenwart motiviert und durch Handlungen verfolgt wird, deren Ergebnisse ebenfalls Ziele sein können. Ziele entstehen aus Problemen, Bedürfnissen, Wünschen oder Visionen heraus. Jedes Ziel ist immer der Zustand nach der Überwindung eines Problems, das aus der Nichtbefriedigung eines Bedürfnisses resultiert.

Dummerweise erkennen wir selten zuerst unser Ziel, sondern bemerken meist nur das Problem. Betrachten Sie zukünftig Probleme als zu überwindende Hindernisse auf dem Weg zu Ihrem Glück. Ziele geben dem Leben eine Richtung und auch einen Sinn. Sie bringen den Menschen dazu, unter Einsatz seiner Fähigkeiten zu handeln. Handlung entsteht also aus dem Problem, das Sie am Erreichen eines Zieles hindert. Somit sind Zielvorgaben und Probleme Motivatoren, die Kräfte fokussieren und mobilisieren. Erfolg beruht auf Zielen, er ist immer das Ergebnis einer Zielerfüllung. Mit Ihren Zielen wachsen Sie, und Sie lernen Dinge über sich selbst. Behalten Sie aber immer im Hinterkopf, dass ein Ziel unauflöslich mit dem Vorhandensein eines Problems verbunden ist!

7 *Zitiert aus dem Wikipedia-Artikel »Ziel«: http://de.wikipedia.org/wiki/Ziel*

ÜBUNG – ALTERNATIVE LEBEN

Bei dieser Übung lassen Sie Ihrer Fantasie freien Lauf: Stellen Sie sich vor, Sie könnten mehrere Leben leben, also beispielsweise Hotelbesitzer, Pianist, Arzt, Biologe oder Philosoph sein. Nehmen Sie als Basis jeweils einige Ihrer Leidenschaften, und suchen Sie sich dazu ein passendes Leben aus. Erfinden Sie für sich so viele Leben sowie die gewünschten Lebensumstände, wie Sie brauchen. Seien Sie dabei absolut unkritisch, und vergessen Sie jeden Realitätssinn. Alles ist erlaubt. Welches sind Ihre Leben? Schreiben Sie diese in die erste Spalte einer solchen Tabelle:

Leben	Positiv	Negativ
berühmter Maler	kreativ, prominent, Aufmerksamkeit, Freiheit, freie Zeiteinteilung etc.	einsam, wenige Kontakte, muss Bilder produzieren etc.

Wenn Sie es sich aussuchen dürften, in welcher Reihenfolge würden Sie diese Leben leben? Welches Leben würde Ihnen die meiste Freude bereiten?

Sie werden merken, dass es nicht einfach ist, sich für eines dieser Leben zu entscheiden. Denn jedes Ihrer Fantasieleben beinhaltet einen Teil von Ihnen, der Ihnen zurzeit fehlt. Wenn Sie sich für ein Leben entscheiden würden, fielen die meisten zugrunde liegenden Leidenschaften der anderen nicht gewählten Leben weg. Aber müssen Sie sich wirklich entscheiden? Gibt es vielleicht eine Lösung, die noch besser passt? Gibt es eine Möglichkeit, mehrere Leben zu vereinen?

Überlegen Sie, welche Aspekte es bei Ihren verschiedenen Lebensentwürfen sind, die Ihnen wichtig sind, und schreiben Sie diese auf. Was steckt beispielsweise hinter dem Wunsch, ein berühmter Maler zu sein? Ist es die Berühmtheit, die Aufmerksamkeit der Menschen, die freie Zeiteinteilung oder die Kreativität? Wählen Sie aus allen Aspekten die fünf für Sie wichtigsten aus.

1. ……… 2. ……… 3. ……… 4. ……… 5. ………

Als nächsten Schritt überlegen Sie, welche Aspekte der verschiedenen Lebensentwürfe Ihnen weniger gefallen. Bleiben wir beim Beispiel: Malen ist eine eher einsame Tätigkeit ohne allzu viel zwischenmenschlichen Kontakt, was Ihnen jedoch wichtig ist.
Schreiben Sie die negativen Punkte in einer zweiten Spalte auf. Wählen Sie aus allen negativen Aspekten die fünf für Sie wichtigsten aus.

1. ....   2. ....   3. ....   4. ....   5. ....

Im Coaching gibt es für das Lösen von Entscheidungsproblemen eine Technik, bei der man mit verschiedenen Lösungsformen arbeitet. Das sind die verschiedenen Alternativen, zwischen denen wir meinen, uns entscheiden zu müssen. Dann gibt es noch zwei zusätzliche Möglichkeiten. Die eine heißt »beides« oder »alles« und die andere »nichts von alledem«. So kann »beides« viele verschiedene Konsequenzen haben, also nicht nur beides parallel, sondern vielleicht nacheinander oder abwechselnd zu machen, einen Kompromiss einzugehen und vieles Weitere. Sehen Sie eine Möglichkeit, wie Sie die positiven Aspekte Ihrer Fantasieleben in Ihrem Leben integrieren können, ohne die negativen ebenfalls allzu sehr abzubekommen?
Wenn Ihnen die Lösung nicht gleich einfällt, lassen Sie Ihre Ergebnisse und Gedanken erst einmal sacken. Oft kommt der Geistesblitz eine Woche später völlig unverhofft.

Ziele kann man unterscheiden in *eigene Ziele*, bei denen der Ursprung in einem selbst liegt, und in *fremde Ziele*. Ein klassisches Beispiel für ein eigenes Ziel ist: »Ich bin zu dick, ich will abnehmen.« Ein fremdes Ziel ist dann: »Du bist zu dick, nimm ab!« Niemals werden Sie es schaffen, ein fremdes Ziel zu erreichen, solange Sie es nicht zu Ihrem eigenen Ziel machen – vorausgesetzt, Sie wollen das überhaupt. Egal wie vernünftig und richtig ein fremdes Ziel erscheint, macht diese Tatsache dieses noch lange nicht zu Ihrem Ziel. Prüfen Sie also, ob Ihre Träume nicht doch eher die Träume oder Erwartungen eines anderen an Sie sind. Vielleicht handelt es sich auch um Träume, die gesellschaftlich wünschenswert sind und die Sie so übernommen haben, weil ihre Verwirklichung chic oder angebracht ist – aber eigentlich haben Sie überhaupt keine Lust dazu.

Nicht nur in Unternehmen spielt das *Goal Commitment* eine wichtige Rolle. Darunter versteht man die innere Verpflichtung eines Menschen zum Erreichen eines bestimmten Zieles. Wer sich nicht stark verpflichtet fühlt, verfolgt ein Ziel nicht konsequent. Da nutzen die schönsten Planungen der Unternehmensspitze wenig. Wenn Sie also Ihre inneren Persönlichkeiten – zu denen wir noch kommen werden – nicht überzeugen und auf das *Goal Commitment* einschwören, wird die Konsequenz, mit der Sie Ihr Ziel verfolgen, zu wünschen übrig lassen.

Eine weitere Unterscheidungsmöglichkeit ist die Differenzierung in *spezifische Ziele* und *motivationale Ziele*. Ein spezifisches Ziel ist konkret und kommt meist aus dem Verstand heraus, beispielsweise: »Bis zum Beginn der Tennissaison nehme ich zwölf Kilogramm ab.« Ein motivationales Ziel beruht eher auf der inneren Einstellung oder auf einem Gefühl. Es ist weniger konkret und messbar, wie beispielsweise: »Ich möchte mir mehr Zeit für meine Familie nehmen.« Ein spezifisches Ziel ist wesentlich leichter in einen Plan zu fassen, während das motivationale schwammig und kaum greifbar erscheint. Das bedeutet aber nicht, dass dieses Ziel weniger wichtig ist.

Wünsche sind ...

Oft werden Wünsche mit Zielen gleichgesetzt, obwohl doch einige Unterschiede bestehen. Aber Wünsche sind vertagte Ziele, ein *Nice-to-Have*; Ziele, die Sie erst einmal aufgeschoben haben, weil ihr Erreichen gerade keine Priorität hat. Entsprechend sind Sie zum jetzigen Zeitpunkt auch nicht wirklich bereit, aus einem Wunsch ein konkretes Ziel zu formulieren. Wenn Sie ein Ziel ernsthaft verfolgen wollen, sollten Sie alle Wünsche für den benötigten Zeitraum ziemlich zurücksetzen. Sie rauben Ihnen Energie, die Sie anderweitig sinnvoller einsetzen können.

Fähigkeiten

Gibt es Fähigkeiten, die zur Realisierung Ihres Zieles unabdingbar sind? Wollen Sie Bar-Pianist werden? Dann müssen Sie ordentlich Klavier spielen können oder bereit sein, es zu lernen. Ein wenig Talent brauchen Sie, ein Genie am Klavier müssen Sie aber nicht sein.

Ich unterscheide an dieser Stelle zwischen Fähigkeiten, die zwingend notwendig sind, denen, die wichtig sind, und denen, die man haben könnte, aber nicht unbedingt haben muss. Noten lesen zu können, ist beispielsweise zum Klavierspielen nicht unbedingt notwendig, solange Sie die Fähigkeit haben, nach Gehör musizieren zu können.

Daneben stellt sich noch die Frage, ob Sie die Fähigkeit selbst haben müssen oder ob es reicht, dass Sie jemanden kennen, der diese hat. Ist es vielleicht möglich, gewisse Tätigkeiten, für die spezielle Fähigkeiten erforderlich sind, zu delegieren?

Wenn beispielsweise Ihre Fähigkeiten am Klavier nicht ausreichen, könnten Sie einen Pianisten-Pool aufbauen, der verschiedene Bars mit wechselnden Pianisten versorgt.

Machen Sie sich bewusst, welche Fähigkeiten Sie benötigen und welche nicht unbedingt. Seien Sie dabei nicht allzu streng, denn es gibt immer auch einen anderen Weg.

ÜBUNG – DIE KRAFT DER ZEHN STEINE

Wie konsequent sind Sie? Tun Sie immer genau das, was Sie gerade tun wollen, oder sind Sie in Gedanken oft ganz woanders?

Suchen Sie sich bitte zehn Steine, Muscheln oder zur Not auch Geldstücke. Diese zehn Steine stehen für Ihr Aufmerksamkeits- und Energiepotenzial, also dafür, wie sehr Sie bei dem, was Sie gerade tun, bei der Sache sind.

Woran denken Sie gerade, wenn Sie diese Seiten lesen? Haben Sie eben an Ihren Partner gedacht? Dann nehmen Sie einen Stein weg. Ärgern Sie sich noch über Ihre Arbeit? Noch ein Stein weg. Denken Sie darüber nach, was morgen ansteht? Und schon wieder ein Stein weg. Was kostet Sie sonst noch weitere Steine?

Achten Sie zukünftig darauf, wie hoch Ihr Aufmerksamkeitspotenzial bei den Dingen ist, die Sie machen. Erinnern Sie sich einfach an die Steine. Üben Sie, Dinge mit voller Aufmerksamkeit, Energie und Konsequenz zu machen – also alle zehn Steine zu besitzen.

Alles, was Sie Steine gekostet hat, nehmen Sie als Hinweis auf etwas, woran Sie arbeiten sollten. Machen Sie Ihren Kopf frei für die wichtigen Dinge!

Visionen sind ...

Eine Vision ist im allgemeinen Verständnis entweder etwas – zum aktuellen Zeitpunkt jedenfalls – nicht Erreichbares oder auch ein größeres – eben visionäres – Ziel, das eine positive Auswirkung auf einen größeren Kreis Menschen hat. Auch in Verbindung mit Erscheinungen, insbesondere in religiösem Zusammenhang, spricht man von Visionen. »Vision« kommt vom lateinischen Wort *visio* und bedeutet »das Sehen« oder »Erscheinung«. Es handelt sich um ein inneres Bild, eine Vorstellung, von der Zukunft.

Die Unternehmensberaterin Isabel Klien beschrieb die Vision einmal als »Leitstern, der Lust auf die Zukunft macht«.[8] In ursprünglichen Kulturen ist die Visionssuche ein verbreitetes Ritual, an dem vor allem junge Männer teilhaben. Sie ziehen sich allein oder in Gruppen in die Wildnis zurück, fasten dort viele Tage lang und erwarten eine Vision als Antwort auf ihre Fragen. Dies kann eine einfache Erkenntnis, eine Art Erleuchtung oder auch eine Halluzination sein. So weit wollen wir hier nicht gehen, auch wenn ich Ihnen eine moderne Visionssuche begleitet von einem professionellen Anbieter bei Krisen oder Übergängen im Leben durchaus empfehlen kann.

Über die Idee, die eigene Vision zu leben, und wie dies aussehen könnte, habe ich in meinem Buch *Visionssuche mit dem Medizinrad*[9]. Auf den Punkt gebracht, ist dieses das eigenverantwortliche Handeln mit absolutem Vertrauen in das Leben und

8 *Vgl. dazu ihre Homepage: http://www.klienundteam.at/download/pdf/klien%20organisationskompass.pdf*
9 *Oliver Driver: Visionssuche mit dem Medizinrad. Darmstadt 2010*

in sich selbst. Die Indianer vertrauen sich dem Fluss des Lebens an. Sie genießen das Leben im Hier und Jetzt und legen den Fokus auf den nächsten anstehenden, kleinen Schritt und nicht auf die ganze Strecke.

 ## Ja, aber ...

»Ja, wenn ich mehr Geld hätte, dann könnte ich ..., aber so ...«
»Ja, wenn ich jünger wäre, dann ..., aber so ...«
»Ja, wenn ich nicht die Familie am Hals hätte, dann würde ich ..., aber so ...«
»Ja, wenn ich nur könnte, wie ich wollte ...«

Was ist Ihr »ja, aber«? Das »Wenn«, auf das Sie sich beziehen, ist meist ziemlich unrealistisch. Dadurch wird aber die Möglichkeit der Erfüllung Ihres Traums sehr unwahrscheinlich.

Ziele, bei denen »ja, aber«-Formulierungen ins Spiel kommen, sind schwierige Ziele. Dagegen sind Ziele, die wir mit Nachdenken, einem guten Plan und harter Arbeit (ziemlich) sicher erreichen können, ein Kinderspiel.

O. träumt:
»Ja, wenn ich keine Familie und mehr Geld hätte, dann könnte ich einfach einmal eine Weltreise machen, aber so ... Seufz!
Was, die Familie mitnehmen? Ja, das würde ich gern, aber meine Frau kann ihren Job nicht aufgeben. Seufz!
Was, sie hat gesagt, das sei kein Problem? Ja, aber dann müssten wir unsere Wohnung aufgeben, und wenn wir dann zurückkommen, würden wir nie wieder eine tolle Wohnung zu dem Preis finden. Seufz!
Untervermieten für ein Jahr? Ja, aber da weiß man ja nie, wen man bekommt. Seufz!
Ein Freund sucht eine Übergangslösung? Ja, dann könnten wir um die Welt reisen, aber ich habe nicht genug Geld. Seufz!«

So geht das »ja, aber«-Spiel. Bemerken Sie, dass der Wunsch anscheinend gar nicht realisiert werden soll? Es wird nicht nach einer Lösung gesucht, sondern nur nach Gründen, warum man sein Ziel gar nicht erst angehen kann.

Wie wäre es, wenn Sie Ihr Augenmerk erst einmal nur auf das »dann …« richten? Was stände dann an? Was müssten Sie dann tun?

Fokussieren Sie sich nicht auf die Gründe, die den Traum unmöglich erscheinen lassen, sondern auf das Ziel selbst. Bei so vielen Menschen sind unmöglich erscheinende Träume Wirklichkeit geworden, warum also nicht auch bei Ihnen?

Es gibt auch Menschen, die spielen das »ja, aber«-Spiel, weil sie ihr Ziel in Wirklichkeit nicht erreichen wollen. Dahinter versteckt sich dann etwas völlig anderes. Ob dies bei Ihnen der Fall ist, werden Sie vielleicht herausfinden, wenn wir zu Bedürfnissen und Werten kommen.

Alle anderen fragen sich bitte an dieser Stelle:

Wie kann ich mein Ziel ohne … erreichen?

Was ist Ihr »ohne«? Erkennen Sie darin eine neue Fragestellung für Ihr Ziel oder sogar ein erstes Zwischenziel?

ÜBUNG – ICH WILL DIESES LEBEN NICHT!

Nehmen Sie sich Stift und Papier. Schreiben Sie: »Ich will dieses Leben nicht leben, weil …«, und ergänzen Sie, was Sie in Ihrem Leben nicht mehr wollen. Seien Sie absolut ehrlich. Wenn Sie Ihren Partner am liebsten verlassen würden, dies aber wegen der Kinder aus Ihrer Sicht nicht infrage kommt, schreiben Sie das auf. Notieren Sie, was Sie an jedem Punkt so stört. Stellen Sie sich vor, dass Ihr gesamtes Leben bis zu Ihrem Tode mit 100 Jahren genauso bleiben würde, wie es jetzt ist. Warum würde Sie dies in den Wahnsinn treiben?

Ich weiß, diese Übung ist anstrengend. Nichts ist leichter, als sie nicht zu machen. Noch leichter ist es, seine Träume einfach nur Träume sein zu lassen, anstatt sie zu leben …

W Sieger und Verlierer

Der Sieger hat immer einen Plan.
Der Verlierer hat immer eine Ausrede.
Der Sieger sagt: »Lass mich dir dabei helfen.«
Der Verlierer sagt: »Das ist nicht meine Aufgabe.«
Der Sieger findet für jedes Problem eine Lösung.
Der Verlierer findet in jeder Lösung ein Problem.
Der Sieger vergleicht seine Leistungen mit seinen Zielen.
Der Verlierer vergleicht seine Leistungen mit denen anderer Leute.
Der Sieger sagt: »Es mag schwierig sein, aber es ist möglich!«
Der Verlierer sagt: »Es ist möglich, aber es ist zu schwierig.«
Der Sieger ist immer ein Teil der Lösung.
Der Verlierer ist immer ein Teil des Problems.
Es zählt allein, was DU tust, nicht, was du anderen zu tun empfiehlst.

Verfasser unbekannt

Träume sind ...

Träume haben wir alle. Manche stufen wir als Hirngespinste ein, andere nur als derzeit nicht realisierbar, und wieder andere haben wir eben bisher einfach nicht verfolgt – warum auch immer. Dennoch besteht die Hoffnung, den Traum eines Tages zu verwirklichen. Bleiben Sie dabei, Träume sind wichtig. Für manch einen reicht ihre Existenz aus. Eine unerfüllte Sehnsucht ist bekanntermaßen oft besser, als ein erfüllter Traum in der Realität des Alltags. Andere haben ihren Traum vielleicht schon zu ihrem Ziel gemacht und arbeiten Tag und Nacht daran, ihn zu verwirklichen.

Nur wer träumt, kann sich und die Welt verändern.
Träume verändern die Welt.
Wenn niemand mehr träumt, würde die Welt zum Stillstand kommen.[10]

Manche Träume erscheinen realistisch, andere nicht. Letztlich entscheiden Sie selbst, was Sie für möglich halten. Bedenken Sie dabei: Träume, die wir nicht verfolgen, sind Leben, die wir nicht leben. Wie oft hören wir, dass wir am Lebensende nur das wirklich bereuen würden, was wir nicht getan haben.

Achten Sie darauf, dass Ihr Traum Sie stärkt. Ihr wahrer Traum wird Sie motivieren, nicht schwächen. Wenn Sie sich für ihn entschieden haben, verfolgen Sie Ihren Traum mit aller nötigen Konsequenz. Träumen allein reicht zumeist nicht. Oft brauchen Träume Zeit. Seien Sie vorbereitet auf Momente des Zweifelns. Schenken Sie Ihre Energie und Aufmerksamkeit, wenn Sie sich einmal entschieden haben, ausschließlich dem Erfolg und nicht den Zweifeln. Positive Gedanken ziehen positive Energien an, sie erschaffen Lösungen und Erfolge. Negative Gedanken ziehen negative Energien an. Das resultiert in Niederlagen und in Ängsten.

Unterscheiden Sie wahre Träume von Fluchtfantasien, die entstehen, wenn Sie zeitweise oder permanent überfordert sind und einfach »die Nase voll haben«. Das kommt vor, hat aber wenig mit einem Traum zu tun. Nehmen Sie diese Fantasien als Hinweise auf unbefriedigte Bedürfnisse in Ihrem Leben, denen Sie mehr Platz einräumen sollten. Fluchtfantasien sind in der Regel deutlich unrealistischer als wahre Träume, sie entstehen aus Weg-von-Etwas-Gedanken und nicht aus Ihrer Medizin heraus.

Ihr wichtigstes Werkzeug zur Traumverwirklichung ist die Kreativität. Träume werden durch Kreativität nicht nur geboren, sondern auch gestaltet. Nur mit Kreativität kann etwas Neues entstehen. Der Verstand allein ist dazu nicht in der Lage. Kreativität schöpfen wir tief aus uns, sie kommt aus der Seele, aus dem Unbewussten. Das vermeintliche Chaos des Lebens ist eine unendliche Quelle der Kreativität. Der Kreativität widme ich ab Seite 253 noch ein eigenes Kapitel.

---

10 Oliver Driver: *Selbstheilungspraxis. Der schamanische Weg.* Darmstadt 2010, S. 270

ÜBUNG – ALADIN UND DIE WUNDERLAMPE

Sicherlich kennen Sie das Märchen aus den »Geschichten aus tausendundeiner Nacht«, oder? Stellen Sie sich vor, Sie würden auf einem Trödelmarkt eine alte Lampe kaufen und zu Hause feststellen, dass es »Aladins Wunderlampe« wäre. Sie reiben an ihr, und es erscheint ein Geist, der Ihnen drei Wünsche erfüllen möchte. Was würden Sie sich wünschen?

1. ....   2. ....   3. ....

Zu welchen Bereichen Ihres Lebens haben Sie sich etwas gewünscht? Können Sie sagen, was Ihr Bedürfnis, Ihre Motivation, hinter jedem einzelnen der Wünsche ist?

Pläne schmieden

> Die große Chance, nach der du suchst, liegt in dir selbst. Sie liegt nicht in Deiner Umwelt, weder ist es Glück noch Pech, noch die Hilfe anderer – die große Chance liegt nur in dir selbst.
> (Orison Swett Marden)

Kein Ziel ist in der Praxis ohne einen guten Plan erreichbar. Gut geplant, ist halb gewonnen. Wenn Sie ein Haus bauen wollen, brauchen Sie zuerst einen Plan. Ohne Plan läuft auf der Baustelle wenig. Für schwierige Details gibt es besondere Pläne, die den Handwerkern zeigen, wie sie die Arbeiten sauber erledigen können. Der Bauunternehmer macht außerdem einen Terminplan, der zeigt, was auf der Baustelle wann getan werden muss. Wichtige Zwischentermine werden darin besonders hervorgehoben.

Oder gehören Sie zu den Menschen, die nicht planen? Schrecken Sie vor Plänen grundsätzlich zurück, weil Ihr Leben sowieso bereits voll durchgeplant ist? Auch wenn es auf den ersten Blick befremdlich erscheinen mag, einen visionären Lebenstraum mit einem profanen Plan anzugehen, sollten Sie sich damit anfreunden. Ein Plan kann in schwierigen Zeiten sehr hilfreich sein, und erst dann werden Sie seinen Wert zu schätzen wissen. Solange alles glatt läuft, werden Sie kaum einen Blick darauf werfen, vielleicht erscheint er Ihnen sogar dementsprechend als Zeitverschwendung. Ohne Plan haben Sie unter Umständen jedoch später ein Haus, in das es hineinregnet.

Planung ist die gedankliche Vorwegnahme von Handlungsschritten, die zur Erreichung eines Zieles notwendig scheinen.

Bei der Planung wird berücksichtigt, mit welchen Mitteln ... das Ziel erreicht werden kann, wie diese Mittel angewendet werden können, um das Ziel überhaupt zu erreichen ..., und wie man das Erreichte kontrollieren kann ... Als Planungsergebnis erzeugen im Idealfall kurz-, mittel- oder langfristige Pläne Handlungssicherheit. ... Der Zweck von Planung besteht darin, über eine realistische Vorgehensweise zu verfügen, wie ein Ziel auf möglichst direktem Weg erreicht werden kann.[11]

In dieser Definition sind einige wesentliche Punkte enthalten, um die wir uns in diesem Buch später auch kümmern werden. Sie werden kurz-, mittel- und langfristige Pläne mit Zwischenzielen entwerfen. Auch werden Sie sehen, wie Sie Ihre Fortschritte überprüfen können. Das Ergebnis wird ein Plan sein, der zeigt, wie Sie Ihr Ziel effizient und in Ihrer eigenen Geschwindigkeit erreichen können. Ziele erreichen Sie nicht durch Träumen, sondern durch Machen; und das braucht einen vernünftigen Plan, wenn es zuverlässig funktionieren soll.

Es gibt einen einzigen Fall, in dem Sie wirklich keinen Plan benötigen. Wer es beherrscht, in allem auf seine innere Stimme zu hören, und wer bereits jetzt ein Leben der kleinen Schritte im Hier und Jetzt lebt, kennt seinen Weg. Er lebt seinen Traum. Er braucht keinen Plan mehr.

---

11 Zitiert aus dem Wikipedia-Artikel »Planung«: http://de.wikipedia.org/wiki/Planung

ÜBUNG – IHRE IDEALE WELT

Wie wäre Ihre ideale Welt? Schreiben Sie einfach alles auf, was für Sie zu einer idealen Welt gehört. Gehen Sie alle Lebensbereiche (Arbeit, Umgebung, Wohnung, Landschaft, Klima, Freunde und Familie, Interessen und Hobbys, Liebe und Leidenschaft, Zeit, Finanzielles, Kultur, Gesellschaft ...) der Reihe nach durch, und notieren Sie sich alles, was für Sie dazu gehört –, egal wie realistisch Sie es derzeit einschätzen.

Erfolg

> Wer kämpft, kann verlieren. Wer nicht kämpft, hat schon verloren.
> (Bertolt Brecht)

Was ist eigentlich Erfolg? Oft wird dieser Begriff heute im beruflichen Kontext gebraucht. Gemeint sind in diesem Fall dann der materielle Erfolg und die Karriere. Für viele Menschen ist materieller Erfolg das wichtigste Ziel im Leben. Hier spielt natürlich die Prägung durch unsere Eltern und Großeltern als Nachkriegsgeneration, die wenig besaß, eine Rolle. Viel Zeit und Energie werden investiert, um noch mehr zu verdienen und um sich leisten zu können, was man zu brauchen meint. Wenn dann eines Tages genug Sicherheit, sprich Geld, da ist, dann soll endlich gelebt werden. Klingt paradox, oder?

W Die Managerkrankheit

Gute Freunde von mir sind Führungskräfte, neudeutsch auch Manager genannt. Sie hetzen auf der Überholspur durchs Leben, arbeiten 12–14 Stunden am Tag, sind in der Woche kaum zu Hause und meinen, dass die Firma ohne sie kaum noch existieren könnte. Manche treibt auch der vermeintliche Konkurrenzdruck an. Wer nicht lange genug im Büro sitzt oder wer bekennt, dass er lieber mit den Kindern zu Hause spielt, läuft Gefahr, Probleme zu bekommen – so meinen sie zumindest. Sie leben in diesem Tempo bereits seit Jahren, rasen durchs Leben und haben kaum Zeit, einmal nach links oder rechts zu schauen. Wirklich gewählt haben sie diese Situation nicht, irgendwie sind sie hineingerutscht. Nach dem Studium haben sie angefangen zu arbeiten, machten den Job gut und wurden weiterbefördert. Sie sind erfolgreich und haben mehr als genug Geld. Dennoch fehlt ihnen etwas: ein Traum. »Eigentlich« würden sie viel lieber etwas anderes machen. Aber sie haben sich an ihren Lebensstandard gewöhnt und so arbeiten sie weiter und weiter und verpassen das Leben – bis ein anderer für sie auf die Bremse tritt. Meist wird es dann eine Vollbremsung. Der Körper streikt, die Frau ist weg ... Plötzlich werden sie gezwungen, sich Zeit für sich zu nehmen.

Lassen Sie uns also das Wort Erfolg nicht so einseitig benutzen. Erfolg ist, wenn man etwas erreicht hat, was man sich vorgenommen hat. Erfolg ist auch, den Weg dorthin zu gehen und ebenso, wenn man feststellt, dass die eigenen Ziele sich verändert haben, und man ihnen gar nicht mehr folgen muss. Für den einen ist es ein Erfolg, abends eine halbe Stunde früher von der Arbeit zu kommen, um mit seinen Kindern zu spielen. Für den anderen ist es eine Gehaltserhöhung. Ein dritter versteht unter Erfolg, die Liebe seines Partners langfristig zu erhalten.

Wissen Sie, warum so viele Menschen es nicht schaffen, Erfolg zu haben? Sie wissen nicht, was sie wirklich wollen. Wie soll jemand erfolgreich sein, der selbst nicht weiß, was er will?

W Gründe für Misserfolg

- Sie wissen nicht, was Sie wollen.
- Sie hören nicht zu.
- Sie konzentrieren sich auf Probleme anstatt auf Lösungen.
- Sie haben eine unklare Zielsetzung.
- Sie fangen ohne Plan einfach einmal an.
- Es fehlen notwendige Fähigkeiten.
- Sie lassen sich nicht beraten.

W Erfolgreich sein – Wie schaffen es viele Menschen, Erfolg zu haben?

- Sie haben von Anfang an das Ende im Sinn.
- Sie wissen, wohin sie wollen.
- Sie lassen sich in wichtigen Dingen kompetent beraten.
- Sie sind interessiert an Feedback und werten es systematisch aus.
- Sie konzentrieren sich auf ihre Stärken, Fähigkeiten und Ressourcen.
- Sie machen Pläne und verfolgen Strategien.

Das alles bedeutet nicht, dass es einfach ist, Erfolg zu haben. Wer Wimbledon gewinnen will, muss sich verdammt anstrengen, aber es ist grundsätzlich möglich. Solange Sie bei etwas scheitern, bedeutet dies, dass es eben nicht einfach ist. Es bedeutet niemals, dass es unmöglich ist.

 ## Das liebe Geld

Es wäre vermessen, ein Buch über Ziele und Träume zu schreiben, in dem Geld nicht thematisiert wird. Geld spielt bei der Verwirklichung vieler Träume eine entscheidende, wenn nicht die entscheidende Rolle. »Ich habe nicht genug Geld« ist eine der häufigsten Antworten auf die Frage, warum Menschen ihre Träume nicht realisieren. In 90 Prozent aller Fälle ist dies eine Ausrede, nicht der Grund. Machen Sie doch einfach ein Brainstorming zum Thema Geld (Wie das am besten funktioniert, lesen Sie im entsprechenden Kapitel ab Seite 262). Finden Sie Möglichkeiten, die hier noch nicht stehen?

- Lottogewinn, Bankraub, erben, leihen, erbetteln, sparen, finden, etwas verkaufen

Genauso gut können Sie nach einer Möglichkeit suchen, wie Sie Ihren Lebenstraum leben können und dafür bezahlt werden. Oder Sie verkaufen Ihre Idee gegen Anteile an späteren Gewinnen. Ein Hotel in der Karibik muss ich nicht zwingend kaufen. Eine Alternative wäre beispielsweise, dass ein Erbonkel stirbt, ein Lottogewinn oder vielleicht schenkt mir auch einfach jemand ein Hotel. Ich muss gestehen, jetzt, da ich all diese unwahrscheinlichen Möglichkeiten aufschreibe, stelle ich fest, dass es mehr Möglichkeiten gibt, als ich dachte. Aber als Grundlage für einen erfolgversprechenden Plan sind sie wohl ein wenig unwahrscheinlich, oder?

Schauen wir doch einmal, was hinter dem Traum vom Hotel in der Karibik stehen könnte. Das könnte beispielsweise Sehnsucht nach einigen der folgenden Dinge sein: Freiheit, warmes Wetter, blaues warmes Meerwasser, ein Hotel besitzen, Hotelmanager sein, in der Karibik leben, frei von Geldsorgen sein, tun, was man will, alles Alte hinter sich lassen, tolle Leute kennenlernen, Menschen glücklich machen.

Es gibt sicherlich nicht für alle Punkte dieser Liste eine adäquate Ersatzlösung. Suche ich mir jedoch die für mich wichtigsten heraus, eröffnet sich ein neues Spektrum an Möglichkeiten. »Ein Hotel besitzen« entspricht vielleicht dem Wunsch nach Sicherheit, aber auch dem Wunsch nach etwas Eigenem. Finale Sicherheit wird mir ein Hotel niemals geben können, diesen Aspekt kann ich also gleich streichen. Etwas Eigenes zu besitzen, kann ich auch durch viele andere Dinge erreichen, dafür benötige ich kein Hotel in der Karibik. Manche dieser Punkte könnte ich auch abwandeln oder umformulieren, und sie würden weiterhin passen. So könnte ich beispielsweise versuchen, eine Stelle als Hotelmanager zu finden. Das erfüllt zwar nicht alle Punkte, könnte aber möglicherweise schon ausreichend sein. Wenn hinter diesem Traum das im Unterbewusstsein verborgene Bedürfnis steckt, sorgenfrei zu leben und den angesammelten Ballast der Vergangenheit loszuwerden, lässt sich leicht erkennen, dass das Problem mit der Auswanderung nicht gelöst ist. Dann geht es um etwas ganz anderes, was ich zunächst mit mir selbst »ins Reine bringen« müsste.

Geld ist kein Allheilmittel. Glück ist nicht käuflich, da erzähle ich Ihnen nichts Neues. Wenn Sie einen Traum haben, der vom lieben Geld abhängt, prüfen Sie zunächst, worum es Ihnen wirklich geht. Sowieso sollten Sie dies bei jedem Traum machen. Ja, selbst, wenn es Ihnen nur darum geht, endlich zehn Kilogramm abzunehmen. Prüfen Sie, warum Ihnen dies so wichtig ist. Sollten Sie hingegen nach aller Überprüfung und allem In-Sich-Gehen davon überzeugt sein, dass es wirklich nur die Finanzierung ist, an der Ihr Traum zu scheitern droht, sollten Sie diesem Aspekt die entsprechende Aufmerksamkeit widmen. Sie könnten sparen und sich radikal einschränken. Wenn das nicht reicht, suchen Sie nach zusätzlichen Ideen, vielleicht in einem Brainstorming mit Freunden.

ÜBUNG – GELDPROBLEM

Viele Menschen haben ein Problem mit Geld. Die einen haben zu wenig, andere glauben, immer mehr davon haben zu müssen. Nutzen Sie die Kunst des Mentaltrainings und visualisieren Sie doch einmal das Hindernis, das Sie vom Geld trennt. Ab Seite 217 gehe ich auf Visualisierungstechniken detaillierter ein.

Schließen Sie die Augen, und lassen Sie aus dem Bauch heraus ein Bild dafür entstehen, wie Ihr Verhältnis zum Geld ist. Vielleicht sehen Sie eine hohe Mauer zwischen sich und der Schatzkiste, vielleicht eine tiefe unüberwindbare Schlucht, vielleicht sehen Sie große Wellen, die Ihnen das Geld immer wieder entreißen. Meditieren Sie darüber, und überlegen Sie sich dann, wie Sie die Situation in der Visualisierung ändern können. So könnten Sie eine Brücke über die Schlucht bauen oder hinüberfliegen. Lassen Sie Ihrer Fantasie freien Lauf, bis Sie das Gefühl haben, dass Sie eine für Sie akzeptable und tragfähige Lösung entwickelt haben.

Wenn Sie es geschafft haben, nehmen Sie ein dickes Bündel Geld, stecken Sie es sich in die Tasche, und stellen Sie sich vor, wie Sie damit sich oder jemand anderem eine Freude machen.

Situationsanalyse

> Viele verfolgen hartnäckig den Weg, den sie gewählt haben, aber nur wenige das Ziel.
> (Friedrich Wilhelm Nietzsche)

Sicherlich warten Sie trotz aller guten Tipps und Hinweise schon sehnsüchtig darauf, dass ich endlich konkret werde, aber keine Sorge, Sie sind schon »mitten drin«. Sie überlegen wahrscheinlich bereits, bestimmte Dinge in Ihrem Leben nach Ihren Vorstellungen zu verändern. Vielleicht denken Sie aber auch noch, dass eigentlich in Ihrem Leben alles ganz in Ordnung ist. Jetzt irgendwelchen Träumen hinterherzujagen, von denen man nicht weiß, ob sie realisierbar sind, ist nicht jedermanns Sache. Träume sind Schäume, nicht wahr? Warten Sie! Spüren Sie da denn innerlich keinen Widerspruch?

Dann lassen Sie uns Ihre Träume wieder ausgraben und schauen, was wir finden.

ÜBUNG – ALTLASTEN

Sie stehen am Anfang eines neuen Lebensabschnitts. Beginnen Sie diesen damit, im Außen gründlich aufzuräumen. Entmüllen Sie Ihr Leben! Bevor wir zur seelischen Entrümpelung kommen, räumen Sie Ihre Wohnung, Ihren Schreibtisch, Ihr Auto, Ihre Schränke, Ihre Taschen auf –, und werfen Sie alles weg, was Sie schon lange nicht mehr gebraucht haben. Wenn es sich dabei nicht um wertvolle Dinge handelt, bewahren Sie bitte auch nichts für den nächsten Trödelmarkt auf. Weg damit. Verschenken oder spenden Sie alles, was andere vielleicht noch brauchen können. Werfen Sie alte Klamotten weg, entfernen Sie den ganzen Deko-Kram und die Staubfänger, die Regale und Fenster zustellen.

Schaffen Sie Freiräume in Ihrem Leben für Neues. Wo soll es denn sonst Platz finden?

Spätestens am Ende dieses Buches haben Sie eine konkrete Vorstellung davon, wohin Ihr Weg gehen soll. Sie werden wissen, was nicht so bleiben soll, insbesondere aber werden Sie wissen, was stattdessen kommen soll. Auch Ihre Umwelt wird spüren, dass etwas anders ist, weil Sie eindeutige Botschaften an die Welt senden. Sie wissen, was Sie wollen, Sie haben sich das verdient und sind es sich wert, aber Sie sind auch bereit, den Preis dafür zu bezahlen.

Durch Ihre geänderte Einstellung werden sich Ihre Wahrnehmung und Ihre Aufmerksamkeitsfokussierung verändern. Möglichkeiten und Chancen, die Sie jahrelang nicht hatten, werden sich ergeben. Wenn Sie keine Energie mehr für Dinge verschwenden, die Sie nicht weiterbringen, sondern sich auf das konzentrieren, was Ihnen guttut, erweitern Sie Ihren Möglichkeitsraum enorm. Beschäftigen Sie sich nicht mehr mit Dingen, die Sie Energie kosten, sondern mit denen, die Ihnen Energie geben.

Es gibt Quantenphysiker, die den Zufall als Synchronizität bezeichnen, also als eine scheinbar zufällige Kopplung eines Ereignisses mit einem dazu passenden Gedanken. Dies wird damit begründet, dass im Quantenbewusstsein, dem Geist und Materie entspringen, etwas auf zwei Ebenen ausgesendet wird. Ihre neue gedankliche Zielfokussierung ermöglicht es dementsprechend, dass passende Zufälle, also Synchronizitäten, geschehen, die Sie weiterbringen. Ihr Ziel wirkt wie ein Kompass, der Ihnen einen Weg zeigt, auf dem die für Sie notwendigen Ereignisse geschehen werden.

Nun ist es an der Zeit, zuerst eine Situationsanalyse zu machen und dann ein ordentliches Ziel zu gestalten. Das Ziel soll klar und strukturiert sein, es soll Ihren Leidenschaften und Bedürfnissen entsprechen, und es soll Ihre Umwelt berücksichtigen.

Auch wenn Sie glauben, dass Sie bereits wissen, was Sie möchten, und Sie dieses Buch als Unterstützung gekauft haben, sollten Sie sich Zeit nehmen, die begleitenden Übungen zu machen. Vielleicht sehen Sie plötzlich ganz neue Aspekte, die Sie zum Nachdenken bringen. Wenn nicht, haben Sie zumindest Gelegenheit, Ihren Traum zu überprüfen und können sich Ihrer Sache anschließend sicher sein.

Bei denjenigen, die noch auf der Suche nach einem Lebenstraum sind, die zwar fühlen, dass etwas nicht stimmt, dennoch aber keine Lösung vor Augen haben, werden sich sicherlich neue Erkenntnisse ergeben. Auch wer nur »weg von etwas« möchte, weil ihm sein aktuelles Leben nicht gefällt, wird eine Vorstellung davon bekommen, in welche Richtung er gehen könnte. Denn »weg von etwas« reicht als Ziel nicht aus. Man spricht in diesem Fall von einem »Vermeidungsziel«, im Gegensatz zu einem »Annäherungsziel«. Vermeidungsziele erkennen Sie an ihren negativen Formulierungen, wie beispielsweise »Ich will nicht mehr rauchen.«, »Ich will nicht mehr fernsehen.« oder »Ich will weniger arbeiten.« Sollten Sie also (noch) problemorientiert denken, richten Sie Ihren Blick nach vorne, dort wartet die Lösung, der Sie sich annähern wollen. »Weg von etwas« kann in viele Richtungen gehen, aber für ein »hin zu etwas« gibt es nur eine einzige Richtung.

Sollten Sie einem Vorbild nacheifern, weil Ihnen dieser Mensch so erfolgreich erscheint, sollten Sie vorsichtig sein. So unterschiedlich wie die Menschen sind, sind auch die Wege, auf denen sie gehen. Wer den Fußstapfen eines anderen folgt, wird nie etwas Neues finden. Jeder Mensch hat seine eigene Medizin, es ist daher sinnlos, einem anderen nachzueifern. Der Bestimmung dieser Medizin ein wenig Zeit zu schenken, lohnt sich also. Lassen Sie uns nun Ihre Medizin suchen.

ÜBUNG – WANN WAR ES BESSER?

Wann ging es Ihnen besonders gut in Ihrem Leben? Nehmen Sie sich einen Schreibblock, und schreiben Sie darüber ruhig eine ganze Seite voll. Notieren Sie, wann es Ihnen in jedem der folgenden Bereiche seelisch und körperlich gut ging. Was war damals anders als heute? Wie können Sie das »Damals« ins »Heute« holen?

	Beziehung	Job	Freizeit	Finanzen	Freunde
Seele					
Gesundheit					

Was nehmen Sie als Fazit für die Zukunft aus dieser Übung mit?

 # Willenskraft

*Den Menschen fehlt nicht die Kraft,
ihnen fehlt der Wille.*
(Victor Hugo)

Ihr Wille ist die größte Ressource, die Sie haben – und Ihr größter Gegner. In der Fachsprache spricht man auch von Volition. Motivation, Fachwissen und Fleiß sind wichtig, fehlt jedoch die Willenskraft, kommt am Ende dennoch nichts heraus. Ihre Willenskraft sorgt dafür, dass Sie sich nicht verzetteln und dass Sie wissen, worauf es ankommt. Sie hilft Ihnen, das Wesentliche zu erkennen und aus Träumen Ziele und aus Zielen Ergebnisse zu machen. »Wer eine ordentliche Portion Willensstärke hat, neigt zudem dazu, weniger Stress-Symptome zu entwickeln, bessere persönliche Beziehungen zu führen und emotional belastende Situationen effizienter zu verarbeiten.«[12] Prof. Dr. Pelz gliedert die Willensstärke in fünf Kompetenzen auf:

- Aufmerksamkeitssteuerung und Fokussierung
- Emotions- und Stimmungsmanagement
- Selbstvertrauen und Durchsetzungsstärke
- vorausschauende Planung und Problemlösung
- zielbezogene Selbstdisziplin

Das hört sich zunächst an wie ein Anforderungsprofil für erfolgreiche Manager. Aber wer sich nicht auf sein Ziel konzentrieren kann, wer mit seinen Emotionen nicht klarkommt und nicht immer wieder positiv denken kann, wer wenig Selbstvertrauen hat, wer sich nicht durchsetzen kann, wer keinen Plan hat und Probleme lieber aussitzt, und wer sich disziplinlos ständig ablenken lässt, wird sein Ziel verfehlen.

12 Prof. Dr. Waldemar Pelz in ManagerSeminare, Heft 156. März 2011, S. 16-17

ÜBUNG – EIN PAAR ANREGUNGEN

Nehmen Sie sich ausreichend Zeit, suchen Sie sich einen ruhigen Platz, und beantworten Sie ehrlich und ausführlich – am besten schriftlich – für sich die folgenden Fragen:

1. *Was macht Ihnen Freude?*
2. *Was fehlt Ihnen, um glücklich zu sein?*
3. *Für was setzen Sie sich gern ein?*
4. *Was lieben Sie?*
5. *Was ist Ihnen heilig?*
6. *Welche Talente haben Sie?*
7. *Haben Sie schon Ihre Berufung entdeckt?*
8. *Welche Pläne haben Sie?*
9. *Was wollen Sie vor Ihrem Tod auf jeden Fall noch machen?*
10. *Was gibt Ihnen im Alltag Kraft?*

Entscheiden Sie sich bitte für drei Antworten, die Ihnen für die Zukunft am wichtigsten erscheinen.

1. ....   2. ....   3. ....

Eine gute Basis für jedes Projekt, das Sie angehen, ist eine saubere Bestandsaufnahme. Wo stehen Sie, wo wollen Sie hin? Sind Sie bereit, die volle Verantwortung für Ihr Leben zu übernehmen, oder ziehen Sie es vor, die Schuld bei anderen zu suchen, wenn etwas nicht so ist, wie Sie es gern hätten? Im Folgenden werfen wir einen genauen Blick auf Ihre Bedürfnisse, Werte und Leidenschaften, doch zunächst schauen wir uns einmal an, was Geld für Sie bedeutet.

ÜBUNG – WAS BEDEUTET GELD FÜR SIE?

Gehören Sie auch zu den Menschen, die sich wünschen, einen gewissen Geldbetrag auf dem Konto zu haben, sodass Sie Ihre Ziele sorgenfrei verfolgen können? Dann setzen Sie sich doch bitte einen Moment bequem hin, schließen Sie die Augen, und überlegen Sie, was Geld für Sie bedeutet. Finden Sie die drei wichtigsten Eigenschaften, die Geld für Sie symbolisiert. Schreiben Sie diese hier auf, und bewahren Sie das Ergebnis auf. Wir kommen später darauf zurück.

Selbstvertrauen

Alles wanket, wo der Glaube fehlt.
(Friedrich Schiller)

Es ist eher unwahrscheinlich, dass Sie große Ziele erreichen, wenn Sie nicht an sich glauben, also nicht über das entsprechende Selbstvertrauen verfügen. Wenn dies auf Glaubenssätzen beruht, sollten Sie an diesen arbeiten. Schließlich bestimmen Sie mit Ihrer eigenen Bewertung, wie viel Selbstvertrauen Sie haben.

(Als ich nach einer Definition des Begriffs Selbstvertrauen suchte, stieß ich bei Wikipedia auf die Erklärung, »dass Selbstvertrauen der Eindruck oder die Bewertung ist, die man von sich selbst hat.«[13]) Daraus ergeben sich interessante Aspekte. Wer ist derjenige, der bewertet? Wer ist derjenige, der bewertet wird? Wieso hat einer das Recht, den anderen zu bewerten? Das »Selbstvertrauen« resultiert also aus einem Trennungsgedanken im Menschen selbst.

---

13 Zitiert aus dem Wikipedia-Artikel »Selbstwert«: http://de.wikipedia.org/wiki/Selbstwert

ÜBUNG – LOBEN

Schließen Sie für zwei Minuten die Augen. Schenken Sie in der ersten Minute Ihre gesamte Aufmerksamkeit Ihrem Atem. In der zweiten Minute loben Sie sich für alles, was Sie an sich mögen, was Sie geleistet haben und worauf Sie stolz sind. Lassen Sie dabei jede Bewertung weg. Wenn Ihnen nicht genug einfällt, wiederholen Sie einfach, was Sie bereits gesagt haben.
Machen Sie diese Übung ruhig immer wieder.

Das Glück der Kinder

Haben Sie einmal beobachtet, wie Kinder spielen? Sie sind völlig versunken in ein Spiel, springen plötzlich auf und suchen sich eine andere Beschäftigung und machen damit weiter. Oder sie holen sich einen Keks. Oder sie wollen plötzlich unbedingt mit Ihnen gemeinsam ein Buch lesen. Nie hat man den Eindruck, dass sie vorher nachgedacht haben. Kinder fragen sich nicht, ob der Papa jetzt gerade Lust hat, ihnen vorzulesen. Sie laufen los und sagen mit fester bestimmender Stimme: »Buch lesen!«. Sie zweifeln nicht. Erst wenn sie älter werden, beginnen sie, berechnender zu werden. Wenn ein Kind nicht bekommt, was es möchte, schreit und tobt es – oder aber es schaut sich plötzlich einfach nach etwas anderem um.

Als Sie selbst laufen lernten und immer wieder hinfielen, haben Sie auch nicht darüber nachgedacht, ob Sie das jemals schaffen würden. Sie hatten ein Ziel und haben es realisiert, »aufgeben« war ein Wort, das Sie nicht kannten. Selbst Ihre Eltern sagten damals nie: »Das kannst du nicht, das schaffst du nie.« Später hören viele dann leider von ihren Eltern doch Sätze wie »Lass das, das kannst du nicht.« oder »Das ist doch brotlose Kunst« und ähnliches, wenn sie von neuen Ideen und Träumen berichten. Dadurch wurden die Träume unter einer dicken Schicht von gut gemeinten Ratschlägen und Glaubenssätzen begraben.

Gemeinsam werden wir diese jetzt nach und nach wegräumen und so das spontane Kind in Ihnen wieder erwecken. Dieses Kind ist Ihre Kreativität, Ihre Intuition. Sie werden lernen, neben Ihrem Verstand auch ihre kreativen Fähigkeiten einzubringen und auf Ihr Bauchgefühl zu hören. Dabei nehmen wir auch Ihren Verstand immer mit, denn was nutzt der schönste Traum, wenn keiner da ist, der ihn realisiert? Sie haben Ihre Medizin, die Sie suchen und finden können, sie ist der individuelle Weg zu Ihrem Glück!

ÜBUNG – GLÜCKSGRÜNDE

Schreiben Sie bitte mindestens zehn Gründe auf, warum Sie Grund hätten, glücklich zu sein – je mehr Gründe Sie finden, desto besser!

Durchhaltevermögen

Nur diejenigen, die es wagen, großartig zu scheitern,
werden diejenigen sein, die Großartiges erreichen.
(Robert Kennedy)

Es gibt Menschen mit viel Talent, die es nie zu etwas bringen. Andere wiederum haben deutlich weniger Talent, dafür aber einen Traum und Durchhaltevermögen. Sind Sie ein Kämpfer, oder scheitern Sie regelmäßig an mangelndem Durchhaltevermögen?

Erfolg ergibt sich aus dem Einsatz von zwei Prozent Talent und von 98 Prozent harter Arbeit und Durchsetzungsvermögen. Durchsetzungsvermögen bedeutet, »am Ball zu bleiben«, auch einmal zu kämpfen.

Eigentlich ist es doch so einfach, einmal einen Monat lang diszipliniert weniger zu essen und dadurch ein paar Kilogramm abzunehmen. Danach isst man etwas disziplinierter und das Traumgewicht sollte sich halten lassen. Ganz bewusst trifft man die Entscheidung – und was passiert? Abends liegt da eine Tüte Chips, und alle guten Vorsätze sind vergessen.

Durchhaltevermögen ist die wichtigste Voraussetzung für Erfolg. Die Medaille im 100-Meter-Lauf gibt es nicht für die, die 90 Meter am schnellsten gelaufen sind. Erst am Ende winkt der Erfolg. Wer dazu neigt, nichts richtig zu Ende zu bringen, wird nie das Gefühl des Erfolgs, den Genuss der Belohnung, kennenlernen. Leicht gerät man so in eine Negativspirale, die das Selbstbewusstsein angreift und die die Lebensqualität stark reduzieren kann.

Oft ist es wie bei einer Diät. In den ersten Tagen nehmen wir ordentlich ab, aber irgendwann kommt es zum Stillstand. Das ist normal! Wenn Sie ein Ziel verfolgen, geht es nicht immer steil nach oben. Es gibt auch Phasen, in denen keinerlei Fortschritt zu erkennen ist. Man spricht dann vom Plateau-Effekt. Aber eines Tages machen Sie einen Sprung, und es geht weiter nach oben! Es ist die Kunst der erfolgreichen Menschen, solche Phasen zu überstehen.

Die gute Nachricht ist: Durchhaltevermögen ist nicht angeboren, man kann es lernen. Und wie entwickelt man Durchhaltevermögen? Formulieren Sie Ihr Ziel richtig, und gebrauchen Sie die Tipps und Hinweise in diesem Buches. Erst wenn Sie aufgeben, haben Sie verloren.

Grundbedürfnisse

Woran liegt es, dass manche Menschen von einem Ziel begeistert sind, andere aber nicht? Nun, Menschen haben unterschiedliche Werte, Vorstellungen und Leidenschaften. Die Grundbedürfnisse sind dagegen sehr ähnlich. So unterschiedlich die Träume der Menschen auch sind, sie streben doch alle hin zu vergleichbaren Gütern wie Liebe, Anerkennung, Freude und Geborgenheit.

Kümmern wir uns also darum, was die Menschen antreibt. Grundbedürfnisse sind die mächtigsten Quellen menschlicher Motivation. Sie sind unabhängig von Wertesystemen, natürlichem Umfeld, sozialen Strukturen oder technischer Entwicklung. Sie lassen sich nicht beeinflussen, steuern oder unterdrücken. Sie sind permanent in uns existent und wollen befriedigt werden.

W Übersicht von (Grund-)bedürfnissen

Abwechslung, Aktivität, Akzeptanz, Aufmerksamkeit, Ausdruck, Austausch, Ausgewogenheit, Authentizität, Autonomie, Bewegung, Beständigkeit, Bildung, Durst, Effektivität, Ehrlichkeit, Eindeutigkeit, Entspannung, Entwicklung, Familie, Feiern, Freiheit, Freude, Frieden, Geborgenheit, Gesundheit, Gemeinschaft, Gerechtigkeit, Gesetz, Glück, Güte, Harmonie, Heimat, Hunger, Identität, Initiative, Integrität, Intimität, Inspiration, Intensität, Kultur, Kompetenz, Kontakt, Kreativität, Lebensfreude, Leistung, Liebe, Macht, Menschlichkeit, Mitgefühl, Mut, Nähe, Natur, Offenheit, Originalität, Ordnung, Partnerschaft, Prestige, Respekt, Ruhe, Ruhm, Selbstbestimmung, Selbstverantwortung, Selbstverwirklichung, Sensibilität, Sicherheit, Sinn, Schutz, Sexualität, Spaß, Spiritualität, Stabilität, Status, Stärke, Strukturen, Unterstützung, Verantwortung, Verbundenheit, Vergnügen, Vertrauen, Verständigung, wahrgenommen werden, Wärme, Wertschätzung, Zärtlichkeit, Zentriertheit, Zugehörigkeit

Grundbedürfnisse sind keine Wünsche, aber hinter einem Wunsch steckt möglicherweise ein unbefriedigtes Grundbedürfnis. Wer sich beispielsweise einen Urlaub wünscht, könnte beispielsweise das Grundbedürfnis nach Entspannung, nach Lebensfreude oder nach Kontakt haben. Das Bedürfnis »Kontakt« kann aber beispielsweise auch anders als durch Urlaub befriedigt werden. Nicht erfüllte Grundbedürfnisse können krank machen. Im Gegensatz zu Wünschen ziehen befriedigte Grundbedürfnisse keine neuen Bedürfnisse nach sich, aber wenn Wünsche erfüllt werden, haben wir in der Regel schnell neue.

Abraham Maslow (1908–1970), Mitbegründer der Humanistischen Psychologie[14], hat die menschlichen Bedürfnisse in Pyramidenform hierarchisch nach ihrer Wichtigkeit für den Menschen angeordnet.

---

14 *Die Humanistische Psychologie sieht das aktive Streben des Menschen nach einem erfüllten Leben, nach Selbstverwirklichung und nach Anerkennung als zentrale Aspekte unseres Seins an. Wir sind auf der Erde, um zu lernen und uns zu entwickeln.*

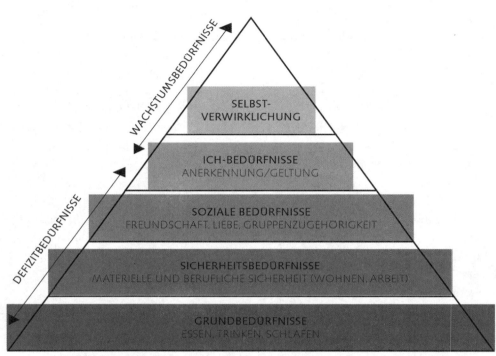

BEDÜRFNISPYRAMIDE NACH ABRAHAM HAROLD MASLOW (1908-1970)

Auf der ersten Stufe, der Basis der Pyramide, befinden sich die wesentlichen Bedürfnisse Hunger, Durst und Sexualität.[15] Sind diese befriedigt, können wir uns der zweiten Stufe, dem Sicherheitsbedürfnis, zuwenden. Themen sind hier Stabilität, Schutz, Freiheit von Angst und Chaos, Strukturen, Gesetz und Ordnung. Der Mensch braucht Sicherheit. Um diese zu erreichen und zu erhalten, ist er bereit, vieles andere aufzugeben. Auf der dritten Stufe steht das Bedürfnis der Zugehörigkeit. Darunter fallen Familie, Heimat, Partnerschaft oder Kontakt. Ergebnisse soziologischer Studien bestätigen die negativen Auswirkungen von Entwurzelung aus Ursprungssystemen wie zum Beispiel Umzüge oder Scheidungen. Das Selbstwertgefühl eines Menschen entsteht aus der Befriedigung des Bedürfnisses nach Wertschätzung und Geltung. Das stellt die vierte Bedürfnisstufe dar. Dazu gehören Stärke, Leistung, Kompetenz, Prestige, Status, Ruhm und Macht.

15 Vgl. dazu Abraham H. Maslow: Motivation und Persönlichkeit. Hamburg 2002, S. 62

Dieses Modell ist vereinfachend und die Bedürfnisse werden nicht in dieser Form der Reihe nach abgearbeitet, hin und wieder springen wir auch. Dennoch gibt es Ihnen ein Gefühl dafür, wie Bedürfnisse Ihr Handeln beeinflussen. Es ist offensichtlich, dass viele Bedürfnisse der ersten vier Stufen in unserer Gesellschaft erfüllt werden, auch wenn sich immer wieder einzelne Lücken auftun. Insofern ist es nicht verwunderlich, dass immer mehr Menschen auf der Suche nach Selbstverwirklichung sind. Diese findet sich an der Spitze der Bedürfnispyramide und beinhaltet Heiterkeit, Freundlichkeit, Mut, Ehrlichkeit, Liebe, Güte und die Suche nach den Antworten auf die existenziellen Fragen. Es wäre fatal, das Streben danach als Luxusproblem zu bezeichnen, denn wer sich auf die Suche nach den Antworten auf die Fragen des Lebens macht, versucht schließlich immer noch, ein menschliches Grundbedürfnis zu befriedigen.

Sie haben nun vielleicht erkannt, dass die Erfüllung der menschlichen Bedürfnisse von herausragender Bedeutung für Ihren Lebensweg ist. Entsprechend sinnvoll ist es, dass Sie sich über die eigenen Bedürfnisse im Klaren sind. Schauen Sie sich die Bedürfnisse an, und prüfen Sie, was Ihnen fehlt. Was sind Ihre aktuellen Bedürfnisse, die nicht befriedigt sind?

ÜBUNG – WAS TUT MIR GUT?

Jeder kennt Beschäftigungen, Orte, Menschen, Erfahrungen oder Umstände, die er als besonders positiv empfindet. Machen Sie sich eine Liste von 20 Dingen, die Ihnen guttun. Ordnen Sie diese Liste ehrlich nach Ihren persönlichen Prioritäten. Was macht Sie glücklich und zufrieden?

ÜBUNG – WAS SIND MEINE BEDÜRFNISSE?

Beantworten Sie ehrlich die folgenden Fragen. Sich seine Bedürfnisse bewusst zu machen, erfordert Ehrlichkeit, etwas Zeit und auch eine Portion Mut, denn möglicherweise geht es schon jetzt »ans Eingemachte«. Die ersten beiden Fragen können Sie natürlich nur beantworten, wenn Sie bereits ein Ziel haben.

- *Was steckt hinter meinem Ziel?*
- *Wieso möchte ich dieses Ziel erreichen?*
- *Was fehlt mir, um glücklich zu sein?*
- *Was ist das Grundbedürfnis dahinter?*
- *Was macht mir Freude?*
- *Warum will ich meinen Traum/mein Ziel verwirklichen?*
- *Wohin bringt mich dieses Ziel?*
- *Was ist mir heilig?*
- *Was liebe ich?*
- *Worin liegt meine Berufung?*
- *Welche Erfahrungen möchte ich in meinem Leben noch machen?*
- *Was muss ich tun, um irgendwann zufrieden sterben zu können?*
- *Woher schöpfe ich meine Kraft und Selbstachtung?*
- *Was ist der bewusste Anteil?/Was spielt möglicherweise unbewusst mit? Spekulieren Sie doch einfach einmal!*

Fassen Sie bitte die drei wichtigsten Erkenntnisse in jeweils einem kurzen Satz zusammen.

Werte

> Pflege und bewahre deine Träume und Visionen. Sie sind die Kinder deiner Seele, der Entwurf dessen, was du ultimativ erreichst im Leben.
> (Napoleon Hill)

Entscheidungen werden leicht, wenn man sich an seinen Werten orientieren kann. Wer seine Werte kennt, kann sein Leben aktiv nach ihnen gestalten. Er kann jeden Tag in dem klaren Bewusstsein angehen, dass er das tut, was ihm wichtig ist. Er übernimmt die Verantwortung für sein Tun.

Erst wenn Sie so leben, führen Sie ein »proaktives« Leben. Auf den proaktiven Faktor im Leben komme ich später noch zurück (ab Seite 295). Wer gegen seine Werte lebt, wird auf Dauer kein glückliches Leben führen.

Was aber sind Werte genau? Wie unterscheiden sie sich von Bedürfnissen? Sind Werte Tugenden? Wenn wir ganz genau sein wollen, sind Werte Überzeugungen davon, was richtig ist, und Tugenden sind Haltungen, die sich in der Umsetzung der Werte im wirklichen Leben zeigen.

Tugenden

Klugheit ist die Kunst zu leben.
(Karneades)

Schon in der Antike beschrieb Aristoteles die vier Kardinaltugenden Klugheit, Tapferkeit, Mäßigung und Gerechtigkeit. Nur ihre Definitionen zu kennen, reicht nicht aus, sondern man muss sich ein ganzes Leben lang bemühen, sie zu erlangen. Werte sind Überzeugungen davon, was richtig ist. Tugenden sind Haltungen, die man nur im praktischen Leben sehen kann. Wer Gerechtigkeit immer wieder erlebt und sie dann auch selbst lebt, wird zu einem gerechten Menschen. Daraus entwickelt sich mit der Zeit eine innere Haltung, die auch in Krisensituationen bestehen kann.

Neben den oben genannten Kardinaltugenden gibt es die Sekundärtugenden Fleiß, Gehorsam, Pflichtbewusstsein, Pünktlichkeit, Unbestechlichkeit, Unterordnung, Sparsamkeit, Treue, Zurückhaltung und Zuverlässigkeit. Im Christentum spielen christlichen Tugenden wie Glaube, Liebe und Hoffnung, die im ersten Brief an die Korinther genannt werden, eine wichtige Rolle

Die Tugenden bauen aufeinander auf und greifen ineinander über, sie bilden nur in ihrer Gesamtheit ein tragfähiges Netz. Von der reinen Selbstbeherrschung zur Tugendhaftigkeit ist es ein großer Schritt. Es ist ein Unterschied, ob ich mir eine Lüge verkneife oder ob ich aktiv versuche, tugendhaft zu leben, also gerecht und klug zu sein.

Tugenden können wichtige Ressourcen auf Ihrem Weg zum Ziel sein. Aus dem bewussten Leben der Tugenden heraus entwickelt sich nämlich nicht nur ein tugendhafter Mensch. Gelebte Tugenden helfen Ihnen auch, Ihren Weg erfolgreich zu gehen.

Vielleicht haben Sie es bereits gemerkt: Eine klare Trennung zwischen Bedürfnissen und Werten ist nicht einfach. Sicherheit ist ein Bedürfnis, Pünktlichkeit ein Wert, das ist noch klar. Andere Begriffe wie zum Beispiel Gerechtigkeit sind da schon schwerer zuzuordnen. Gerechtigkeit zu erfahren, ist ein Grundbedürfnis. Es kann aber durchaus auch ein Wert sein. Die Auffassungen darüber, was gerecht ist, gehen jedoch weit auseinander. So wird aus einem allgemeinen Grundbedürfnis der Menschen ein individuell unterscheidbarer Wert.

Werte beziehen sich auf das Verhalten im Außen, sie beinhalten eine Interpretation der Umgebung. Bedürfnisse entstehen aus der Frage heraus »Was brauche ich als Mensch?« Werte sind gesellschaftlich und konsensorientiert und ergeben sich aus Bedürfnissen bestimmter Lebensumstände. Sie sind wie Qualitäten, die wir Dingen oder Ideen zuschreiben, die uns wichtig sind. Aus den Werten eines Menschen resultiert sein Verhalten.

Werte können als Mittel dienen, also zweckhaft sein, wie beispielsweise Geld, Werkzeug, Güter oder Gesetze oder es sind innere Werte, die auf Werterfahrungen beruhen, also Liebe, Glück oder Harmonie.

In den letzten 500 Jahren veränderte sich die Werteorientierung der Gesellschaft. Das Religiöse verlor an Macht, entsprechende Werte wurden aufgegeben oder wandelten sich. War zuvor ziemlich genau vorgegeben, was ein gutes Leben beinhaltete, musste nun jeder für sich selbst einen Weg finden. Insgesamt gibt es eine Tendenz weg von traditionellen Werten wie Gehorsam oder Pflichterfüllung oder Ähnlichem hin zu Werten wie Freiheit, Toleranz und Selbstverwirklichung.

Im Laufe Ihres Lebens haben Sie Werte entwickelt, die nun für Sie wichtig sind. Deren Ursprünge liegen in der Familie und im Umfeld. Heute dienen Ihnen diese Werte als Orientierung und als Leitfaden. Werte bestimmen, was Sie bewegt, was Sie sich wünschen und wie Sie sich das Leben vorstellen. Dinge, die Ihren Werten zuwiderlaufen, machen Sie unglücklich. Orientieren Sie sich hingegen an Ihren Werten, gehen Sie den Weg zu Ihrem erfüllten Leben.

Nachfolgend finden Sie den Versuch einer Gliederung von Werten in Gruppen.

W Wertegruppen[16]

· ästhetische Werte	· biologische Werte	· geistige Werte
· juristische Werte	· kulturelle Werte	· logische Werte
· materielle Werte	· medizinische Werte	· moralische Werte
· persönliche Werte	·philosophische Werte	· psychologische Werte
· religiöse Werte	· soziale Werte	· technische Werte
· wirtschaftliche Werte	· wissenschaftliche Werte	

Ihr Ziel sollte mit Ihren eigenen und den gesellschaftlichen Werten in Einklang stehen. Wirkliche Visionen erfüllen immer das Kriterium der gesellschaftlichen Aufwertung. Sie nutzen allen und bringen einen Mehrwert für die Gesellschaft. Daraus ziehen Visionen ihre Kraft. Dies erkennen auch andere Menschen, und sie werden bereit sein, dieses Ziel zu unterstützen. Nachfolgend finden Sie eine Übersicht der gängigen Werte.

W Werte[17]

Achtsamkeit, Achtung, Aktivität, Akzeptanz, Anerkennung, Anmut, Anregung, Ansehen, Anstand, Anteilnahme, Auffassungsgabe, Aufgeschlossenheit, Aufklärung, Aufmerksamkeit, Aufrichtigkeit, Ausdauer, Ausgeglichenheit, Autonomie, Begabung, Begleitung, Beharrlichkeit, Behutsamkeit, Bekräftigung, Beschaulichkeit, Bescheidenheit, Besinnlichkeit, Besinnung, Besonnenheit, Beständigkeit, Be-

16 *Nach einer Zusammenstellung von Günter W. Remmert: Schmiedebriefe, www.seminarhaus-schmiede.de*
17 *Vgl. dazu: Fußnote 15*

stärkung, Bewusstsein, Bildung, Dankbarkeit, Demokratie, Demut, Denkvermögen, Deutlichkeit, Diskretion, Distanz, Duldsamkeit, Durchblick, Durchsetzungsvermögen, Echtheit, Ehrfurcht, Ehrgefühl, Ehrlichkeit, Eigenständigkeit, Eigenverantwortlichkeit, Einfachheit, Einfluss, Einfühlung, Einsichtigkeit, Empathie, Empfindsamkeit, Entgegenkommen, Entschiedenheit, Engagement, Entschlossenheit, Erfahrung, Erkenntnis, Erkenntniswille, Erlebnisfähigkeit, Ermutigung, Feierlichkeit, Feingefühl, Festigkeit, Festlichkeit, Fleiß, Folgerichtigkeit, Freiheit, Freizügigkeit, Freude, Freundlichkeit, Freundschaft, Friedfertigkeit, Geduld, Gefühl, Gegenseitigkeit, Geist, Geistesfreiheit, Gemeinnützigkeit, Gemeinsamkeit, Genügsamkeit, Gelassenheit, Gerechtigkeit, Gesetz, Gesinnung, Gesprächsbereitschaft, Gespür, Gestaltungskraft, Gewissenhaftigkeit, Gewissheit, Glaube, Glaubwürdigkeit, Großherzigkeit, Großmut, Großzügigkeit, Güte, Herzlichkeit, Hilfsbereitschaft, Hoffnung, Humor, Identität, Innerlichkeit, Interesse, Klarheit, Klugheit, Konsequenz, Konstruktivität, Kommunikationsfähigkeit, Kompromissbereitschaft, Kooperation, Kreativität, Kritikfähigkeit, Kühnheit, Kunstverständnis, Lauterkeit, Leidenschaft, Lernbereitschaft, Lernfähigkeit, Liebe, Liebesfähigkeit, Liebenswürdigkeit, Logik, Lust, Materielle Güter, Menschenrechte, Menschlichkeit, Mitgefühl, Mitmenschlichkeit, Mündigkeit, Musikalität, Muße, Mut, Nachdenklichkeit, Nachhaltigkeit, Nachsicht, Nähe, Natürlichkeit, Offenheit, Offenherzigkeit, Ordnung, Ordnungswille, Prägnanz, Proaktivität, Pünktlichkeit, Recht, Realitätssinn, Redlichkeit, Reife, Religiosität, Respekt, Reue, Risikobereitschaft, Rücksichtnahme, Sanftheit, Schätzung, Schönheit, Selbstachtung, Selbstbehauptung, Selbstbeherrschung, Selbstbeobachtung, Selbstbeschränkung, Selbstdisziplin, Selbsteinschätzung, Selbstkontrolle, Selbstkritik, Selbstsicherheit, Selbstständigkeit, Selbstüberwindung, Selbstverantwortung, Selbstvertrauen, Selbstwahrnehmung, Sicherheit, Sinn, Sinnerkenntnis, Sitte, Solidarität, Stabilität, Standhaftigkeit, Stetigkeit, Strebsamkeit, Struktur, Takt, Toleranz, Treue, Tugend, Überblick, Unabhängigkeit, Unbefangenheit, Unternehmensgeist, Unterstützung, Unvoreingenommenheit, Urteilsvermögen, Verantwortlichkeit, Verbindlichkeit, Verbundenheit, Verlässlichkeit, Vernunft, Verschwiegenheit, Versöhnungsbereitschaft, Verständnis, Verständigung, Vertrauen, Vertrauenswürdigkeit, Vision, Vitalität, Vorausschau, Vorsicht, Vorstellungskraft, Wärme, Wagemut, Wahrhaftigkeit, Wahrnehmungsfähigkeit, Wandlungsfähigkeit, Weisheit, Weitherzigkeit, Wertschätzung, Wesentlichkeit, Wissen, Witz, Wohlwollen, Würde, Zärtlichkeit, Zivilcourage, Zusammenarbeit, Zusammengehörigkeit, Zuverlässigkeit

Es folgen nun einige Übungen, mit denen Sie Gewissheit über Ihre Werte erlangen.

ÜBUNG – WERTE PRÜFEN

Ein Weg, wie Sie mehr Klarheit über Ihre Werte gewinnen, ist die folgende Tabelle, die aus einer Idee von Norbert Glaab und Günter Remmert[18] entwickelt wurde. Dazu wählen Sie zehn Werte aus den oben genannten aus.

Wenn Sie Ihre Werte kennen, nehmen Sie diese hinzu. Eine Möglichkeit, die eigenen Werte zu entdecken, ist, zu überlegen, warum man wichtige Entscheidungen im Leben so und nicht anders getroffen hat. Welcher Wert lag damals Ihrer Entscheidung zugrunde? Sollten Sie eher etwas vermieden haben, wählen Sie den Wert, gegen den Sie sich entschieden haben.

Tragen Sie die Werte anstelle der Buchstaben A bis J in die Tabelle ein. Wenn Sie mehr in Betracht ziehen, erweitern Sie die Tabelle einfach.

Vergleichen Sie dann paarweise Ihre Werte, also A mit B, A mit C, B mit C, B mit D usw. bis hin zu I mit J. Überlegen Sie, welche Werte Ihnen besonders wichtig sind. Seien Sie dabei ehrlich, und wählen Sie nicht die Werte, die Sie gern hätten, sondern die, die Ihr Leben bestimmen und beeinflussen.

In der nächsten Übung beschäftigen wir uns mit den vermeintlich negativen Aspekten von Werten. Tragen Sie in das jeweilige Feld immer den Gewinner des Wertepaarvergleichs ein. Die mit X markierten Felder bleiben frei, sonst würden Sie die Werte mit sich selbst bzw. doppelt vergleichen.

---

18 Vgl. dazu: Fußnote 15

Werte	A	B	C	D	E	F	G	H	I	J
A	X									
B	X	X								
C	X	X	X							
D	X	X	X	X						
E	X	X	X	X	X					
F	X	X	X	X	X	X				
G	X	X	X	X	X	X	X			
H	X	X	X	X	X	X	X	X		
I	X	X	X	X	X	X	X	X	X	
J	X	X	X	X	X	X	X	X	X	X

Zählen Sie nun, wie oft jeder Buchstabe in der Tabelle als Gewinner der einzelnen Vergleiche steht, und tragen Sie dies in die folgende kleine Auswertung ein. Ermitteln Sie den Rang der einzelnen Werte. Listen Sie diese bitte sauber auf, und pinnen Sie die Übersicht an Ihre Visionswand.

Werte	A	B	C	D	E	F	G	H	I	J
Punkte										
Rang										

Welchen Werten haben Sie bisher nicht ausreichend Platz in Ihrem Leben eingeräumt? Welche Werte würden Sie auswählen, wenn Sie drei Werte heraussuchen müssten, an denen Sie Ihr künftiges Leben orientieren würden?

1. ....   2. ....   3. ....

Wie könnte deren Umsetzung aussehen?

ÜBUNG – DAS WERTEQUADRAT

Für den Fall, dass Sie Werte (hier auch im Sinne von Verhalten gemeint) bei sich entdecken, die Ihnen nicht so sympathisch sind, sollten Sie bedenken, dass Werte nur im Gesamtkontext einen Sinn ergeben. Nur wer auch die Gegensätze des Daseins in sein Leben integriert, kann sein Leben authentisch leben. Jeder Wert hat immer auch eine positive Seite, die es zu entdecken gilt. Dazu dient das Wertequadrat.[19]

Veranschaulichen wir in der folgenden Grafik am Beispiel des Wertes »Sparsamkeit«, wie das Wertequadrat funktioniert: Sie sehen, dass oben immer die als eher positiv geltenden, gegensätzlichen Aspekte eines Wertes stehen. In den unteren beiden Feldern, den Übertreibungen, finden Sie die stark übertriebene Variante des Wertes. Im Beispiel wird aus Sparsamkeit Geiz, aus Großzügigkeit Verschwendung. Erst durch die Einbeziehung des Gegensatzes und der Übertreibung erhält ein Wert seinen entsprechenden Stellenwert.

Anhand der Pfeile im Quadrat erkennt man die eigenen Entwicklungsmöglichkeiten. Sie zeigen die Richtung, in die man sich entwickeln könnte, würde man die negativen Seiten des Wertes reduzieren. Im Beispiel wurde aus der Übertreibung des Wertes Sparsamkeit Geiz. Daher sollte die Entwicklung dementsprechend in die Richtung von mehr Großzügigkeit gehen, die jedoch keinesfalls in der Übertreibung Verschwendung ausarten sollte.

Probieren Sie dieses Modell mit ein paar Werten aus, die sich an sich nicht mögen, und erkennen Sie, in welche Richtung Ihre Entwicklung gehen könnte.

---

19 Vgl. dazu Friedemann Schulz von Thun: Miteinander reden: Fragen und Antworten. Hamburg 2007, S. 46f

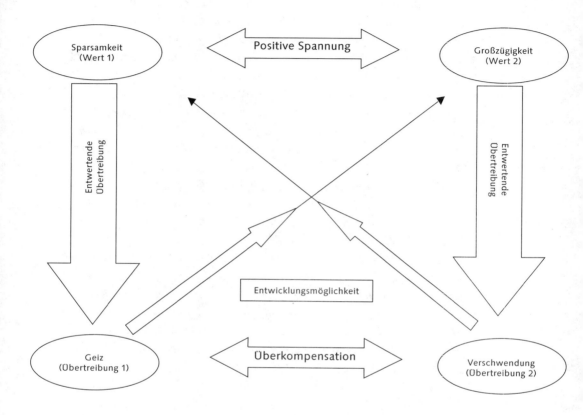

ÜBUNG – BESTANDSAUFNAHME LEBENSQUALITÄTEN

In dieser Übung gehen Sie mutig an verschiedene Themen Ihres Lebens heran. Schreiben Sie auf, wie der aktuelle Zustand im jeweiligen Bereich aussieht. Diese Übung benötigt Zeit! Wenn es irgendwie möglich ist, nehmen Sie sich einige Zeit frei, und fahren oder gehen Sie allein an einen ruhigen Ort in der Natur. Gehen Sie spazieren, oder machen Sie eine längere Wanderung an der frischen Luft, bis der Kopf klar ist. Wählen Sie aus den folgenden Lebensbereichen die zehn aus, die Ihnen am wichtigsten sind. Sie können auch eigene Begriffe dazunehmen.

Beruf, Partnerschaft, Familie, Freundschaften, Gesundheit, körperlicher Zustand, Sexualität, Wohnsituation, Finanzen, Spiritualität, persönliche Entwicklung, Freude, Schlaf, Kontakte, Nutzen für andere, Natur, Kreativität, Humor, Lernen, Beweglichkeit, Reisen, Abenteuer, Entspannung, Nichtstun, Kultur, Musik oder Lesen, Sinn ...

Schreiben Sie Ihre zehn Begriffe in der folgenden Tabelle in die Spalte Lebensqualitäten. In der Spalte Multiplikator tragen Sie ein, wie wichtig dieser Bereich für Sie ist. Sie dürfen dafür jede Zahl von 1 bis 10 nur einmal vergeben. Die unwichtigste Lebensqualität erhält die 1, die wichtigste die 10.
Nun bewerten Sie den aktuellen Status quo. Prüfen Sie bei jedem Bereich, inwieweit Sie sich in den letzten Jahren darum gekümmert haben. Wie viel Zeit und/oder Energie haben Sie den einzelnen Lebensqualitäten gewidmet? Vergeben Sie in der Spalte Einschätzung 0 Punkte, wenn Sie gar nichts dafür getan haben und 10 Punkte, wenn Sie glauben, das Optimum erreicht zu haben – oder eben einen Wert dazwischen. Sie dürfen hier natürlich auch mehrmals die gleiche Zahl wählen.
In die nächste Spalte schreiben Sie die Differenz zwischen Ihrer Einschätzung und dem Optimum von 10 Punkten.
Multiplizieren Sie die Differenz mit dem Multiplikator aus der zweiten Spalte, und ordnen Sie die Lebensqualitäten in der Reihenfolge des Ergebnisses. Das Ergebnis mit der höchsten Zahl hat den größten Nachholbedarf, das mit der geringsten Punktzahl ist der Bereich, in dem zurzeit am wenigsten zu tun ist.

Lebens-qualitäten	Multiplikator 1–10, jede Zahl wird nur ein Mal vergeben	Einschätzung 0–10 (schlecht –optimal)	Differenz zu 10	Differenz x Multiplikator

Was sagen Ihnen diese Ergebnisse? Gehen Sie jeden Bereich einzeln durch. Wo müssen Sie etwas verändern? Was könnte dies sein? Welche Gründe gibt es, dass Sie diese offensichtlichen Defizite nie ausgeglichen haben?

Schreiben Sie zu jedem defizitären Bereich zwei bis drei Schritte auf, wie Sie Ihre Lebensqualität diesbezüglich erhöhen können.

 # Nein sagen

Gehören Sie zu den Menschen, die nicht Nein sagen können? Überlegen Sie sich, warum dies so ist. Sind Sie zu harmoniebedürftig? Gehen Sie Streit lieber aus dem Weg? Befürchten Sie Konsequenzen? Wollen Sie nicht egoistisch wirken? Müssen Sie bei allem dabei sein, weil Sie glauben, sonst etwas zu versäumen? Steckt tief in Ihnen die Angst, nicht mehr geliebt zu werden, wenn Sie Nein sagen? Haben Sie möglicherweise ein Helfersyndrom und glauben, Sie seien unentbehrlich? Oft stecken dahinter entsprechende Glaubenssätze. Decken Sie diese auf, und verändern Sie sie. Wer seinen Traum leben möchte, kommt nicht umhin, immer wieder einmal Nein zu sagen.

Tipps und Fragen:

- Nehmen bzw. erbitten Sie sich Bedenkzeit.
- Lassen Sie sich nicht überrumpeln.
- Suchen Sie nach dem Grund für Ihre Bereitwilligkeit (Glaubenssätze?).
- Welchen Preis zahlen Sie dafür?
- Erlauben Sie sich, Nein zu sagen.
- Lernen Sie, sanft und freundlich Nein zu sagen.

 ## ÜBUNG – NEIN SAGEN

Neigen Sie dazu, Ja zu sagen, wenn Sie Nein meinen? Stellen Sie sich bitte die folgenden Fragen:

- *Warum trauen Sie sich nicht, Nein zu sagen?*
- *Warum fällt Ihnen das schwer?*
- *Was denken Sie, wenn Sie Nein meinen, aber Ja sagen?*
- *Was wäre der Vorteil des Neinsagens?*

Motivationsloch und Krisen

Es ist absolut normal, dass Sie hin und wieder eine Krise überstehen müssen. Es ist auch normal, dass Sie nicht durchgehend hundertprozentig motiviert sind. Jeder hat Krisen. An Krisen wachsen wir. Verdrängen Sie Ihre Krise nicht, sondern akzeptieren Sie sie als Hinweis darauf, dass Ihre innere Harmonie offensichtlich gestört ist. Nehmen Sie sich eine Auszeit. Was sagt Ihr Bauchgefühl, was sagt Ihr Verstand? In Krisen ist es besonders wichtig, dass Herz und Verstand Hand in Hand gehen.[20]

Die Natur kennt keine Krisen. Temperaturschwankungen, Meteoriteneinschläge, Vulkanausbrüche, Überschwemmungen und anderen »Katastrophen« waren Entwicklungsschritte auf dem Weg dorthin, wo wir heute stehen. Die Natur ist gelassen und überlegt. Die ersten Pflanzen, die eine abgebrannte Fläche besiedeln, denken nicht darüber nach, ob es dort irgendwann wieder brennen wird. So hat es das Leben 3,8 Milliarden Jahre lang geschafft, sich auf der Erde weiterzuentwickeln. Krisen sind für die Natur normal, und auch der Mensch, also Sie, sollte sich weiterhin als ein Bestandteil der Natur sehen.

Eine Krise ist keine Katastrophe, sondern eine Entscheidungssituation. Eine Veränderung steht an. Folgerichtig gibt es keinen krisenfesten Weg, Entscheidungen werden immer wieder erforderlich sein, Krisen sind etwas Natürliches. Suchen Sie nicht nach einem krisenfesten Weg, suchen Sie Ihren Weg, und machen Sie das Beste daraus!

20 Mehr dazu erfahren Sie ab Seite 140.

Leidenschaften

Stellen Sie sich ein leidenschaftliches Leben vor. Damit meine ich ein Leben, dass erfüllt ist von Ihren Leidenschaften. Ist es spannend, schnell und aufregend oder eher ruhig, entspannt und erfüllend? Sind Sie in einem solchen Leben engagiert, zielstrebig und motiviert? Geht Ihnen vieles, was Sie tun, leicht und locker von der Hand und das, womit Sie sich schwertun, machen Sie dennoch konzentriert?

Es gibt zwei großartige Tage im Leben eines Menschen: Der Tag, an dem er geboren wird, und den Tag, an dem er entdeckt, warum.
(William Barclay)

Ihre Leidenschaften sind die Dinge, die Sie lieben, die Dinge, die Ihnen leichtfallen. Auch wenn Sie einmal einen Durchhänger haben, wissen Sie, dass Sie am nächsten Tag wieder in alter Frische Ihrer Leidenschaft folgen können und werden.

Ist Ihnen schon einmal aufgefallen, welcher Typ Mensch ein wirklich glückliches Leben führt? Was vereint diese Menschen? Die meisten von denen, die Ihnen einfallen, machen genau das, was sie gern tun, oder? Diese Menschen tun das, was sie tun, gern. Sie lieben ihr Leben, vielleicht nicht alles, jedoch den größten Teil. Ein wesentlicher Bestandteil ihres Lebens ist die Leidenschaft für eine Aufgabe oder einen Bereich ihres Lebens.

Hier eröffnet sich für Sie ein weites Feld an infrage kommenden Möglichkeiten. So könnte man beispielsweise in seiner Arbeit aufgehen. Grundsätzlich ist dies bei jeder Arbeit möglich. In vielen spirituellen Lehren ist es gerade das Ziel, dies zu erlernen. Das, was man tut, soll man gerne, mit Liebe und vor allem mit Achtsamkeit tun, auch wenn es auf den ersten Blick eine furchtbare Arbeit ist.

Meist ist es so, dass wir den Großteil unserer Energie in die Arbeit stecken, unsere Leidenschaft jedoch erst nach Feierabend ausleben. Der eine liebt den Kick, den er beim Fallschirmspringen oder Windsurfen bekommt, andere sammeln vielleicht Briefmarken oder haben andere Hobbys, aus denen sie ihre Kraft ziehen.

Der Umkehrschluss ist einfach. Wer in keinem Lebensbereich seine Leidenschaften verwirklichen kann, hat ein Defizit, das auf Dauer krank macht. Ziehen Sie in regelmäßigen Abständen eine Leidenschaftsbilanz. Überwiegen in Ihrem Leben zurzeit die Gewinne, die Sie aus Ihren Leidenschaften ziehen oder bestimmen Dinge, die Sie belasten, Ihr Leben? Gibt Ihnen ein Hobby mehr Energie, als Sie in Ihren Beruf investieren müssen? Oder ist Ihr Beruf Ihre Leidenschaft, und macht das die Überstunden und den Mangel an Freizeit wett? Wie Sie sehen, gibt es sehr viele Aspekte, die man berücksichtigen kann und muss, sodass diese Bilanz für jeden Menschen anders ausfällt. Zeigt sie bei Ihnen allerdings, dass Sie zuletzt eher Energie verloren haben, sollte Ihnen dies zu denken geben. Ist dies nur temporär und verändert sich das in absehbarer Zeit wieder? Wenn Sie zugeben müssen, dass Besserung wegen verschiedener, meist äußerer Umstände derzeit nicht in Sicht ist, besteht akuter Handlungsbedarf.

ÜBUNG – ENTDECKEN SIE IHRE LEIDENSCHAFTEN!

Diese Übung beginnen Sie damit, dass Sie alle Ihre Leidenschaften sammeln und in loser Reihenfolge aufschreiben. Überlegen Sie gar nicht erst, was realistisch ist, und zensieren Sie nichts. Als Leidenschaft gilt alles, was Sie gern machen oder machen würden. Dinge, an denen ihr Herz hängt, Ziele, die Sie erreichen möchten, sowie Ihre Träume und Ihre Visionen. Wenn Sie gern steinreich wären, schreiben Sie es auf. Wenn Sie gern wichtig, ausgeglichen, leidenschaftlich oder was auch immer wären, notieren Sie dies! Jetzt ist nicht der Zeitpunkt zu entscheiden, was realisierbar ist und was nicht. Sie wären gern erfolgreich und beliebt? Sie wollen Menschen helfen oder einfach nur möglichst viel Spaß im Leben haben? Schreiben Sie bitte alles auf, was Sie lieben und was Ihnen wichtig ist, bis Sie eine Liste von mindestens zehn Punkten haben. Ich schlage vor, dass Sie sich einen festen Zeitrahmen vorgeben, beispielsweise eine Stunde, in dem Sie über nichts anderes nachdenken. Viele Ideen werden Sie in den ersten Minuten haben, andere benötigen mehr Zeit. Geben Sie sich diese Zeit!
Schreiben Sie Ihre Leidenschaften auf, keine Ziele! Zu Ihren Zielen kommen wir später. Wählen Sie die Dinge, die Ihnen am wichtigsten sind und die Ihnen heute guttun. In sechs Monaten kann dies bereits anders aussehen, dann ist eine neue Liste fällig. Meine Liste könnte so aussehen:

1.   Ich liebe das Meer.
2.   Ich schreibe Sachbücher und Geschichten.
3.   Ich lebe mit Freude.
4.   Mein Körper und Geist sind gesund und stark.
5.   Ich habe alle Freiheit, die ich brauche.
6.   Ich bin reich.
7.   Ich habe genug Zeit, um zu malen und Klavier zu spielen.
8.   Ich arbeite zu Hause in wunderschöner Atmosphäre.
9.   Wir wohnen in einem traumhaften Haus mit weitem Ausblick.
10. Viele Menschen kommen zu mir und besuchen meine Workshops.
11. Große Firmen schicken ihre Manager zu mir.
12. Ich vertraue meiner Intuition und dem Leben.
13. Ich helfe Menschen, sich selbst zu finden und ihre Probleme zu bewältigen.
14. Mein Leben ist abwechslungsreich und bunt.
15. Ich habe Zeit für weite Reisen mit meiner Familie.

Sie merken an meiner Liste schon, dass es oft schwerfällt, zwischen Leidenschaft und Ziel zu unterscheiden. Ist ein traumhaftes Haus ein Ziel oder eine Leidenschaft? Besser wäre vielleicht: »Ich habe viel Platz und weite Sicht« sowie als ergänzender Punkt »Ich bin umgeben von schönen Dingen«. Vielleicht hilft es Ihnen auch, wenn Sie sich Gedanken über die folgenden Fragen machen.

-   Was lieben Sie?
-   Was tun Sie besonders gern?
-   Wo wollen Sie leben?
-   Welche Menschen sind Ihnen besonders wichtig?
-   Wie wollen Sie arbeiten?
-   Welche Umgebung wünschen Sie sich, beruflich und privat?
-   Was macht Sie glücklich?
-   Welche Hobbys haben Sie?
-   Wofür hätten Sie gern mehr Zeit?
-   Was würden Sie in Ihrem Leben gern bewirken?
-   Was können Sie besonders gut?

- *Was können Sie besser als andere?*
- *Worin sind Sie einzigartig?*
- *Was wollten Sie in Ihrer Kindheit immer werden?*
- *Was haben Sie damals besonders gern gemacht?*
- *Was schätzen andere Menschen besonders an Ihnen?*
- *Wofür macht man Ihnen Komplimente?*
- *Welche außerordentlichen Leistungen haben Sie schon vollbracht?*

Kommen wir nun zur Auswertung. Diese Methode zur Auswertung orientiert sich am »Passion Test« aus dem gleichnamigen Buch.[21] Beginnen Sie mit dem ersten Punkt, und vergleichen Sie ihn mit dem zweiten Punkt. Entscheiden Sie dann intuitiv, welcher Ihnen wichtiger ist, und wessen Erfüllung Sie glücklicher machen würde. Den »Sieger« nehmen Sie mit und vergleichen ihn mit dem dritten Punkt, den »neuen Sieger« wiederum mit dem vierten Punkt und so weiter. Wenn Sie bei Ihrem letzten Punkt angekommen sind, schreiben Sie den Punkt, der übrig geblieben ist, auf den ersten Platz einer neuen Liste.

Nun fangen Sie mit dem zweiten Punkt der ersten Liste an. Vergleichen Sie ihn wie gehabt mit dem dritten Punkt und so weiter. Schreiben Sie den »Sieger« des zweiten Durchgangs auf den zweiten Platz Ihrer neuen Liste. Fahren Sie fort, bis fünf Punkte auf der neuen Listen stehen.

Dies sind die fünf für Sie wichtigsten Leidenschaften. Bewerten Sie diese in Bezug auf die bisherige Umsetzung und den bisherigen Stellenwert in Ihrem Leben. Benutzen Sie dafür eine Skala von 0 bis 10. 0 Punkte bedeutet, dass Sie diesem Aspekt bisher keinerlei Beachtung geschenkt haben, 10 Punkte bedeutet, dass Sie diese Leidenschaft voll und ganz leben.

Wenn es bei Ihnen in einem Lebensbereich nicht besonders erfolgreich läuft, sie dessen zugehöriger Leidenschaft aber eine hohe Punktzahl gegeben haben, sollten Sie diesen Bereich genauer betrachten. Überlegen Sie, ob Sie den richtigen Teilaspekten Ihre Aufmerksamkeit schenken oder ob Sie sich verzetteln.

Schreiben Sie Ihre fünf Topleidenschaften mit der Punktzahl, die Sie diesen zukünftig gern geben würden, jeweils auf Karten. Lassen Sie darauf auch Platz für weitere Anmerkungen, und pinnen Sie sie auf Ihre Visionstafel.

21 Janet Bray Attwood und Chris Attwood: Passion Test. Entdecken Sie Ihre Leidenschaft. Bielefeld 2007

Für viele Menschen, die ihre Leidenschaft kennen, ist es eine Möglichkeit, diese erst einmal als zweites Standbein in ihr Leben zu integrieren. Sollten Sie den Wunsch haben, beispielsweise Schriftsteller oder Maler zu werden, ist es deutlich einfacher, dies erst einmal in der Freizeit auszuprobieren. Es wäre auch geradezu fahrlässig, zum Beispiel den alten Job hinzuschmeißen, um plötzlich Romane zu schreiben – es sei denn, Sie haben bereits berechtigte Hoffnung, damit erfolgreich zu werden.

ÜBUNG – EINMAL IM LEBEN ETWAS VÖLLIG VERRÜCKTES TUN

Nehmen Sie sich die Top 5 Ihrer Leidenschaften, und überlegen Sie sich bitte zu jeder ein aus heutiger Sicht total verrücktes, durchaus utopisches Ziel.

Sie malen leidenschaftlich gern? Wie wäre es als Ziel, einmal ein Bild im Museum of Modern Art auszustellen? Sie würden sich gern als Heilpraktiker selbständig machen? Stellen Sie sich vor, eine eigene Heilpraktikerschule zu besitzen? Sie lieben es zu kochen? Wie wäre es mit einem eigenen Gourmet-Restaurant – oder einer Pommes-Bude?

Für den einen wäre das Gourmet-Restaurant das Nonplusultra, der andere hat lieber Kontakt mit dem Menschen auf der Straße und würde deshalb lieber bei Wind und Wetter Currywurst verkaufen. Menschen sind unterschiedlich.

Halten Sie für sich fest, bei welcher Ihrer utopischen Vorstellungen Sie sich besonders gut fühlen. Schließen Sie die Augen, und stellen Sie sich zu jeder Möglichkeit vor, dass sie tatsächlich realisiert würde. Vielleicht lesen Sie zuvor auch das Kapitel über das Visualisieren ab Seite 217.

Heften Sie alle Ihre verrückten Ideen an die Visionstafel.

 Gesunder Menschenverstand

Gesunder Menschenverstand kann fast jeden Grad von Bildung ersetzen, aber kein Grad von Bildung den gesunden Menschenverstand.
(Arthur Schopenhauer)

Das Zitat sagt alles, oder? Ich habe mich nie für besonders intelligent gehalten, denke jedoch, dass ich ausreichend gesunden Menschenverstand habe und vielleicht genau deswegen viele Dinge ganz ordentlich kann – aber nur wenige wirklich perfekt.

Den gesunden Menschenverstand einzusetzen, heißt, Dinge nicht komplizierter zu machen und einfache, naheliegende Wege und Lösungen zu erkennen. Es bedeutet, nicht alles perfekt machen zu wollen, sondern sich auch mit 90 Prozent zufriedenzugeben – wohlgemerkt meine ich nicht, etwas nur zu 90 Prozent zu Ende zu bringen!

Menschen mit gesundem Menschenverstand haben eine gewisse innere Ruhe und sind in der Lage, ihre Intuition mit ihrem Verstand kooperativ einzusetzen.

Glück

Was ist Glück? Eine sehr einfache Frage, auf die es sehr viele individuelle Antworten gibt. Schon immer waren vereinzelt Menschen auf der Suche nach der für sie ultimativen Antwort auf diese Frage. In unserer Zeit scheinen es jedoch mehr geworden zu sein. Hatte man früher einfach andere Probleme oder bezog man sein Glück ganz automatisch aus dem alltäglichen Leben? Heute jedenfalls glauben die meisten, dass sie ihrem Glück aktiv hinterherjagen müssen, wenn sie diesen Zustand je erreichen wollen. Glück ist für jeden etwas anderes, dennoch basiert es bei allen Menschen auf der Erfüllung der gleichen Grundbedürfnisse sowie ihrer individuellen Werte. Glück hat zum einen etwas mit Ihrer Medizin zu tun. Wenn Sie Ihre Medizin, also Ihre Kraft, Ihre wahre Identität, erkennen, würdigen und in Ihr Leben integrieren, sind Sie Ihrem Glück sehr nahe. Zum anderen heißt Glück auch, achtsam und bewusst zu leben. Ein Leben im Hier und Jetzt zu führen, das wir uns nicht durch ständiges Bewerten, Kommentieren und Kritisieren kaputt machen (lassen).

Vielleicht ist Glück auch eher ein Gefühl von Zufriedenheit, vielleicht ist es ein ausbalancierter Weg durch die ständigen Herausforderungen des Lebens. Einmal geht es auf, einmal geht es ab. Seinen Weg zu finden, kann das eigene Leben glücklicher machen. Gelassenheit gegenüber dem, was man nicht ändern kann, ist ebenfalls Glück. Es ist die Erfahrung von Achtsamkeit und das Gefühl, mit allem verbunden zu sein.

Andere lieben es aber auch, in irgendeiner Weise zu leiden und so die ganze Bandbreite der Emotionen zu erfahren Die Balance zwischen Glück und Unglück zu finden, ist für viele Menschen sicherlich ein Ziel. Was wäre Glück ohne Unglück? Woran sollten wir Glück messen, wenn nicht am Unglück?

W Bedingungen für ein glückliches Leben

Die renommierte Harvard-Universität hat vor mehr als 70 Jahren an 268 männlichen Studenten untersucht (Frauen hatten damals noch keinen Zutritt zur Universität.), welche Umstände ein glückliches Leben bedingen.

Für ein glückliches Leben sind demnach vor allem folgende sieben Faktoren ausschlaggebend:[22]

- die richtige Einstellung zum Leben
- Bildung
- eine stabile Beziehung
- Abstinenz von Zigaretten
- Abstinenz von Alkohol
- sportliche Betätigung
- ein gesundes Körpergewicht

Die erstaunlichste Aussage des Studienleiters war: »Das Einzige, worauf es wirklich ankommt, sind Beziehungen.«

---

22 Vgl. dazu: http://www.gluecksforschung.org/?p=209

Intakte Beziehungen braucht man nämlich immer dann, wenn das Leben nicht so läuft, wie man es gern hätte – also praktisch immer. Die Glücklichen von den Unglücklichen unterscheidet dann auch, wie sie mit den Schicksalsschlägen umgehen, mit denen sie das Leben herausfordert – wie gut, wie leicht und wie schnell sie diese überwinden. Diese Eigenschaft heißt im Fachjargon *Resilienz*.

Wie finden Sie nun Ihr Glück? Oft fällt es uns unverhofft in den Schoß. Wenn wir es suchen, versteckt es sich anscheinend. Kann man die Suche nach dem Glück strategisch angehen? Ja, Glück ist machbar. Man könnte Glück ganz profan als das Zusammentreffen von einer Gelegenheit mit einer guten Planung, Vorbereitung und Gewappnetsein bezeichnen. Diese Gelegenheit kann sich scheinbar ganz von allein ergeben, Sie können aber auch dafür sorgen, dass häufiger solche Gelegenheiten eintreffen. Wenn die Zeit reif ist, wenn die Energie Ihrer Idee hoch genug ist, wird Ihnen das Glück »zufallen«.

ÜBUNG – GEDANKENBUZZER

Negative Gedanken und Sorgen erfordern viel Energie, die Sie anderweitig besser einsetzen könnten. Wenn Sie über Probleme nachdenken, um sie zu lösen, ist dies okay. Ständige negative Gedanken zu einem Thema zu haben ohne den Versuch zu unternehmen, etwas daran zu ändern, könnte problematisch für Sie werden.
Eine gute Methode, dieses zu unterbinden, ist folgende: Stellen Sie sich einen virtuellen Buzzer vor, also einen dieser riesigen Druckknöpfe, die es in Fernsehquizshows gibt. Wenn Sie sich wieder einmal bei negativen Gedanken erwischen, schlagen Sie auf diesen Buzzer, beenden Sie den Gedankengang, und stellen Sie sich für ein paar Sekunden mit aller Fantasie, die Sie haben, das genaue Gegenteil vor!

Sinn

Wenn wir uns mit unseren Träumen und Visionen beschäftigen, stellt sich uns immer wieder die Frage nach dem Sinn des Ganzen. Gibt es für Sie einen Sinn im Leben? Spätestens mit der Frage nach dem Sinn verlassen wir unser kleines egoistisches, individuelles Leben und müssen unseren Horizont erweitern. Glück mag für manchen aus viel Geld und beruflichem Erfolg bestehen. Fragt man nach dem Sinn des Lebens, dürfte die Antwort jedoch anders ausfallen.

Sie erinnern sich an meinen Vergleich des Lebens mit dem Golf spielen? Der Sinn des Spiels ist das Spielen. Also spielen Sie das Spiel des Lebens, so gut Sie eben können. Der Sinn besteht darin, das Leben zu erfahren, es zu leben. Insofern ist alles, was in Ihrem Leben geschieht, sinnvoll, auch das Negative und das Leiden. Es liegt in der Natur des Menschen, Emotionen erleben zu wollen. Richtig erfahrbar werden diese nur, wenn die ganze Bandbreite von Liebe und Enttäuschung, von Freude und Tod, enthalten ist. Jede Sekunde unseres Lebens hat ihren Sinn in Liebe und Leiden sowie in allen Schattierungen dazwischen.

Die Suche nach dem Sinn des Lebens betrifft auch unseren Bezug zum Ganzen, zum Kosmos. Jede Zelle des Körpers ist mit allem verbunden. Einst waren wir alle eins, und auch heute noch sind die Zellen durch unsichtbare Energien miteinander vernetzt. Die Quantenphysik hat festgestellt, dass Teilchen, die einmal zusammengehört haben, dies nie »vergessen« und für immer in Verbindung miteinander bleiben. So sind wir Menschen mit den Sternen, den Planeten, den Bergen, den Flüssen, den Meeren, den Wäldern, den Pflanzen, den Tieren und den Wolken auf immer und ewig verbunden.

Der Sinn Ihres Lebens kann sich also nur aus dem Sinn der Existenz des Kosmos entwickeln. Dieser hat offensichtlich einfach Spaß am Spiel des Lebens und daran, sich weiter und weiterzuentwickeln. Die Evolution schreitet voran, auch wenn wir in unserer begrenzten Zeit als Menschen nur einen kleinen Ausschnitt davon erleben dürfen. Was Sie dazu beitragen, müssen Sie selbst entscheiden. Wenn Sie das entschieden haben, wird sich Ihre Seele mit Ihrer Medizin und Ihrem Traum verbinden. Ganz von allein profitieren sowohl Sie selbst als auch der Rest der Welt davon. Insofern ist es auch nicht egoistisch, seinen Weg zu gehen. Gerade indem Sie Ihren Weg beschreiten, erfüllen Sie Ihre Aufgabe zum Wohle des Ganzen.

ÜBUNG – MOMENTE DER ZEITLOSIGKEIT

Wann vergessen Sie in Ihrem Leben jegliches Zeitgefühl? In welchen Momenten gehen Sie völlig auf und bemerken »das Drumherum« nicht mehr? Wann sind Sie im »Flow«?
Schreiben Sie bitte die drei wichtigsten dieser Momente, Erlebnisse oder Tätigkeiten auf.

 ## Konzentration auf das Wesentliche

Kennen Sie Tage, an denen Sie sich völlig verzetteln und irgendwie nichts richtig erledigen können? Sie fangen einmal dies, einmal das an, und nichts wird fertig? Wenn Sie dies nicht kennen, gratuliere ich Ihnen hiermit herzlich. Alle anderen müssen lernen, sich auf das Wesentliche zu konzentrieren und sich nicht zu verzetteln. Ein Ziel zu erreichen, kann schwer sein, zwei Ziele zu verwirklichen, ist auf jeden Fall schwerer und bei drei Zielen könnten Sie sich überfordern. Es sein denn, Zeitmanagement ist Ihre Spezialität.

Stellen Sie sich beispielsweise einmal vor, dass sie gleichzeitig abnehmen, mit dem Rauchen aufhören und dabei noch einen Intensivsprachkurs belegen möchten. Mit ziemlicher Sicherheit würden Sie sich verzetteln, alle drei Projekte würden Ihre Energie aufbrauchen – mehr als Sie hätten.

Beschränken Sie sich auf ein Ziel! Alles Neue braucht Energie. Davon haben Sie nur eine begrenzte Menge zur Verfügung. Wie Sie am besten Prioritäten setzen, zeige ich Ihnen später noch (ab Seite 298).

ÜBUNG – OFFENE POSTEN

Nehmen Sie sich Zeit, und machen Sie eine Liste von allen Themen, die Sie momentan beschäftigen. Überlegen Sie, welche in den letzten Wochen aktuell waren. Schauen Sie sich diese Themen an, und schreiben Sie nun auf, was Sie sich vorgenommen haben, diesbezüglich zu unternehmen.

Vielleicht haben Sie sich z.B. ein berufliches Thema als Hauptziel vorgenommen, sich aber parallel dazu auch zu einem Golfkurs angemeldet. Golf spielen kostet Zeit, viel Zeit. Haben Sie diese wirklich? Aber vielleicht ist die Ruhe des Golfspiels sogar ein wichtiger Ausgleich für Sie, den Sie dringend benötigen? Alles hat sein Für und Wider. Prüfen Sie Ihre Projekte! Geben sie Ihnen Energie oder saugen sie Energie ab?

Vereinfachen Sie Projekte, die eher Ihre Energie rauben, oder lassen Sie sie eine Zeit lang im Stand-by-Modus. Sie können diese irgendwann einmal fortführen. Vielleicht ist es sogar noch besser, sie abzubrechen. Schreiben Sie die Beschreibung jedes Projekts, das Sie beenden möchten, auf einen Zettel, und verbrennen Sie den Zettel in einem kleinen Ritual.

Glaube ist nicht Wahrheit –
Glaubenssätze als Hürde

Gern glauben die Menschen das, was sie sich wünschen.

An dieser Stelle möchte ich auf das Thema Glaubenssätze eingehen und darauf, wie wichtig es ist, diese zu erkennen. Am Ende des Buches finden Sie weitere Informationen und viele Übungen zu Glaubenssätzen, die Ihnen helfen können. Vieles in Ihrem Leben beruht auf sehr fragwürdigen Glaubenssätzen, die das Erreichen Ihres Zieles vielleicht unmöglich machen. Beschäftigen Sie sich also intensiv mit Ihren Glaubenssätzen. Scheuen Sie sich nicht, mit einem Glaubenssatz, der Sie schon jahrelang belastet, einmal zu einem Coach zu gehen.

Unbewusste Schemata aus der Vergangenheit bestimmen oft unser Verhalten. Leider erkennt man meist nicht, dass man mitten in einem solchen steckt. Wer sich z.B. vom Chef immer wieder ohne zu widersprechen oder zu kämpfen heruntermachen lässt, könnte als Kind gelernt haben, dass Widerspruch zu Liebesentzug führt. Ein solches Muster heute noch zu entdecken, ist schwer.

Glaubenssätze sind teuflisch, sie sind gut getarnt und zudem wie langjährige Freunde, denen man nicht wehtun möchte. Auf den ersten Blick – und oft auch auf den zweiten – sind sie von »Wissen« oder »Erfahrung« nicht zu unterscheiden.

Wie oft haben Sie es schon erlebt, dass der Satz »Das schaffe ich nie« gestimmt hat? Auch wenn es Ziele gibt, die unerreichbar scheinen, so ist doch viel mehr möglich, als Sie meinen. Regeln und Grenzen werden von Ihnen bzw. Ihrer Umwelt geschaffen, sie sind meist keine unabänderlichen Naturgesetze. Grenzen bestehen zunächst nur in Ihrem Kopf. Sie haben gelernt, diese zu akzeptieren, meist sogar ohne sie zu hinterfragen.

Natürlich gibt es unbestreitbare Grenzen wie zum Beispiel die körperlichen. Abhängig von Alter und Gesundheitszustand gibt es Dinge, die unmöglich erscheinen. Trotzdem gibt es Senioren, die 100 Kilometer durch die brütende Hitze einer Wüste laufen. Es ist eine Tatsache, dass wir die meisten Grenzen selbst erschaffen. Überhaupt beginnt das Außen erst zu existieren, wenn wir eine Grenze in uns selbst ziehen und damit das Ich geboren wird. Vorher war alles miteinander verbunden.

Nachher ist es dies natürlich ebenfalls, nur leben wir dann in der Illusion der Trennung, die dem Ego absolut plausibel erscheint – kein Wunder, die Entstehung dieser Grenze während der ersten drei Jahre unseres Lebens war die Geburt des Ego.

Vielleicht ist eine Stimme in Ihnen, die sagt: »Komm, lass es uns einfach tun!«, und eine andere Stimme antwortet mit aller Autorität: »Das macht man nicht!«, »Das gehört sich nicht!« oder »Das kannst du nicht!« Ihr Unterbewusstsein schickt Ihrem Verstand solche Aussagen mit einer atemberaubenden Geschwindigkeit.

Merken Sie sich: Nicht immer ist das, was uns das Unterbewusstsein liefert, gut für uns, auch wenn es gut gemeint ist! Irgendwo tief in Ihrem Inneren befindet sich ein mehr oder weniger großer Berg aus Glaubenssätzen, die bei Bedarf vom Unterbewusstsein hervorgeholt werden können. Diese Sätze waren wahrscheinlich einmal sinnvoll und haben Ihnen geholfen, aber heute sind sie in der Regel unpassend und veraltet.

ÜBUNG – GRÜNDE, WARUM ICH ES NICHT SCHAFFEN KANN

Bevor wir uns mit Glaubenssätzen beschäftigen, möchte ich Sie bitten, einfach spontan alle Gründe aufzuschreiben, aus denen Sie Ihr Ziel nicht erreichen könnten und die das Wahrwerden Ihres Traumes verhindern könnten. Schreiben Sie alles auf, ohne dabei nachzudenken. Prüfen Sie jetzt noch nicht, ob ein Grund berechtigt oder sinnvoll ist. Fallen Ihnen zehn Gründe ein?

Wenn Sie dies getan haben, schätzen Sie jeden einzelnen Grund ein. Handelt es sich dabei wirklich um eine Tatsache, oder ist es eher ein eigenes Urteil über Sie oder Ihren Traum? Wie würden andere Menschen dies einschätzen und bewerten?

 # Coaching

Coaching ist die lösungs- und zielorientierte Begleitung von Menschen zur Förderung der Selbstreflexion sowie der selbstgesteuerten Verbesserung der Wahrnehmung, des Erlebens und des Verhaltens. Der Coach begleitet den Klienten bei der Realisierung seines Anliegens oder der Lösung seines Problems.

In Deutschland ist es noch nicht üblich, zu einem Coach zu gehen, auch wenn es in größeren Unternehmen längst Standard geworden ist, den Führungskräften Coachings anzubieten. Zu oft wird Coaching mit Therapie in Verbindung gebracht. Jeder, der einmal bei einem guten Coach war, wird Ihnen jedoch bestätigen, dass die Gespräche mit ihm wichtig und hilfreich waren. Nur sehr selten geht es um Themen aus der Vergangenheit oder um Kindheitserlebnisse etc. Coaching gibt es für alle Lebensbereiche. Ein guter Coach wird Ihnen helfen, Ihr Potenzial zu entdecken und Ihre Stärken zu nutzen. Indem er Ihnen die richtigen Fragen stellt, entwickeln Sie eine individuelle Lösung. Für die Lösung »normaler Probleme« oder Themen können Sie mit einer bis maximal drei Sitzungen rechnen. Dabei müssen Sie mit Kosten ab etwa 100 € pro Stunde rechnen. Ihr Coach muss Ihnen nicht sympathisch sein, aber Sie sollten ihm zutrauen, Sie unterstützen zu können. Da Coach keine geschützte Berufsbezeichnung ist, darf sich jeder als Coach bezeichnen. Eine persönliche Empfehlung oder eine besondere Qualifikation, die Sie bevorzugen, oder auch Ihre Intuition können Auswahlhilfen sein.

Was sind Glaubenssätze?

Glaubenssätze sind verallgemeinernde Aussagen, an deren Wahrheitsgehalt wir glauben. Sie scheinen uns unumstößliche Wahrheiten zu sein, die wir bei allem, was wir tun, als vorausgesetzt ansehen. Sie formen unsere innere Einstellung zu vielen Aspekten des Lebens. Natürlich lassen sie sich nicht wirklich auf jedes neue Erlebnis anwenden. Deswegen sind Glaubenssätze immer sehr allgemein formuliert. Meist beeinflussen sie unser Leben, ohne dass wir uns dessen bewusst sind. Sie hindern uns daran, glücklich zu werden, weil sie uns abhalten, Schritte zu machen, die wir ansonsten wagen würden.

Glauben bedeutet, eine Wahrscheinlichkeit zu vermuten. Nur nimmt jemand, der einen Glaubenssatz hat, nicht an, dass ein Sachverhalt so oder so ist. Nein, er ist überzeugt zu wissen, dass ein Sachverhalt genau so ist. Er hält die Aussage des Glaubenssatzes für wahr. Die Bezeichnung »Glaubenssatz« ist also nur aus Sicht des Beobachters korrekt. Der Beobachtete glaubt eben nicht, denn er ist sich sicher, es zu wissen.

Das Gegenteil von Glauben ist Wissen. Wissen beruht auf Tatsachen. Aber vieles, von dem wir ausgehen, es zu wissen, hat letztlich doch nur Glaubenscharakter. Gerade die Naturwissenschaften entwickeln sich weiter und weiter, wodurch altes Wissen widerlegt wird. Vielleicht bemerken Sie an dieser Stelle, dass sehr, sehr wenig Ihres Wissens unumstößlich ist, und es zum Großteil aus Glauben besteht oder davon geprägt ist.

Die Entstehung von Glaubenssätzen

Lassen Sie uns nun einen Blick darauf werfen, wie Glaubenssätze entstehen. »Undank ist der Welten Lohn«. ist ein Beispiel für einen Glaubenssatz, den viele vielleicht aus der Generation der Großeltern kennen. Obwohl sie das ganze Leben hart gearbeitet haben, müssen sie mit oft sehr geringen Renten auskommen. Hört ein Kind einen solchen Satz oft genug von seiner Oma, glaubt es dies eines Tages selbst. Im Erwachsenenalter wird es Situationen geradezu magisch anziehen, in denen sich diese »Wahrheit« bestätigt.

Woher kommen nun solche Sätze? Die meisten übernehmen Sie in Ihrer Kindheit von Eltern und anderen wichtigen Bezugspersonen. Die Kindheit ist die erste von drei entscheidenden Phasen in Ihrem Leben. Diese Phase dauert etwa bis zum siebten Lebensjahr und wird auch als auch Periode der Prägung bezeichnet. Es folgt die Modellierperiode, die bis etwa zum dreizehnten Lebensjahr geht und in der hauptsächlich andere Menschen nachgeahmt werden. Die dritte Phase ist die Sozialisationsperiode, in der eigene Erfahrungen gesammelt werden, aus denen gelernt werden kann. Das Problem ist, dass wir das, was wir in der ersten Phase als Kinder kennengelernt haben, kritiklos übernehmen und weiterführen.

Glaubenssätze sind oft kultur- und/oder gesellschaftsspezifisch. Sprichwörter sind typische Glaubenssätze für ganze Gesellschaften. »Wer hoch hinaus will, kann tief fallen« oder »Besser den Spatz in der Hand, als die Taube auf dem Dach« sind gerade im Kontext dieses Buches charakteristische Sprichwörter, die Sie bremsen könnten. »Bescheidenheit ist eine Zier, doch weiter kommst du ohne ihr«, könnte man dagegenhalten. Unterschiedliche Gesellschaftsteile haben unterschiedliche Glaubenssätze. Ein Unternehmer hat ganz andere Annahmen als ein Arbeiter, Frauen haben andere als Männer.

Glaubenssätze werden nahezu nie wirklich geprüft. Je mehr Autorität eine Person in unseren Augen hat, desto mehr akzeptieren wir die von dieser Person getätigten Aussagen. Wenn eine Mutter schon der kleinen Tochter immer gepredigt hat, dass alle Männer schlecht seien, glaubt das Kind dies. Es wartet nicht ab, bis es zehn oder zwanzig Personen mit derselben Meinung gefunden hat, es startet keine empirische Untersuchung. Die Tatsache, dass Mama dies sagt, ist ausreichend.

Das Gleiche gilt auch für selbst gemachte Erfahrungen. Es genügt, einige Male dieselbe Erfahrung zu machen und schon steht der nächste Glaubenssatz fest wie ein Fels in der Brandung. Wurde eine Frau von ihren ersten drei Freunden betrogen, hat sie wahrscheinlich einen diesbezüglichen, in ihren Augen allgemeingültigen Glaubenssatz entwickelt.

Je emotional bewegender die Erfahrung war, desto wahrscheinlich kreieren wir daraus einen Glaubenssatz.

Wofür brauchen wir Glaubenssätze?

Gewohnheiten erleichtern Ihnen Ihr Leben. Sie vereinfachen es, weil Sie nicht ständig eine Entscheidung über dieselben Dinge treffen müssen. Glaubenssätze funktionieren ähnlich. Sie helfen Ihnen, Informationen schnell und sicher einzuordnen und darauf zu reagieren. So schaffen sie Stabilität und Kontinuität.

Glaubenssätze haben einen Sinn! Besser sollte ich sagen, sie hatten irgendwann einmal in Ihrem oder dem Leben desjenigen, von dem Sie den Satz übernommen hatten, einen Sinn. Ein Glaubenssatz ist wie ein Zebrastreifen auf einer vielbefahrenen Kreuzung, er bietet Sicherheit in einer ansonsten gefährlichen Situation. Aber: Haben Sie einmal in Italien oder Spanien versucht, über einen Zebrastreifen zu gehen? Da hält kein Autofahrer an. Die alte Regel, die Ihnen in Deutschland

Sicherheit bietet, gilt dort nicht. Hier muss man schnell und selbstsicher sein und einfach loslaufen.

Glaubenssätze bieten also nur eine trügerische Sicherheit, die Sie eigentlich um Ihr Leben betrügt. Wenn Sie davon überzeugt sind, dass Ihr Traum ein Traum bleiben muss, weil Sie z.B. einfach nicht mit Geld umgehen können, wird Ihnen in Ihrem Leben immer wieder bestätigt werden, wie recht Sie mit Ihrer Überzeugung haben.

Glaubenssätze können sogar Ihren Körper beeinflussen, dass er so reagiert, wie Sie glauben, dass er es müsste. Wer glaubt, todkrank zu sein, wird es schwer haben, gesund zu werden.

Sitzt der Glaubenssatz erst einmal fest, tun wir uns schwer, das Gegenteil überhaupt in Erwägung zu ziehen –, ganz egal, wie offensichtlich falsch ein Glaubenssatz auch sein mag.

W Wunder oder Glaubenssatz?

Steven Locke berichtet in seinem Buch »The Healer within[23]« von einem Krebskranken, der nur noch Tage zu leben hatte und es trotz aller Hoffnungslosigkeit schaffte, in eine klinische Studie zu einem neuen Krebsmedikament zu rutschen. Nach wenigen Tagen gingen seine Tumore radikal zurück, nach 14 Tagen war von ihnen nichts mehr zu sehen.

Als Monate später die Nachricht über die Unwirksamkeit des Krebsmedikamentes in der Presse erschien, bildeten sich bei diesem Patienten, der den Bericht ebenfalls gelesen hatte, in kürzester Zeit die Metastasen wieder. Der Arzt war verwundert, aber als eine verbesserte Version des Medikamentes auf den Markt kam, erhielt der Patient dieses gerade noch rechtzeitig. Und wie durch ein Wunder genas er schon wieder, bis er Monate später hörte, dass auch die verbesserte Version nicht den erhofften Erfolg in der Testreihe gebracht hatte. Der Mann verstarb schließlich innerhalb kurzer Zeit.

Mancher spricht da vielleicht von einem Placebo-Effekt, aus meiner Sicht zeigt diese Geschichte aber eher, dass Glaube manchmal doch Berge versetzen kann. Und genauso können falsche Glaubenssätze Berge auf dem Weg zu einem Ziel sein.

23 Steven Locke: The Healer within. The New Medicine of Mind and Body, New York 1986

Das Problem mit Glaubenssätzen

Gehen wir noch ein wenig tiefer. Wenn Glaubenssätze Sie daran hindern, Ihre Träume und Ziele zu verfolgen, halten sie Sie von der Verwirklichung Ihrer Medizin ab. Als Kind wurden Sie geprägt und es entstand möglicherweise der Glaubenssatz, dass Sie es nie zu etwas bringen würden. Dieser ist vielleicht darauf zurückzuführen, dass Sie länger als Mama es wollte, in die Hose machten. Als ich klein war, bemühten sich viele Mütter ehrgeizig darum, ihr Kind schnellstmöglich windelfrei zu bekommen. Heute weiß man, dass dies für die kindliche Entwicklung nicht förderlich ist. Aber nicht jeder heutige Glaubenssatz ist so offensichtlichen Ursprungs.

Die überwiegende Mehrheit entstand aus Missverständnissen und Fehlinterpretationen heraus oder aus dem Bedürfnis, Sie als Kind zu schützen. Und daher sitzt vielleicht tief in Ihnen jemand, der auch heute noch glaubt, dass er es nie zu etwas bringen wird – selbst wenn Sie bereits die Berufsausbildung oder sogar ein Studium erfolgreich abgeschlossen haben.

Glaubenssätze rufen negative Emotionen in uns hervor. Gründe, warum wir es gar nicht versuchen, können beispielsweise folgende sein:

- Hoffnungslosigkeit (»Das Ziel ist nie zu erreichen.«)
- Hilflosigkeit (»Das Ziel ist erreichbar, jedoch nicht für mich.«)
- Wertlosigkeit (»Ich bin es nicht wert/ich habe es nicht verdient, das Ziel zu erreichen.«)
- Bedeutungslosigkeit (»Das macht doch sowieso keinen Unterschied.«)
- Sinnlosigkeit (»Alles ist sinnlos …«)

Sie – und ich genauso – neigen (unbewusst) dazu, sich Ihre Glaubenssätze beweisen zu wollen. Angenommen, Sie glauben »Alle Sportwagenfahrer sind Idioten.« Dann ist Ihr Fokus auf der Straße darauf ausgerichtet, »Idioten in Sportwagen« zu finden. Und jedes Mal, wenn Sie einen sehen, erweist sich Ihr Glaubenssatz als richtig. Irgendetwas haben Sie an jedem Sportwagenfahrer auszusetzen. Er fährt zu schnell, er parkt falsch, er hat eine affige Kappe auf, er raucht, er trägt eine Angeber-Sonnenbrille oder eine Tussi sitzt neben ihm usw. Er wird es Ihnen nicht recht machen können. Man spricht in diesem Zusammenhang auch von einem Wahrnehmungsfilter. Sie nehmen das wahr, was Sie wollen.

Es ist bei Glaubenssätzen also nicht nur notwendig, einfach einen Glauben aufzugeben, sondern diese sich selbst erfüllende Prophezeiung zu unterbrechen. Ein Glaubenssatz nach dem Motto »Mich wird nie jemand lieben« verhindert nicht nur, dass Sie »Keine(n) abbekommen«. Er wird auch dazu beitragen, dass Sie einiges erleiden werden, weil Beziehungen immer wieder scheitern. Schließlich müssen Sie sich beweisen, dass Sie recht haben.

Räumen Sie Ihre Glaubenssätze auf! Wenn Sie mit dem Leben kooperativ zusammenarbeiten wollen, sollten Sie flexibel sein und allen alten Ballast über Bord werfen. Natürlich neigt jeder dazu, seine Glaubenssätze für richtig zu halten. Sie sind objektiv, die anderen irren sich, nicht wahr? Vergessen Sie es. Alles, was Sie in der Welt sehen, sehen nur Sie selbst. Die Art, wie Sie etwas wahrnehmen, entscheidet, was Sie wahrnehmen. Ändern Sie Ihre Wahrnehmung, und Sie verändern Ihre Welt.

Sie können sehr vieles erreichen, Ihr persönliches Potenzial ist riesengroß. Sie werden jedoch nie etwas erreichen, was Ihre Glaubenssätze – also letztlich Sie selbst – nicht zulassen. Träume zu verwirklichen, ist unmöglich, wenn diese Träume nicht im Möglichkeitsraum Ihrer Glaubenssätze enthalten sind.

Motivation

> Ob du denkst,
> du kannst es,
> oder du kannst es
> nicht –
> in beiden Fällen hast
> du recht.
> (Henry Ford)

Wir haben uns damit beschäftigt, was Sie bewegt und was Sie bremst. Kommen wir nun zur Frage, was Sie antreibt. Was motiviert Sie zu Höchstleistungen? Motivation entsteht, wenn Ihr aktueller Zustand nicht Ihrem Wunschzustand entspricht. Die Erwartung der guten schönen Emotionen im Erfolgsfall wie Stolz und Genugtuung sind wichtige Motivationsfaktoren.

Man unterscheidet zwei Arten von Motivation: die extrinsische und die intrinsische. Sie erinnern sich sicherlich daran, dass es diese Unterscheidung bei Zielen ebenfalls gibt. Die extrinsische Motivation steuert ein konkretes Ziel oder Ergebnis an – einen Sollwert. Wie Sie gesehen haben, ist die Zielverfolgung eine Sache des Verstandes. Die intrinsische Motivation hingegen hat Ihren Reiz in der Tätigkeit selbst. Ihr Ursprung liegt im Unterbewusstsein.

Die intrinsische Motivation ist immer stärker als die extrinsische. Dies resultiert schon allein daraus, dass sie aus dem Unbewussten kommt, ohne dass Sie dies kontrollieren können. Das Unterbewusstsein will nur Ihr Bestes und lässt sich dementsprechend ungern hineinreden. Sie werden noch Frau Herz und Herrn Verstand kennenlernen, ein Modell, das diese Zusammenhänge genauer erklären wird. Ein einfaches Beispiel zur Verdeutlichung: »Arbeiten Sie für Geld oder aus Spaß an der Arbeit?« Für Geld zu arbeiten, ist extrinsisch, aus Spaß intrinsisch. Was ist wohl nachhaltiger?

Betrachten Sie nun einmal die folgenden Aussagen:

Sport ist gesund.
Rauchen ist ungesund.
Ich sollte weniger trinken.
Ich sollte weniger arbeiten.

Sie klingen alle sehr vernünftig, oder? Warum rauchen dann immer noch so viele Menschen, anstatt zu joggen? Warum handeln sie nicht? Welche positiven Gefühle verbinden Sie mit diesen Aussagen und welche negativen? Sport ist gesund. Sie würden Gewicht verlieren, Muskelmasse aufbauen und besser aussehen. Der Winterspeck von vor fünf Jahren sollte doch schon immer einmal weg. Es gibt einiges, was dafür spricht, morgens früher aufzustehen und zu joggen. Aber es gibt auch noch die alte Knieverletzung, die bestimmt wiederkommt. Und morgens vor der Arbeit bei Wind und Wetter zu laufen, ist ja auch nicht Ihr Ding? Und abends sind Sie dann müde, wenn Sie spät von der Arbeit kommen.

Sie sehen, es gibt gute rationale Gründe dafür und irrationale dagegen, die wie Ausreden klingen. Diese irrationalen Gründe werden wir von nun an als Hinweisgeber ansehen, denn wir können davon ausgehen, dass wir sie nicht aus reiner Schikane im Inneren entwickeln. Irgendeinen Sinn müssen sie haben. Es könnte sich lohnen, einmal genauer auf sie zu schauen. Offensichtlich ist das Unterbewusstsein von unserem Ziel nicht ganz so überzeugt wie unser Verstand.

ÜBUNG – ICH SOLLTE …

Bevor wir ein wenig über Motivation sprechen, sammeln Sie bitte Ihre »Sollte-Aussagen«.

Wie oft denken Sie: »Ich sollte abnehmen.«, »Ich sollte weniger trinken.«, »Ich sollte mehr Geld verdienen.«, »Ich sollte mich mehr um … kümmern.«, oder Ähnliches. Wenn Sie es bisher nicht getan haben, warum sollten Sie es zukünftig tun? Also weg damit.

Schreiben Sie alle »Sollte-Sätze« auf, und verbrennen Sie danach die Liste.

Der große Antreibertest

Machen Sie diesen Test, und Sie werden erfahren, was Sie im Leben antreibt. Sie werden die fünf verschiedenen Antreiber kennenlernen und sehen, welche bei Ihnen die wesentliche Rolle spielen. Dieser Text dient nicht der Einteilung in irgendwelche Schubladen. Er soll Ihnen vielmehr helfen, Ihre unbewussten Steuerungsmechanismen ans Licht zu bringen, damit Sie klare und bewusste Entscheidungen treffen können. Da das Testergebnis immer eine Mischung verschiedener Antreiber darstellt, kann es Ihnen auch Indizien für stark oder schwach ausgeprägte Glaubenssätze liefern.

ÜBUNG – WELCHES SIND IHRE INNEREN ANTREIBER?

Innere Antreiber sind, wie der Name schon sagt, Eigenschaften, die uns dazu veranlassen, so zu handeln, wie wir es tun. Entstanden sind Sie zum großen Teil in unserer Kindheit. Den Antreibern stehen die Erlauber gegenüber, mit denen man seine inneren Antreiber ersetzen kann.

Unter den beiden folgenden Links finden Sie den Original-Antreiber-Test als Online-Version und auch zum Download. Machen Sie den Test, und schauen Sie einmal, ob Sie sich darin wiederfinden.
http://kibnet.org/fix/lpb/content/05_der_lernende/5_6_lerntest.html
http://www.poeschel.net/zeit/antreiber.php

Wenn in der Auswertung bei einem der Antreiber der Wert 40 überstiegen wird, darf mit großer Wahrscheinlichkeit angenommen werden, dass dieser bei einem Gespräch mit Ihnen schon binnen weniger Minuten beobachtet werden kann. Antreiber sind oft gute Stützen im Leben. Einengend werden sie dann, wenn sie ohne situativen Bezug eingesetzt werden. Antreiber in diesem Sinne sind nicht der Wirklichkeit angepasst, und sie werden befolgt, als würde eine Katastrophe hereinbrechen, wenn man sie nicht berücksichtigt. Eine Möglichkeit, die Antreiber zu nutzen, besteht darin, sie, wie im Folgenden gezeigt, durch Erlauber zu ersetzen.

Sei immer perfekt:
- Ich erlaube mir, auch einmal einen Misserfolg zu haben.
- Ich kann auch mal fünf gerade sein lassen.
- Ich darf auch einmal einen Durchhänger haben.
- Es muss nicht immer alles so genau sein.

Mache immer schnell:
- Ich erlaube mir, auch einmal fünf Minuten auszusetzen und einfach nur »zu sein«.
- Ich darf mir auch Zeit lassen.
- Morgen ist auch noch ein Tag.
- Manchmal will gut Ding Weile haben.

Strenge dich an:
- Ich erlaube mir, etwas auch gelassen zu tun.
- Leichtes Geld kann auch gutes Geld sein.
- Ich darf auch mal faul sein.
- Ich kann meine Arbeit auch locker und entspannt tun.
- Ich muss nicht alles wichtig nehmen.

Mache es immer allen recht:
- Ich sage auch einmal Nein, ohne ein schlechtes Gewissen zu haben.
- Ich kann mir auch einmal helfen lassen.
- Ich muss nicht immer Rücksicht nehmen.
- Ich bin genauso wichtig wie die anderen.

Sei immer stark:
- Ich erlaube mir, auch einmal müde und hilfsbedürftig zu sein.
- Meine Gefühle gehören zu mir und sind okay.
- Ich darf auch mal Schwäche zeigen.
- Ich kann Verantwortung teilen und abgeben.
- Ich muss nicht alles selber können.

Das Ersetzen der Antreiber durch Erlauber ist schneller gesagt als getan. Als Hilfe können Sie die folgenden Fragen nutzen:

- *Welchen Nutzen hat ein Antreiber für Sie heute noch?*
- *Ist ein Antreiber für Sie noch nötig?*
- *Inwieweit verzerrt ein Antreiber Ihre Wahrnehmung der gegenwärtigen Situation?*
- *Was würde geschehen, wenn Sie einen Antreiber vollends über Bord werfen würden?*
- *Welche Vor- und Nachteile bringt eine bedingte Einhaltung des Antreibers, und welches müssten die Bedingungen sein?*

Nehmen Sie sich Zeit für die Beantwortung dieser Fragen. Wählen Sie aus den Erlaubern Ihrer beiden größten Antreibern zwei aus, und notieren Sie diese.

1. ....   2. ....

Vielleicht kommen Sie auch später noch einmal auf diesen Test zurück, wenn Sie das Kapitel über Glaubenssätze gelesen haben.

Der innere Schweinehund

Der innere Schweinehund ist Teil Ihrer dunklen Seite. Er ist gerissen und schlau, er kennt alle Ihre Schwächen. Dabei kann er aber auch eine große Unterstützung auf dem Weg zur Erkenntnis sein. Solange Sie seine Interessen nicht berücksichtigen, wird er Wege finden, sich Gehör zu verschaffen.

Eigentlich wollten Sie am Wochenende Ihre Eltern besuchen, doch dann war das Wetter so schön, dass Sie lieber spazieren gegangen sind, als ein paar Stunden im Auto zu sitzen. Eigentlich wollten Sie heute Abend noch etwas für die morgigen Termine vorbereiten, doch dann sind Sie länger beim Sport geblieben und haben mit Ihren Kumpels noch ein Bier getrunken.

Der innere Schweinehund war am Werk. Er vertritt gnadenlos Ihre Interessen. Dabei interessieren ihn Tugenden und Werte wenig, er will Spaß und Lust erleben.

Sein Motto ist: »Nehmen ist seliger denn Geben«. Der innere Schweinehund hat geschafft, wonach wir alle streben. Er lebt im Hier und Jetzt. Das Morgen kümmert ihn nicht.

Insofern kämpft er ständig gegen Ihre Tugenden und Werte an und will Sie motivieren, diese zu verraten. Das Wertequadrat kann hier helfen, denn in der Übertreibung eines Wertes finden Sie Ihren inneren Schweinehund.

Es ist sinnlos, gegen ihn anzukämpfen. Sie bekämpfen nur sich selbst. Nur in der Gesamtheit sind Sie ganz, nur wenn Sie Ihren inneren Schweinehund integrieren, können Sie ihn besiegen. Akzeptieren sie ihn, er lässt sich nicht verdrängen. Natürlich müssen Sie nicht immer auf ihn hören. Erkennen Sie, wann er sich meldet, und bedanken Sie sich für den Einwand. Versuchen Sie, ihn zu verstehen. Was will er Ihnen sagen, macht das momentan Sinn? Welche positive Absicht steckt hinter seinem Auftauchen? Will er Sie vor etwas schützen? Will er Ihnen Zeit verschaffen? Will er Lust, Freude oder Genuss in Ihr Leben bringen?

ÜBUNG – BAUERNLISTE[24]

Schieben Sie gern Dinge vor sich her? Haben Sie Schwierigkeiten, Ihren inneren Schweinehund zu überlisten? Hier ist eine kleine Anregung, wie Sie dies ändern können:

Stellen Sie sich den Alltag eines Bauern vor, der einen Hof mit unterschiedlichen Tieren besitzt und auch noch Ackerbau betreibt. Jeden Morgen um 5.00 Uhr steht er auf, melkt die Kühe, füttert die Hühner und die Schweine und lässt die Tiere auf die Weide. Erst dann frühstückt er selbst.

Was würde geschehen, wenn dieser Bauer einmal Lust hätte, einmal nicht? Würden die Kühe einfach ein wenig länger schlafen und die Hühner sich schon einmal selbst versorgen? – Das Chaos würde ausbrechen! Erstellen Sie täglich Ihre Bauernliste. Schreiben Sie darauf drei Dinge, die wirklich wichtig sind. Was sind Ihre Kühe, die gemolken werden wollen? Welche Hühner müssen Sie heute füttern? Welche drei Aufgaben oder Themen lenken Sie von Ihrer Arbeit oder von Ihrem Ziel ab? Entscheiden Sie, welche Priorität die jeweilige Aufgabe hat.

---

24 Nach einer Idee von André Loibl. Vgl. dazu: www.changenow.de

Dann erledigen Sie mindestes die ersten beiden Aufgaben als Erstes am Tag. Ist es nicht ein tolles Gefühl, diese unangenehmen Dinge so früh erledigt zu haben?

 ## Ihr persönliches Netzwerk

Kennen Sie den Unterschied zwischen Männern und Frauen? Auf der Suche nach einer Adresse in einer unbekannten Stadt suchen Männer so lange, bis Sie die Straße gefunden haben. Frauen fragen lieber gleich jemanden nach dem Weg. Beide können also etwas voneinander lernen. Der Mann verfolgt konsequent (bis zur Sturheit) sein Ziel, die Frau nutzt das menschliche Netzwerk.

Mit Netzwerk meine ich an dieser Stelle nicht nur die Personen, die von direktem Nutzen für das Erreichen Ihres Zieles sein können oder diejenigen, die wiederum jemanden kennen, der von direktem Nutzen sein kann. Gemeint sind auch Ihre »ganz normalen« Freunde und Bekannten. Sie werden sich wundern, was ein gemeinsames Brainstorming zu Ihrem Thema an wertvollen neuen Erkenntnissen für Sie bringt. Sie brauchen Menschen, die Sie unterstützen. Sie brauchen den Austausch mit Ihren Freunden. Das Leben besteht aus zwischenmenschlichen Beziehungen. Was wäre das Leben ohne sie? Nehmen Sie sich Zeit, ein Netz aus stabilen Beziehungen zu knüpfen, auf das Sie sich verlassen können. Natürlich können Sie sich nicht ein Dutzend neue Freunde in den nächsten 14 Tagen suchen, aber Sie können bereit dazu sein und auf Menschen zugehen.

Je fantastischer Ihr Ziel ist, desto mehr Unterstützung durch andere Menschen werden Sie benötigen. Wie Sie die Hilfsbereitschaft anderer Menschen am besten nutzen können, lernen Sie später in den Kapiteln Brainstorming und Brainraising (ab Seite 262 bzw. 272). Vergessen Sie nicht: Nehmen Sie nicht nur, geben Sie auch!

Professionelles Netzwerk

Beginnen wir mit Ihrem professionellen Netzwerk. Ich bin selbst von Beruf Ingenieur und habe lange Jahre in der Immobilienbranche gearbeitet. Würde ich mich nun als Ingenieur selbstständig machen wollen, könnte ich die Mitglieder meines Netzwerkes aus dieser Zeit ansprechen und um Rat fragen, auf einen Kaffee zwecks Gedankenaustauschs treffen oder ganz konkret gegenseitige Geschäftsmöglichkeiten prüfen. Ich hoffe, Sie pflegen Ihre wichtigen Kontakte regelmäßig und aktualisieren Ihr Adressverzeichnis stetig. Dies geht heutzutage am einfachsten mithilfe von Online-Plattformen, den sogenannten Social Networks. In Deutschland gibt es zur Pflege von Business-Netzwerken XING, aber auch Facebook und neuerdings Google+ scheinen sich mehr und mehr in diese Richtung zu entwickeln. Daneben gibt es weitere, nicht so bekannte Expertenportale. Sollten Sie gezielt jemanden suchen, den Sie nicht persönlich kennen, können Sie auf den Online-Plattformen sehen, welcher Ihrer Bekannten die entsprechenden Kontakte hat und Ihnen helfen kann, diese Person kennenzulernen. Problematisch, weil zeitaufwendig, daran ist, dass Sie Ihr Profil und Ihr Netzwerk auf diesen Plattformen laufend pflegen müssen.

Haben Sie keine Hemmungen, Menschen, die Ihnen weiterhelfen könnten, anzusprechen. Rufen Sie an, schreiben Sie keine unpersönliche E-Mail. Ich weiß, wovon ich spreche. Ich selbst schreibe auch lieber als zu telefonieren, insbesondere in der Akquise. Das hat mich wahrscheinlich manches Geschäft gekostet. Berufen Sie sich immer auf denjenigen, durch den die Kontaktaufnahme zustande gekommen ist. Natürlich ist dies nicht immer erfolgreich, und hin und wieder werden Sie auch ein »Nein« zu hören bekommen. Dieses »Nein« kann unterschiedlichste Gründe haben, die Sie tunlichst nicht bewerten, geschweige denn, persönlich nehmen sollten. Sie erinnern sich an die Übung zum Neinsagen? Es ist kein persönlicher Affront, wenn Ihnen jemand einen Korb gibt. Prinzipiell hat sich dadurch für Sie in Ihrem Leben nichts geändert, Sie sind genauso weit wie vorher.

Ich weiß natürlich, dass Erwartungen auf diese Weise enttäuscht werden, denn Sie sahen sich schon einen Schritt weiter. Dies ist jedoch eine Sache Ihres Verstandes. Erwartungen sind geradezu dazu da, enttäuscht zu werden. Ent-täuscht: die Täuschung der Erwartung verschwindet. Eine Zurückweisung, ein »Nein«, sollte Sie motivieren, weiterzumachen und den Nächsten zu fragen und nicht zu jammern oder Ihre Energie in Selbstmitleid zu investieren.

Wenn Sie vorhaben, auf Netzwerktreffen zu gehen, rechnen Sie damit, dass dies eine langfristige Sache sein wird. Niemand wartet darauf, dass Sie auftauchen und

Akquise für Ihr Geschäft machen. Zunächst heißt es, Zeit und Aufmerksamkeit zu investieren. Lernen Sie die Leute kennen, hören Sie zu. Die meisten Menschen reden sehr gern über sich selbst, hören aber nicht allzu aufmerksam zu. Gute Zuhörer sind gefragt. Allerdings haben Menschen ein Gespür dafür, wer gut zuhört und wer nur so tut. Irgendwann – bei gegenseitiger Sympathie – wird sich aus dem Gespräch vielleicht einmal eine Geschäftsbeziehung entwickeln.

 ## Freundes- und Bekanntenkreis

Ihre Freunde und Bekannte sind mindestens genauso wichtig wie Ihr berufliches Netzwerk. Insbesondere bei beruflichen Träumen, wenn Sie aus dem alten Job heraus wollen, um etwas ganz Neues anzufangen, nutzen die alten Kollegen wenig. Aber auch da sind manche Kontakte ergiebiger, als man anfangs erwarten könnte. Konzentrieren Sie sich auf die wichtigen Freunde. Schießen Sie nicht mit der Schrotflinte ins Blaue und hoffen, dass dabei für Sie etwas Sinnvolles von Himmel fällt.

 # Familie

Wie ich schon in meinen Anmerkungen zu »Ressourcen und Hindernissen« gesagt habe, ist es wichtig, die Familie mitzunehmen. Sollten größere Veränderungen anstehen, wird dies nicht ohne Opfer vonseiten Ihrer Lieben gehen. Zeit, Geld oder Zuneigung werden möglicherweise knapp und müssen rationiert werden. Nutzen Sie Ihre Familie als wertvolle Ressource, und sehen Sie sie nicht als notwendiges Anhängsel und Hindernis. Sprechen Sie alles, was Ihre Familie auch nur am Rande betrifft, mit ihr durch. Niemand mag es, sich auf ein Abenteuer einzulassen, wenn er die Details nicht kennt. Stellen Sie sich einmal vor, Sie selbst kämen von der Arbeit nach Hause und Ihr Partner würde Sie mit der Nachricht überraschen, dass er seinen Job hinschmeißen und etwas ganz anderes machen möchte. Aus der finanziell abgesicherten Führungskraft wird innerhalb von Sekunden ein Existenzgründer, der im besten Fall für einige Monate Unterstützung vom Arbeitsamt bekommt. Wie würden Sie reagieren? Glauben Sie mir, ich weiß, wovon ich spreche.

Letztlich ist Ihr Traum auch der Traum Ihrer Familie. In vielen Fällen ist es nicht möglich, diese beiden zu trennen. Wollen Papa oder Mama sich als Heilpraktiker niederlassen und die Managementkarriere an den Haken hängen, ist zu erwarten, dass die finanzielle Situation der Familie, zum Thema wird. Das alte Leben ist vorbei, das neue erst als Nebel am Horizont zu erkennen. Entwickeln Sie Ihr Ziel niemals ohne Rücksprache mit Ihrer Familie, denn Sie können nicht davon ausgehen, dass diese später mitzieht, wenn sie vorher nicht gefragt wurde. Es sei denn, Ihr Ziel ist etwas, zu dem Sie Ihre Familie gar nicht mitnehmen wollen …

Setzen Sie gemeinsame Prioritäten, berücksichtigen Sie private Aspekte bei allem, und integrieren Sie Wünsche und Bedenken Ihrer Familie in Ihren Plan. Finden Sie Mittel und Wege »das ganze Drumherum« zu organisieren. Manchmal denken Sie vielleicht, dass es ohne Familie viel einfacher wäre. Das stimmt aber nicht, denn gemeinsam mit Ihrer Familie sind Sie stark. Sie kann Ihnen Rückhalt geben und so zu einer wichtigen Ressource werden.

Unsere Welt besteht aus Beziehungen. Wenn Ihre engsten Beziehungen nicht in Ordnung sind, wird auch alles andere nicht gut werden. Seien Sie aufmerksam, beweisen Sie, dass Sie nicht nur einen egozentrischen Plan verfolgen, zeigen Sie Ihre Liebe. Ihre Familie wird erkennen, wie stark und wichtig Ihr Traum für Sie ist und sich bemühen, Ihnen nach besten Kräften zu helfen.

 # Lehrer

Sie müssen noch etwas lernen? Suchen Sie sich gute, wenn nicht sogar die besten Lehrer, die Sie finden (und irgendwie auch bezahlen) können. Talent ist die eine Seite der Medaille, etwas daraus zu machen, die andere. Sollten Sie für Ihren Traum etwas lernen müssen, erkundigen Sie sich, wie Sie dies am schnellsten und am besten schaffen können. Mancher denkt möglicherweise, dass er das schon allein schaffen würde. Vieles kann man allein lernen, aber vieles dauert so auch viel länger. Und hat man erst einmal etwas falsch gelernt, wird es später schwer, dies wieder umzulernen. Wer sich einmal einen falschen Golfschwung angewöhnt hat, weil er meinte, er bräuchte niemanden, der ihm diesen zeigt, der benötigt viel Zeit und zahlreiche Trainerstunden, diesen zu korrigieren und den richtigen Schwung zu erlernen.

Persönlichkeitsmodelle

Wer ist denn eigentlich derjenige, der jetzt gerade über seine Ziele nachdenkt? Wer liest diese Worte? Wer sind Sie? Haben Sie schon einmal das Gefühl gehabt, dass in Ihrem Inneren verschiedene Stimmen diskutieren? In bestimmten Situationen wissen Sie – wenn Sie ehrlich sind – bereits vorher, welche Stimme sich durchsetzen wird, oder? Wenn es beispielsweise darum geht, einen Fremden im Café anzusprechen, siegt oft die Stimme, die sagt: »Das kannst du doch nicht machen.« Manche Stimmen sind sehr klar und bewusst, insbesondere die, die eher verstandesorientiert sind. Andere wiederum scheinen ganz aus der Tiefe zu sprechen, oft sind sie kaum zu verstehen, und dennoch setzen auch sie sich gelegentlich durch.

> Beginnen können ist Stärke, vollenden ist Kraft.

Diese Stimmen sind Ihre Teilpersönlichkeiten oder Persönlichkeitsanteile. Jede hat ihren eigenen Stil, manche treten in bestimmten Situationen gnadenlos in den Vordergrund (oder ziehen sich auch ganz zurück) und dominieren so Ihr Verhalten. Oft verselbstständigen sie sich geradezu und scheinen unkontrollierbar. Mit manchen identifizieren wir uns gern, andere wollen wir nicht wahrhaben. Dennoch hat jede dieser Teilpersönlichkeiten ihren Wert und eine positive Energie – auch wenn es auf den ersten Blick nicht so scheint. Oft muss man genauer hinschauen, um diesen Wert zu entdecken.

ÜBUNG – ROLLEN VERBRENNEN

Bei Initiationsriten indigener Kulturen wie z.B. bei der Visionssuche, die in der Regel anlässlich des der Aufnahme der Kinder in die Gesellschaft stattfindet, spielt die Aufgabe der eigenen bisherigen Identität eine wichtige Rolle. Die jungen Leute geben beispielsweise ihren alten Namen ab, weil das Neue erst entstehen kann, wenn das Alte gegangen ist.
In diesem Sinne möchte ich Sie bitten, alle Rollen aufzuschreiben, die Sie im Leben spielen. Notieren Sie jede Rolle auf einem Extrazettel.

Mögliche Rollen sind beispielsweise Vater, Mutter, Ehemann, Hausfrau, Liebhaber, Chef, Arbeiter, Homosexueller, Katholik, Hobby-Fußballer, Klavierspieler etc. Es sollte kein Problem sein, bis zu 20 verschiedene Rollen zu finden.

Danach sorgen Sie für ein wenig festliche Atmosphäre und verbrennen die Papierstreifen einzeln, während Sie dazu sagen »Ich gebe meine Rolle als ... auf.« Ein Lagerfeuer ist dafür auch sehr gut geeignet.

Ich möchte nun ein wenig zu den Modellen sagen, die die Abläufe und das Zusammenspiel in unserem Inneren beschreiben. Es handelt sich nur um Modelle, nicht um die absolute Wahrheit. Es sind Versuche, die uns das Unbegreifliche verständlich machen sollen. Niemand weiß, wie genau wir in unserem Inneren funktionieren. Geläufig ist Ihnen sicherlich das Modell Körper-Geist-Seele, dem ich in der Benennung hier folgen werde. Da mir die hawaiianische Huna-Philosophie sehr weise und verständlich erscheint, möchte ich deren Ansatz hier ebenfalls hereinspielen lassen.

 ## Partnersuche

Ist Ihr Traum eine Sache, die Sie nur allein schaffen können? Oder gibt es Möglichkeiten, andere Menschen zu integrieren? Träume sind nichts für das stille Kämmerlein, sie wollen gelebt und geteilt werden. Sie erhalten ihre Kraft, indem sie andere anstecken. Vieles lässt sich im Team besser angehen. Man kann Erfolge und Pleiten gemeinsam erleben, hat einer einen Tiefpunkt, ist der andere noch da, um einen zu unterstützen oder einen aufzubauen. Gibt es ein Erfolgserlebnis, feiert man zusammen. Unterschiedliche Stärken und Talente können sich nicht nur addieren, sondern sogar multiplizieren.

Wollen Sie sich beispielsweise als Coach selbstständig machen, sind aber kein Verkaufstalent, können Sie sich mit dieser Aufgabe täglich abquälen, oder aber Sie suchen sich einen Partner, der genau diese am liebsten tut. Ihre Stärke ist vielleicht das Arbeiten mit Menschen und zudem sind Sie ein Organisationstalent, Ihr Partner macht dann den Vertrieb und kümmert sich um das Marketing.

Gibt es vielleicht Synergieeffekte mit völlig anderen Bereichen? Wollen Sie zum Beispiel ein Café eröffnen? Vielleicht kennen Sie auch noch junge Musiker, die nach Möglichkeiten für Auftritte suchen. Wie wäre es mit der Konzeption eines Musik-Cafés? Oder kennen Sie vielleicht viele Fotografen oder Maler, die gern ihre Bilder ausstellen würden? Träumt eine gute Freundin von Ihnen von einem kleinen Lädchen mit Schmuck und Dekor-Artikeln und Ihr Traumladenlokal ist eigentlich zu groß? Wie wäre eine Kombination aus beidem?

Wie sieht es mit Ihrem Lebenspartner aus? Was hält er von Ihrer Idee? Bedenken Sie dabei jedoch, dass wenigstens ein festes Einkommen in der Experimentierphase nicht zu verachten ist und sehr beruhigend auf alle Beteiligten wirken kann.

Körper, Geist und Seele

Die hawaiianische Huna-Philosophie geht von einer Dreiteilung unserer inneren Welt aus. So besteht das menschliche Bewusstsein aus den drei Bereichen KU, LONO und KANE[25]. Dabei handelt es sich nicht um eine wirkliche Teilung, sondern um drei Aspekte eines Ganzen, so, wie beispielsweise Blätter, Früchte und Stamm gemeinsam den Baum bilden.

KU steht für das Herz, den Körper, das Körper- und das Unterbewusstsein. Es ist unser eigentliches, innerstes Selbst. Im Folgenden werde ich in diesem Zusammenhang vom Körper oder auch vom Körperbewusstsein sprechen.

LONO steht für den Geist im Sinne von Verstand, also für unser Denken und alles Bewusste.

KANE wiederum ist das höhere Selbst oder das Überbewusste, die Verbindung zu der wie auch immer gearteten, göttlichen Ebene. Wir nennen es Seele. Später, wenn wir zur Formulierung eines Mottos zu Ihrem Ziel kommen, werden Sie sehen, dass auch moderne Persönlichkeitsmodelle auf diesem uralten Wissen basieren.

---

25 *Die Erläuterung dieses Modells folgt meinem Buch: Selbstheilungspraxis. Der schamanische Weg. Darmstadt 2010, ab Seite 116*

Körper, Körperbewusstsein (KU)

Die Quantenphysik hat festgestellt, dass Wissen und Aktion über unbegrenzt große Entfernungen gleichzeitig an verschiedenen Orten in einem Zusammenhang stehen können. Dabei findet offensichtlich keine Nachrichtenübertragung in enormer Geschwindigkeit statt, sondern ein Teilchen, das irgendwann einmal in Kontakt mit einem anderen Teilchen stand, »weiß« einfach, was das andere Teilchen gerade macht.

Die Huna-Lehre geht davon aus, dass in jeder Körperzelle, in jedem Teilchen, in allem, was existiert, das gesamte Wissen des Universums gespeichert ist. Wie dieses Wissen gespeichert wird, sei dahingestellt. Bedenkt man die neuesten physikalischen Erkenntnisse, erscheint dieser Gedanke aber gar nicht mehr so exotisch.

Das Körperbewusstsein oder Unterbewusstsein speichert alles ab, was wir erleben. Alle guten und schlechten Erfahrungen, alle inneren und äußeren Erlebnisse, alles Gesehene, alle Träume und Fantasien. Jedes Bild, das wir jemals im Kopf hatten, bleibt dort erhalten. Ihr Körperbewusstsein arbeitet ausschließlich auf der Basis von Bildern und Gefühlen. Gedanken sind ihm gleichgültig. Da es der Speicher unseres Wissens, ja, unseres Lebens ist, braucht es Kriterien, anhand derer es die Bilder der erlebten Ereignisse einordnen kann. Es bewertet diese auf Basis der damit verbundenen Emotionen und speichert sie. Maßgeblich für die Bewertung des Erlebten sind die Intensität der Erfahrung und die damit einhergehenden Emotionen wie Freude oder Schmerz, Trauer oder Anspannung. Danach beurteilt das Unterbewusste, was wichtig und was vernachlässigbar ist. Starke Bilder und Emotionen bekommen einen Platz in der ersten Reihe und Nebensächliches und Unwichtiges, alles was uns nicht emotional bewegt hat, wird nach ganz hinten verschoben. Das Körperbewusstsein unterscheidet nicht zwischen real und irreal. Ein Film, der uns sehr bewegt hat, oder eine Visualisierungsübung können ebenfalls als »echtes Erlebnis« gespeichert werden.

Und so erzeugt jeder Reiz, der aus Ihrer Umwelt kommt, zunächst einen Gedanken und dann eine mehr oder weniger emotionale Reaktion, die das Körperbewusstsein erkennt. Je stärker der Reiz, je größer die Emotion, desto mehr ist KU beeindruckt und desto stärker wird es in seinem Speicher nach der zugehörigen, bereits erlebten Erfahrung suchen. Haben Sie also zum Beispiel Angst, durch eine Prüfung zu fallen, kramt KU nach Momenten, in denen Sie eine ähnliche Angst verspürten. Es liefert dann diese Erinnerungen an LONO. Und LONO fängt an, alle möglichen

Szenarien, was alles so schiefgehen könnte, durchzuspielen. Je intensiver ein Gedanke mit einer Emotion verbunden ist, desto wichtiger erscheint die Sache unserem KU, und es gibt sein Bestes, diesen Gedanken zu realisieren – egal ob es sich um etwas Gutes oder Schlechtes handelt. So programmiert es durch die aufkommende Angst – um beim Beispiel zu bleiben – das Unterbewusstsein auf das Durchfallen bei Prüfungen.

Dieser Mechanismus ist die Grundlage eines jeden Mentaltrainings und auch der Positiven Psychologie. Sie können Ihre Zukunft beeinflussen, indem Sie dem Unterbewussten freudige Erlebnisse, also positive Gefühle und Glück, im Zusammenhang mit der Zielerreichung versprechen. Es wird dann sein Bestes tun, Sie in diesen Zustand zu bringen. Beachten Sie dabei den folgenden extrem wichtigen Gedanken: Ihr Körper kann Ihnen nur liefern, was Sie bestellen!

Ihr Körperbewusstsein steht auch in Verbindung zum kollektiven Unbewussten, also der Gesamtheit allen Wissens und aller Erfahrungen der Menschheit, die diese im Laufe ihrer Existenz gemacht hat. Vielleicht stellen Sie sich dieses kollektive Unbewusste als eine Art energetisches Feld vor, auf das Sie unbewusst Zugriff haben und mit dem Sie immer in Resonanz stehen. Aus ihm kommt Ihre Intuition, mit der wir uns später noch befassen werden. Es hat Zugang zu Wissensquellen, die Ihr Verstand allein nie anzapfen könnte.

Geist, Verstand (LONO)

LONO ist Ihr Verstandesbewusstsein, der analytische Teil Ihres Selbst. Er ist der Teil, der sich aller Erfahrungen und Sinneswahrnehmungen wie Schmecken, Hören, Riechen, Fühlen und natürlich Sehen bewusst ist.

Aus den Informationen, die im Körperbewusstsein gespeichert sind und die dieses auf Anfrage liefert, analysiert er Situationen. Glaubenssätze beispielsweise sind im Körperbewusstsein gespeichert, und sie werden dem Verstand im entsprechenden Kontext geliefert. Ihr Geist entscheidet, worauf Sie Ihre Aufmerksamkeit richten. Er sucht aus der pausenlos auf Sie einprasselnden Flut an Informationen diejenigen heraus, die Sie im jeweiligen Moment benötigen – oder meinen zu benötigen. Sie können Ihren Fokus auf alles Gute und Positive in Ihrem Leben richten oder eben auf das Negative. Im Gegensatz zum Körperbewusstsein unterliegt Ihr Verstand Ihrer Kontrolle.

Eine weitere Eigenschaft des Verstandes, also von LONO ist es, dass er uns abgrenzt gegenüber dem »Außen«. Grenzen und Regeln sind sein Thema. Ohne Grenzen würden wir in dieser Form nicht existieren.

Für den einen oder anderen Leser mag dieses Modell der Huna-Philosophie vielleicht ein wenig zu esoterisch klingen, allerdings habe ich damit gute Erfahrungen gemacht, denn die bildhafte Sprache erleichtert es uns, Dinge zu verstehen, die kaum in Worte zu fassen sind.

Seele (KANE)

Erfahre das Leben! Spiele das Spiel! Das ist die Motivation unserer Seele. Sie will das Leben erleben, sie will Teil der Evolution sein. Sie will teilhaben am Spiel des Lebens. Vielleicht müsste ich sogar schreiben, sie ist die Evolution, sie ist das Spiel. Sie sucht nach Emotionen, die sie mithilfe des Körperbewusstseins erfährt. Dabei hört sie sich die Gedanken des Verstandes an und legt danach die Spielregeln des Lebens fest.

Ihre Seele ist extrem harmoniesüchtig, sie ist ständig bemüht, Körper und Geist in Einklang und Harmonie zu halten. Sie lässt Ihnen alle Freiheiten, solange Sie Ihr Leben »erfahren«. Erst wenn sie das Gefühl bekommt, dass Sie sich nicht mehr oder in die falsche Richtung bewegen, greift sie ein. Das kann durch zufällig erscheinende Ereignisse, durch Krankheit oder durch Begegnungen mit Menschen sein.

 Widerstand

Was ist es eigentlich, was uns ständig daran hindert, uns von unserem Sofa zu erheben und unseren Träumen nachzujagen? Warum können wir die Realisierung unserer Träume nicht einfach angehen? Mancher hält auch an einem ungeliebten Arbeitsplatz fest, der ihm im Zweifelsfall immer noch besser zu sein scheint, als einer ungewissen Vision oder einem Traum zu folgen. Sicher, eine Vision, die sich bewahrheitet, wäre toll, aber was, wenn's schiefgeht?

Das, was Sie davon abhält, unmittelbar und spontan Ihrem Traum zu folgen, ist Ihr innerer Widerstand, der aufpasst, dass Sie keinen Fehler machen. Der Widerstand ist seit Ewigkeiten im Menschen verankert, und er sorgt dafür, dass Sie vorsichtig sind und dass Ihnen nichts geschieht. Er ist Teil Ihres natürlichen Überlebensinstinktes. Kein Steinzeitmensch wäre einfach so zum Spaß in eine dunkle Höhle spaziert, um nachzuschauen, was da wohl drin ist, weil dort möglicherweise ein Säbelzahntiger gelauert hätte.

Dieser Instinkt, die Angst vor dem Ungewohnten, dem Neuen, ist uns nicht verloren gegangen. Er sorgt dafür, dass wir in der Sicherheit bleiben, dass wir nichts riskieren. Der Widerstand kennt viele Tricks, das Alte zu bewahren. Plötzlich haben wir keine Zeit mehr, schwächeln, verlieren die Lust oder sind zu faul oder abgelenkt.

Stellen Sie sich diesen inneren Widerstand als kleines Tierchen vor, das irgendwo in Ihnen lebt. Es ist lichtscheu und wird selten gesehen. Die einzige Möglichkeit, es hervorzulocken, ist, einfach Ihren Traum anzugehen. Sie glauben ja nicht, wie schnell das kleine Tierchen dann plötzlich angeschossen kommt. Schalten Sie dann den Fernseher ein, verschwindet es wieder. Es hat Sie schließlich davor bewahrt, sich in Gefahr zu begeben und damit seinen Job getan.

Jeder weiß, dass viele Stunden vor dem Fernseher zu sitzen, eine ziemliche Zeitverschwendung ist, und dennoch sehen die meisten Leute nahezu täglich fern. Und ich muss gestehen, dass ich mich nach einem harten Arbeitstag auch gern auf das Sofa fallenlasse, auch wenn ich genau weiß, dass meine Zeit verstreicht und mich Fernsehen letztlich nicht glücklicher macht. Aber es entspannt (vermeintlich?), es lenkt ab. Irgendjemand hat einmal gesagt, es sei das Lagerfeuer des modernen Mannes. Nur wurden am Lagerfeuer Geschichten erzählt, einer lernte vom anderen, die Gemeinschaft wuchs zusammen. Das erwartet wohl niemand ernsthaft von einem Fernsehabend, oder?

Was sind Ihre Tricks, durch die Sie noch aufgehalten werden, bevor Sie durchstarten?

> *Es gibt unendlich viele Möglichkeiten, einen Tag zu vertun –*
> *aber keine einzige, ihn zurückzubekommen.*
>
> *(Tom DeMarco)*

Wie geht man damit um, nun, da man genau weiß, was der innere Widerstand mit einem macht? Wie überwindet man ihn? Stellen Sie sich den Widerstand vielleicht als ein kleines Kind – nennen wir es KU – vor, das in Ihrem Herzen wohnt und von der Welt kaum etwas mitbekommt. KU merkt, wenn das Herz schneller schlägt und weiß, dann droht zumeist Gefahr. Schnell setzt es alle Hebel in Bewegung, dass Sie sich aus dieser Gefahr heraushalten.

Wie wäre es, wenn Sie das Kind ganz langsam an den schnelleren Herzschlag gewöhnen und ihm zeigen, dass Sie alles unter Kontrolle haben? Beginnen Sie mit dem kleinsten Schritt, den Sie tun können, und wiederholen Sie diesen eine Zeit lang. Wie lange Sie das machen, lassen Sie Ihre Intuition entscheiden. Entwickeln Sie keinen falschen Ehrgeiz, sonst zerstören Sie das Erreichte wieder.

Nehmen wir an, sie wollen beispielsweise abnehmen und zu Ihrem geplanten Programm gehört auch regelmäßiger Sport – nur bekommen Sie irgendwie den Hintern dann doch nie hoch. Überlegen Sie sich für die ersten drei Wochen etwas ganz Kleines. Vielleicht machen Sie nur jeden Abend ein paar Kniebeugen, oder Sie gehen einmal um den Block. Oder Sie laufen ein-, zweimal die Treppe in den Keller hinunter und wieder herauf. Suchen Sie sich etwas, bei dem Sie garantiert keinen Widerstand verspüren. Irgendwann werden Sie Spaß an der Sache gewinnen. Dies ist das Zeichen, dass das kleine Kind akzeptiert hat, dass keine Gefahr droht. Darauf können Sie dann aufbauen.

Im Kapitel Ihr Traum als Motto (ab Seite 232) gehe ich noch weiter auf diese Widerstände ein, und Sie werden lernen, wie man schon das Ziel selbst so formuliert, dass die inneren Widerstände zu wertvollen Hinweisgebern werden können.

Teamarbeit

Eine Alternative zu den zuvor genannten Möglichkeiten der Zusammenarbeit mit anderen Menschen ist die Bildung eines Arbeitsteams aus zwei bis vier Personen. Mehr Mitglieder werden nicht praktikabel sein, wenn Sie nicht sehr viel Zeit aufwenden können. Das Einzige, was Sie verbindet, sollte die Tatsache sein, dass jeder sein Ziel erreichen will. Wenn Sie so möchten, ist es eine Art Selbsthilfegruppe zur Traumrealisierung. Sie müssen keine Freunde sein, auch wenn gegenseitige Sympathie hilft. Sie gründen eine Zweckgemeinschaft mit dem Ziel der gegenseitigen Unterstützung. Das kann im Rahmen regelmäßiger Treffen oder z.B. als Telefonhotline bei akuten Fragen oder Problemen sein. Voraussetzung für eine gute Zusammenarbeit ist gegenseitiger Respekt, Wertschätzung, Ehrlichkeit und Einfühlungsvermögen. Die zu erwartende Zeitdauer bis zum Erreichen der Ziele sollte nicht zu unterschiedlich sein. Was haben Sie davon, wenn Ihr Partner an Ihnen vorbeistürmt und Sie noch zwei Jahre allein weitermachen müssen?

Beim ersten Treffen, dem Gründungstreffen, benötigen Sie alles, was Sie zu Ihrem Projekt haben, um es Ihrem Partner detailliert vorzustellen. Sollte dies länger dauern, empfiehlt es sich, dass Ihr Partner sein Projekt beim ersten Treffen nur kurz skizziert und Sie beim zweiten Treffen über sein Ziel sprechen. Versuchen Sie, Ihren Partner zu begeistern. Voraussetzung für eine gute Zusammenarbeit ist eine gewisse Begeisterung bei beiden für das Ziel des anderen.

In Ihren regelmäßigen Treffen berichten Sie sich zunächst gegenseitig, was Sie getan oder auch nicht geschafft haben und was für die nächsten Tage ansteht. Danach werden einzelne Themen oder Probleme diskutiert. Halten Sie diese Termine ein! Waren Sie schon einmal in einer Gruppe, die sich regelmäßig traf und bei der zwei Termine ausfielen? Oft ist so etwas der Anfang vom Ende.

Sie werden sehen, es macht Spaß, gemeinsam etwas zu verfolgen, und der Gewinn ist viel größer, als die vielleicht zwei bis drei Stunden wöchentlich oder vierzehntäglich, die Sie aufwenden müssen. Gerade in Krisenzeiten wird diese gegenseitige Unterstützung von großem Wert sein.

Ego

Jedes Modell, das versucht, unsere Persönlichkeitsstruktur nachzubilden, ist eine Annäherung an die Antwort auf folgende Frage: Wer ist denn eigentlich dieses Ich?

Auf vielen Seiten beschäftigt sich dieses Ich gerade damit, wie es ein gewisses Ziel finden und erreichen kann. Warum ist es nicht zufrieden mit dem Ort, an dem es gerade ist? Wer ist dieses Ich, das träumt? Wer ist derjenige, der sich bisher nicht getraut hat, seine Träume zu verwirklichen? Das größte Abenteuer, auf das Menschen sich einlassen können, ist, die Suche nach dem eigenen Ich anzugehen. Wer bin ich? Woher komme ich? Wohin gehe ich? Die Suche nach den Antworten ist aber auch zugleich etwas, was uns zum Verzweifeln bringen kann.

»Ego« wird heute synonym für »das Ich« verwendet. Oft hört oder liest man, dass die Auflösung des eigenen Ego der ultimative Weg zu einem erfüllten Leben sei. Doch bleiben wir ein wenig mehr in der Praxis. Dieses Buch ist geschrieben für die Menschen, die ganz normale oder auch besondere oder außergewöhnliche Bedürfnisse und Träume haben.

Philosophisch betrachtet ist das Ego ein Konstrukt des Bewusstseins. Es gibt sehr schöne Bücher darüber, die uns sagen, dass unser Ich nicht existent sei. In aller Kürze könnte man sagen, dass wir ein Saal sind, in dem Gedanken, Emotionen, Wahrnehmungen und Bewusstsein herumtollen und dabei meinen, sie wären der Raum. Aber: Sie sind der Raum, in dem alles stattfindet. Sie geben dem Körper, den Gefühlen, den Gedanken und allem anderen den Raum, in dem sie geschehen. Dies ist nun für die meisten Menschen wenig griffig, und der finale Beweis kann nur in der eigenen Erkenntnis liegen. Der eine entdeckt sie in der Religion, der andere in der Mystik, viele haben vielleicht bereits in einer Meditation kleine Einblicke gewonnen. Dennoch werden wir von unserem Ego vorläufig ziemlich beherrscht.

Lassen Sie uns einen kurzen Abstecher zum Buddhismus machen. Der Buddhismus sieht unsere Annahme eines existenten Ichs in unserem Anhaften an Dingen begründet. Jede Ich-Empfindung entsteht aus dem Anhaften an vorangegangenen Bewusstseinsmomenten, und jeder Bewusstseinsmoment besteht bzw. entwickelt sich aus demjenigen, der wahrnimmt, dem, was wahrgenommen wird und dem Vorgang der Wahrnehmung selbst.

W Die fünf Gruppen des Anhaftens (Skandhas)[26]

Rūpa:	*Körper, Form (Körperlichkeit, ich bin ein Körper)*
Vedanā:	*Gefühle/Empfindung (angenehm, unangenehm, neutral/körperlich, mental)*
Samjñā:	*Wahrnehmung (Unterscheidung, Impuls, Begehren, Aggression, Nicht-wissen-Wollen*
Samskarā:	*Veranlagungsformkräfte (Persönlichkeit, Charakter, Gewohnheiten, habituelle Muster)*
Vijñāna:	*Bewusstsein*

Die erste Gruppe ist physischen, die anderen vier sind mentalen Ursprungs. Der Buddhismus lehrt, dass wir über das Wahrnehmen bzw. Erfahren dieser Gruppen unser Ich definieren. Ich habe einen Körper, also ist da ein Ich. Ich ärgere mich, also muss da ein Ich sein, das sich ärgert. Ich sehe etwas, ich möchte etwas, also ist da wiederum ein Ich. Ich bin mir all dessen bewusst, also muss da ein Ich sein.

Beginnen wir mit der kritischen Betrachtung der genannten Aspekte, die uns glauben machen, dass es ein Ich gibt. Der Körper erneuert sich in regelmäßigen Abständen. Ist Ihr Ich also nur ein Bewohner Ihres Körpers? Dann dürfte der Körper jedenfalls nicht Ihr Ich sein. Haare, Hautschuppen, Fingernägel und Zähne können kaum Teile des Ichs sein. Sie verlieren wir ständig, ohne uns selbst zu verlieren. Auch bei der Amputation ganzer Körperteile geht nicht wirklich ein Teil dessen, was wir unser Ich nennen, verloren.

Kommen wir zu Gefühlen und Empfindungen: Würden Sie sagen, dass Ihr Ich Ihre Emotionen sind? Aber kennen Sie Momente der absoluten Leere, Sekunden ohne Emotionen? Vielleicht meditieren Sie oder erwischen sich hin und wieder bei einem Tagtraum? Es scheint, als ob das Ich in solchen Momenten, wenn unsere Empfindungen eine Pause machen, verschwindet.

---

26 *Francisco Varela: Der Mittlere Weg der Erkenntnis. München 1996, S. 96 ff*

Ganz ähnlich verhält es sich mit den Gedanken. Jeder kennt gedankenlose Momente, auch wenn sie für nicht meditationsgeübte Leser sehr kurz sein werden. Und dennoch verschwindet auch dann das Ich, das wir u.a. als »Gedankenhaber« definieren.

Betrachten Sie weiterhin Ihre Charakterzüge und Ihre Gewohnheiten. Würden Sie sagen, dass diese Ihr Ich sind? Sie rauchen, Sie bohren heimlich in der Nase, manchmal sind sie aufbrausend oder viel zu geduldig – aber ist dies Ihr Ich? Was, wenn Sie all Ihre Gewohnheiten ablegen oder ändern würden? Was würde dann bleiben?

Das Bewusstsein ist die Erfahrung der genannten vier mentalen Gruppen. Jede Gruppe beinhaltet immer die vorhergehende, denn sie bauen aufeinander auf. Sie meinen vielleicht, dass zumindest Ihr Bewusstsein etwas Konstantes, etwas kontinuierlich Existierendes ist. Aber wenn Sie einmal darauf achten, werden Sie feststellen, dass auch das Bewusstsein aus einzelnen Momenten des »bewussten Seins« besteht, die nicht im Geringsten kontinuierlich sind. Nicht immer sind Sie bewusst. So richtig scheint es dieses Ich also gar nicht zu geben. Und dennoch ist eins sicher: Es gibt Sie!

 ÜBUNG – ICH BIN

Setzen Sie sich hin, schließen Sie die Augen, und stellen Sie sich vor, Sie würden in einer mit warmem, glasklarem Wasser gefüllten Badewanne schweben. Sagen Sie sich in Gedanken: »Ich bin«, und achten Sie darauf, wie Ihr Körper reagiert. Nach einer Weile sagen Sie wieder »Ich bin«. Wiederholen Sie den Satz für einige Minuten in Abständen, die Ihnen angenehm sind.

Die Arbeit mit Ihren Träumen und Zielen ist nur notwendig, weil Sie noch nicht erfahren haben, dass Sie mehr sind als eben die Erfüllung Ihrer Wünsche. Machen Sie sich nichts daraus, es ist menschlich, ein Ego zu haben. Solange Sie noch nicht völlig in sich selbst ruhen, absolut im Hier und Jetzt leben und Ihr Ego aufgegeben haben, sollten Sie wenigstens das tun, was Ihr Herz Ihnen sagt. Denn was nutzt es Ihnen zu wissen, was Sie alles nicht sind, wenn Ihnen die Erfahrung, was Sie sind, fehlt?

Niemand hat bisher eine gute Möglichkeit gefunden, wie man mit der Theorie, dass es einfach kein Ich gibt, umgehen könnte. Also bleiben wir auf dem vermeintlichen Boden der Tatsachen. Behalten Sie einfach nur im Hinterkopf, dass es Ihr Ego ist, das nach Erfüllung und nach Zielen strebt. Dies ist völlig legitim, und es zu verleugnen, wäre Unsinn.

Mein Ego will dieses Buch schreiben, mein Ego will, dass es ein Erfolg wird, und mein Ego will ein Haus am Meer.

Vertrauen

*Wenn eine Idee nicht zunächst absurd erscheint,
taugt sie nichts.*
   (Albert Einstein)

Vertrauen schafft Vertrauen. Vertrauen kann man nur vorschießen. Vertrauen ist die Brücke zu anderen Menschen. Vertrauen gibt es nicht tröpfchenweise. Weise Sätze, nicht wahr? Kaum ein Ziel werden Sie ganz allein erreichen, Sie werden die Hilfe anderer Menschen brauchen. Indem Sie Vertrauen schenken, entzünden Sie im Anderen eine kleine Flamme, die zu einem großen Licht wachsen kann. Natürlich ist Vertrauen auf längere Sicht ein gegenseitiges Geben und Nehmen.

Ich unterscheide drei Bereiche des Vertrauens: das Vertrauen in andere Menschen, das Vertrauen in sich selbst und das Vertrauen in das Leben, auch Urvertrauen genannt. Die beiden erstgenannten beruhen letztlich auf dem Urvertrauen. Nur wer dem Leben vertraut, wer eine Ahnung verspürt, dass alles irgendwie einen Sinn hat, vertraut sich selbst. Und nur wer sich selbst vertraut, ist in der Lage, anderen zu vertrauen.

Vertrauen ist die Basis eines erfüllten Lebens. Wer als Kind Vertrauen von seiner Umgebung vorgelebt bekam, nimmt sein Leben leichter. Sollten Sie in diesem Bereich Ihre Stärken sehen, kann ich Ihnen nur gratulieren. Sie werden nicht gleich aus der Bahn geworfen, wenn etwas anders kommt als geplant. Sind Sie hingegen der Ansicht, dass Vertrauen nicht so Ihr Thema ist, sollten Sie daran arbeiten.

Die Mehrheit meiner Klienten bei meinen Coachings hat in diesem Bereich ein Defizit. Es fehlt ihnen die Anbindung an das Leben, sie fühlen sich getrennt von allem, nicht als Teil eines Gesamten. Menschen, die kein Vertrauen haben, trauen sich selten zu, das zu bekommen, was sie sich erträumen.

Letztlich ist jede Lösung in diesem Bereich etwas sehr Individuelles, Einzigartiges und betrifft immer das Weltbild und auch die Religion des Einzelnen. Wer keinen Halt in Religion, Kirche, Spiritualität o.ä. findet, dem bleibt nur der Fatalismus (nach mir die Sintflut) oder das Ignorieren aller Sinnfragen.

 **Timing**

Seien Sie aufmerksam! Für Träume gibt es immer ein Zeitfenster, innerhalb dessen Sie nach Verwirklichung streben. Mancher mag meinen, dass es eben nur eine »fixe Idee« war, weil der schöne Traum, der da aus dem Nichts gekommen war, genauso schnell wieder verschwunden war. Doch oft ist es anders. Es gibt Träume, die haben keine lange Haltbarkeit, die tauchen aus dem Meer des Unbewussten auf und verschwinden darin auch wieder. Manche tauchen noch ein oder mehrere Male wieder auf, andere entflüchten auf Nimmerwiedersehen. Und so haben wir uns beinahe daran gewöhnt, Träume wie Filme im Kino zu betrachten, als schöne Geschichten, die uns bewegen, aber nicht betreffen.

Frau Herz und Herr Verstand

Trotz aller Fortschritte in der Forschung wissen wir immer noch nicht genau, wie das Gehirn funktioniert. Diese graue Masse besteht aus Billionen von Gehirnzellen, von denen wiederum jede tausendfach mit anderen Zellen verknüpft ist. Je nachdem, was wir gerade tun, kann eine Aktivität in bestimmten Gehirnbereichen gemessen werden. Daher wissen wir, dass beide Gehirnhälften offensichtlich unterschiedliche Funktionen haben. Der Mensch ist in der Lage, ungefähr 40 Informationen pro Sekunde bewusst zu verarbeiten. Das Unterbewusstsein erreicht hingegen ein Verarbeitungsvolumen von etwa 20 Millionen Informationen! Ersteres schafft die rationale analytische und oft als männlich bezeichnete, linke Gehirnhälfte, letztgenannte Höchstleistung erreicht die intuitive weibliche, rechte Gehirnhälfte.

Richten Sie Ihren Blick einmal für eine Sekunde auf einen etwas weiter entfernten Gegenstand, und fokussieren Sie ihn scharf. Dann achten Sie – den Gegenstand noch immer fixiert – darauf, was sonst noch alles in Ihrem Gesichtsfeld auftaucht, was Sie zwar nicht bewusst wahrnehmen, was aber trotzdem unzweifelhaft da ist. Dazu kommen noch all die Wahrnehmungen der übrigen Sinne. Im ganz normalen Alltag achten Sie meist nicht auf Gerüche, dennoch schaltet sich Ihre Wahrnehmung sofort scharf, wenn Sie etwas Verbranntes riechen.

Berücksichtigen wir dann noch, dass wir auch auf einer energetischen Ebene Dinge wie zwischenmenschliche Schwingungen bemerken, wird schnell klar, wie gering der Anteil der bewussten Wahrnehmung ist. Grob, aber für unsere Zwecke detailliert genug, lassen sich die beiden Gehirnhälften wie folgt zuordnen:

Die linke Gehirnhälfte	Die rechte Gehirnhälfte
bewusst	unbewusst
langsam	schnell
analytisch	ganzheitlich
verbal, Sitz des Sprachzentrums	intrinsisch
extrinsisch	emotional
spezifisch, lokal	Intuition
denken	Kreativität

Die linke Gehirnhälfte	Die rechte Gehirnhälfte
arbeitet mit abstrahierten Inhalten wie Worten, Zahlen, Zeichen	Fühlen
Sprechen, Lesen, Schreiben	allgemein, global
Interpretationen von Bildern und Geschichten	Verstehen und Entwickeln von Geschichten und Musik
sensorische Wahrnehmung	Geometrie, Raum, Körper
Logik und Mathematik	Gesichter
nie spontan und im Affekt	Synthese, Ganzheit
kein Bezug zum Körperbewusstsein	Zeitlosigkeit
	alle spirituellen Assoziationen
	»denkt« in Bildern
	nicht an den Verstand gebunden
	Bezug zum Körperbewusstsein

Sie sehen, dass beide Gehirnhälften wichtige Bereiche abdecken, die im Wesentlichen aus offensichtlichen Gegensätzen bestehen. Positiv formuliert, könnte man auch sagen, dass sie sich perfekt ergänzen. Entsprechend fahrlässig wäre es also, nur eine Gehirnhälfte zu nutzen. Durch gezielte Synchronisation beider Gehirnhälften können Sie Ihre Kreativität besser entfalten.

Stellen Sie sich diese beiden Hälften als zwei kleine Persönlichkeiten in Ihrem Kopf vor. Rechts wohnt Frau Herz, links Herr Verstand. Beide haben jeweils ein eigenes Appartement. Diese sind aber über eine Tür verbunden. Nach außen haben beide jeweils ein Fenster, das wie ein Filter wirkt, der nur die oben aufgeführten Schwerpunkte an Informationen durchlässt. Wenn die zwei Hand in Hand arbeiten, sind sie ein tolles Team und ergänzen sich gut.

Im Laufe der letzten 400 Jahre haben wir uns jedoch angewöhnt, fast alles mit dem Verstand anzugehen und der Intuition wenig zu vertrauen. Wir waren so begeistert von den Fähigkeiten unseres Verstandes, dass wir über dem Versuch, die Natur mit mechanischen Modellen zu beschreiben und zu entschlüsseln, völlig vergessen haben, dass diese Modelle nicht die Wirklichkeit sind. Die Natur orientiert sich nicht an Modellen. Nur unser Verstehen der Natur bzw. des Lebens beruht auf Modellen, die die Wirklichkeit jedoch mehr oder weniger grob vereinfachen. Herr Verstand hat die Herrschaft übernommen, und Frau Herz scheint sich ihrem Schicksal ergeben zu haben.

Eigentlich schade, denn Frau Herz ist viel schneller und intuitiver als Herr Verstand. Sie arbeitet schließlich mit Bildern und nicht mit langsamen Zahlen und Worten. Deshalb ist sie in der Lage, in der gleichen Zeit unendlich viel mehr Informationen zu verarbeiten als Herr Verstand. Zu dumm, dass wir als Chef der beiden dennoch zu oft dazu neigen, dem Herrn zu glauben. Dabei sind gerade die Kreativität, die Geschwindigkeit und die Intuition, die Frau Herz uns bietet, die beste Basis für alles, was wir tun. Sie liefert verrückte Ideen, chaotische Gedanken und wirre Einfälle – also das Rohmaterial, mit dem Herr Verstand arbeiten kann. Lassen wir Herrn Verstand allein arbeiten, bewegen wir uns ständig im Kreis. Woher sollte auch etwas Neues kommen, wenn jemand nur auf Altbewährtes setzt, weil er eben gar nicht dafür geschaffen wurde, kreativ zu sein?

Frau Herz ist Ihre Ursprünglichkeit, Herr Verstand ist das Analytische in Kombination mit dem Angelernten und den Glaubenssätzen. Diese beiden können zusammenarbeiten, aber auch schwer aneinandergeraten. Zusammenarbeit heißt, Frau Herz hat eine Sehnsucht oder einen Traum, und Herr Verstand erarbeitet einen Plan und sorgt für die notwendige Ausrüstung und die Umsetzung. Gegeneinander geht es, wenn Herr Verstand das Vorhaben beispielsweise mit dem Glaubenssatz »Das schaffst du sowieso nicht!« blockiert. Wenn die Kommunikation zwischen den beiden Anteilen nicht funktioniert, spüren Sie es daran, dass Ihr Leben von Frust, Angst oder Unzufriedenheit geprägt ist. Frau Herz zieht sich dann in der Regel zurück und meldet sich nur noch über Krankheiten, Ängste und Unzufriedenheit zu Wort. Herr Verstand ignoriert die Nachrichten aus der Tiefe geflissentlich, bis es kracht.

Im Rahmen dieses Buches geben Sie Herrn Verstand Einblicke in eine ganz neue Welt. Er wird Frau Herz viel besser (wieder) kennenlernen und alte Glaubenssätze aufgeben. Sie sind auf einem guten Weg, Ihre innere Kommunikation zu verbessern. Zu diesem Thema passt auch die Tatsache, dass es Frauen leichter fällt, Ihren Traum zu entdecken, Männern hingegen, ihn zu verwirklichen. Frauen finden Ihre Berufung leichter, weil sie einen besseren Zugang zu ihren Gefühlen haben. Männer finden ihre Berufung schwerer, weil sie erst den Zugang zu ihren Gefühlen finden müssen, können sie dann aber leichter umsetzen, weil sie ihren Verstand schon immer für ihre Ziele eingesetzt haben.[27]

ÜBUNG – TEST INNERE BALANCE

Dieser Test soll Ihnen zeigen, wo Sie in der Kommunikation Ihrer beiden Ichs, also von Ihren beiden Gehirnhälften, stehen. Beantworten Sie einfach die folgenden Fragen.

1. Ich habe viel Spaß im Leben.
   immer   O   oft   O   hin und wieder O
   selten O   nie   O

2. Ich lache mehrmals täglich laut.
   immer   O   oft   O   hin und wieder O
   selten O   nie   O

3. Meine Probleme löse ich selbst.
   immer   O   oft   O   hin und wieder O
   selten O   nie   O

---

[27] Angelika Gulder: Finde den Job, der Dich glücklich macht, Frankfurt/Main 2007, S. 49

4. Ich bin offen für Neues und lerne gern immer weiter.

immer   O   oft   O   hin und wieder   O

selten   O   nie   O

5. Ich arbeite viel mit Fantasie und Kreativität.

immer   O   oft   O   hin und wieder   O

selten   O   nie   O

6. Ich habe eine Menge guter Freunde.

immer   O   oft   O   hin und wieder   O

selten   O   nie   O

7. Ich spiele gern.

immer   O   oft   O   hin und wieder   O

selten   O   nie   O

8. Ich fühle mich im Leben geborgen.

immer   O   oft   O   hin und wieder   O

selten   O   nie   O

9. Ich kann gut allein sein.

immer   O   oft   O   hin und wieder   O

selten   O   nie   O

10. Ich mag mich.

immer   O   oft   O   hin und wieder   O

selten   O   nie   O

Wenn Sie ausschließlich »immer« oder »oft« angekreuzt haben, ist bei Ihnen alles bestens. Je mehr Ihre Antworten davon abweichen, desto mehr sollten Sie zukünftig lernen, auch Frau Herz, Ihr Bauchgefühl, wahrzunehmen und darauf zu hören.

Entscheidungsfreude

Das Leben besteht aus einer nicht enden wollenden Serie von Entscheidungssituationen. Entscheidungen zu treffen, ist aber nicht jedermanns Sache. Mancher zögert lieber ewig, denn eine Entscheidung hat Folgen, Folgen, die gut oder schlecht sein können. Mehrere falsche Entscheidungen hintereinander können sich zu einem Desaster entwickeln. Aber auch Dinge nicht zu entscheiden, ist eine Entscheidung, und diese kann ebenso zum Verhängnis werden. Machen Sie sich klar, dass Sie Herr über Ihr Leben sind. Dort, wo Sie jetzt sind, stehen Sie, weil Sie im Laufe Ihres Lebens Entscheidungen getroffen haben, die Sie dorthin gebracht haben. Sie werden Ihr Ziel nie erreichen, wenn Sie keine Entscheidungen treffen. Das garantiere ich Ihnen.

Einfache Regeln für richtige Entscheidungen lauten: Hören Sie auf Ihre innere Stimme, auf Ihr Bauchgefühl, auf Ihre Intuition. Fragen Sie sich, was sich besser in Ihrem Körper anfühlt, wenn Sie die Wahlmöglichkeiten der Reihe nach durchspielen. Am besten funktioniert dies, wenn Sie eine Visualisierung dazu machen. Ihre Intuition wird Ihnen in den meisten Fällen eine klare Antwort geben. Und dann handeln Sie umgehend!

Nutzen Sie bei Entscheidungsproblemen auch die in der Übung »Alternative Leben« auf Seite 55 vorgestellte Coaching-Technik.

Drei Seelen in Ihrer Brust

Ich möchte noch auf ein weiteres Persönlichkeitsmodell eingehen: die Transaktionsanalyse. Diese haben Eric Berne und Thomas A. Harris[28] in den 50er-Jahren entwickelt. Demnach hat jeder Mensch drei Persönlichkeitsanteile in sich, das Erwachsenen-Ich, das Kindheits-Ich und das Eltern-Ich. Jeder dieser drei Anteile hat klar definierte Persönlichkeitsbereiche, die schon durch den jeweiligen Namen klar erkennbar sind. Die Eigenschaften dieser Bereiche bilden sich in der Kindheit, und später als Erwachsene denken und handeln wir immer aus einer dieser drei Perspektiven.

---

28 Vgl. dazu Thomas A. Harris: *Ich bin o.k. – Du bist o.k. Wie wir uns selbst besser verstehen und unsere Einstellung zu anderen verändern können.* Hamburg 1975

Im Zustand des Kindheits-Ichs fühlt, denkt und spricht eine Person so, wie sie es als Kleinkind aufgrund ihrer Lebenssituation tun musste. Jedes Kind fühlt sich schwach und den Eltern ausgeliefert und entwickelt daher eine Persönlichkeit, die sich dementsprechend verhält. Beherrscht wird diese Persönlichkeit oft von Unsicherheit, Unterordnung und geringem Selbstwertgefühl. Aber auch Kreativität, Begeisterungsfähigkeit, bedingungslose Liebe und Emotionalität sind Teile des Kindheits-Ichs.

Der Persönlichkeitsanteil Eltern-Ich ist das Erbe der Eltern und anderer Autoritätspersonen. Sein Charakter entspricht dem, was wir von unseren Eltern erfahren und erlernt haben. Es ist autoritär und beherrschend zugleich, aber auch fürsorglich und verantwortungsbewusst. Aussagen wie »Du solltest das nicht tun« oder »Denk an Deine Familie« entstammen dem Eltern-Ich.

Das Erwachsenen-Ich ist der logisch-analytische Anteil, der den Verstand nutzt. Emotionen spielen hier wenig hinein. Doch sehr viele Menschen entwickeln diesen Persönlichkeitsanteil nie vollständig.

Es gibt keinen Idealzustand dieser Konstellation. Ziel ist es weder, nur aus dem Erwachsenen-Ich zu handeln (Was wäre dies auch für ein langweiliges Leben?), noch eine bestimmte prozentuale Verteilung zu erreichen, sondern sich dieser Bereiche einfach nur bewusst zu sein.

Es gibt typische Wörter, die Ihre verschiedenen Ichs benutzen: So deuten »immer«, »nie« oder »jedes Mal« auf das Eltern-Ich hin. Glaubenssätze entspringen ebenso dem Eltern-Ich. Das Erwachsenen-Ich erkennen Sie an sachlichen Fragen und den entsprechenden Fragewörtern »wer«, »wo«, »wie« und »was«. Reagieren oder handeln Sie irrational, störrisch oder gefühlsbetont, sind Sie in Ihrem Kindheits-Ich.

Für Ihre Träume und insbesondere für deren Umsetzung ist es wichtig zu wissen, welcher dieser Anteile gerade vorherrscht. Geht es darum, einen Traum zu definieren, sollten Sie darauf achten, dass dies nicht vom Kindheits- oder Eltern-Ich bestimmt wird – denn dann ist es nicht Ihr eigener Traum. Hier und jetzt in Ihrem Leben zählen nur die Träume des Erwachsenen-Ichs. In der Traumverwirklichung ist es ähnlich. Insbesondere Gegenargumente und Glaubenssätze, die von Kindheits-Ich und Eltern-Ich stammen, können Sie sehr behindern. Beobachten Sie Ihr Verhalten, schauen Sie, wer gerade denkt oder spricht, wenn Sie in Bezug auf Ihren Traum misstrauisch werden, und überlassen Sie es Ihrem Erwachsenen-Ich, den richtigen Weg zu finden.

ÜBUNG – EIN GUTER TAG

Lust auf einen guten Tag? Dann nehmen Sie sich für heute vor, explizit nett und freundlich zu allen Menschen zu sein, denen Sie begegnen. Seien Sie dabei nicht berechnend, sondern tun Sie es einfach aus Freude an der Sache selbst. Grüßen Sie jeden auf der Straße, wie man es in kleineren Dörfern heute noch macht. Tun Sie dies sehr bewusst, und lassen Sie sich überraschen, wie die Welt an diesem Tag aussieht.

 ## Geduld

*Wenn nichts mehr zu helfen scheint, schaue ich einem Steinmetz zu,
der vielleicht hundertmal auf seinen Stein einhämmert,
ohne dass sich auch nur der geringste Spalt zeigt;
doch beim 101. Schlag wird er entzweibrechen, und ich weiß,
dass es nicht dieser Schlag war, der es vollbracht hat –
sondern alle Schläge zusammen.
(Jacob Riis)*

Ein Schlag zu wenig und es wäre so, als ob man nie geschlagen hätte. Geduld ist eine wichtige Tugend, wenn man etwas erreichen möchte!
    Ich denke, das Zitat hat Aussagekraft genug, oder?

Das innere Team

Das innere Team[29] ist das letzte Persönlichkeitsmodell, das ich Ihnen vorstellen möchte. Es ist ein wenig umfangreicher als die vorherigen. Es besagt, dass Sie der Chef einer Vielzahl von Persönlichkeiten sind. Diese sind je nach Situation mehr oder weniger wichtig – oder meinen, wichtig zu sein. Mögliche Teammitglieder können beispielsweise der Ängstliche, der Mutige, der Macher, der Jammerlappen, der Liebevolle, der Optimist, der Nörgler, der Kritiker, der Verständnisvolle, der Perfektionist usw. sein.

> Jeder Mensch
> ist eine kleine
> Gesellschaft.
> (Novalis)

Stellen Sie sich zur Verdeutlichung des Modells die verschiedenen Mitarbeiter bei einer Opernaufführung vor. Es gibt einen künstlerischen Leiter, einen Regisseur, die Haupt- und die Nebenrollen, den Chor und die Statisten. Im Orchestergraben finden wir den Dirigenten und die Musiker. Jeder hat seine Aufgabe und seine Funktion, aber wenn einer schief spielt oder singt, gerät alles aus dem Takt. Die Stimmen und Klänge entsprechen den Emotionen, den Körperwahrnehmungen und den Bildern. Sie sind das Mittel der Kommunikation zwischen den Persönlichkeitsanteilen und Ihnen. Ihre Rolle als Chef des Ganzen könnte man mit der des Opernintendanten vergleichen, Sie haben das Kommando und müssen dafür sorgen, dass alle harmonieren. Ihr Team ist Ihnen vorgegeben, es nutzt nichts zu lamentieren. Holen Sie aus jedem das Beste heraus, fördern Sie auch die Schwachen. Letztlich ist es sowieso so, dass Sie das beste Team für sich haben – es gibt für Sie kein besseres.

Die Teammitglieder sind wie im wirklichen Leben auch unterschiedliche Persönlichkeiten. Wer spielt die Hauptrolle, wer die Nebenrollen? Wer hat viel Text, wer ist eher still und passiv? Manche Teammitglieder sind laut, manche leise, manche drängen sich ständig in den Vordergrund, andere lieben es, ganz hinten zu stehen oder trauen sich auch einfach nicht, nach vorne zu treten. Alle zusammen bilden sie ein Bild dessen, was Sie in Ihrem Leben erfahren haben. Meinungen, Werte, Wahrheiten und eben auch Glaubenssätze finden Sie in den Eigenschaften Ihrer Teammitglieder wieder.

Interessant wird es, wenn Sie in Situationen, die Sie als problematisch erleben, einmal in sich gehen und überlegen, welche Teammitglieder gerade präsent sind und

---

29 Vgl. dazu Friedemann Schulz von Thun und Wibke Stegemann: Das innere Team in Aktion. Hamburg 2004

den Ton angeben und welche sich zurückgezogen haben oder auch verdrängt wurden. Fragen Sie sich, ob gerade wirklich der richtige Persönlichkeitsanteil spricht. Vielleicht wäre ein anderes Teammitglied viel besser geeignet, wagt sich jedoch nicht vor. Könnte der Mutige viel mehr aus der Situation machen als der Schüchterne, der dummerweise immer wieder in derartigen Situationen die Führung übernimmt? Ist vielleicht der Macher gefragt und nicht der Schöngeist, der viel lieber liest und musiziert, als die dringende Post zu beantworten?

ÜBUNG – AUFSTELLUNG DES INNEREN TEAMS

Diese Übung ist nicht ganz einfach, Sie können aber auch nichts falsch machen. Sollten Sie einen Coach kennen, der mit dem inneren Team arbeitet, empfehle ich Ihnen, 1,5 Stunden Zeit und das Geld zu investieren und Ihr Team zu Ihrem Traum aufstellen zu lassen.
Ansonsten gehen Sie folgendermaßen vor:

Suchen Sie sich ausreichend Gegenstände oder Spielzeugfiguren. Nehmen Sie sich eine Stunde Zeit, und überlegen Sie, wer alles in Ihnen mitspricht, wenn Sie über Ihren Traum oder eine problematische Situation nachdenken. Schreiben Sie alle Ihre inneren Team-Mitglieder auf, und geben Sie Ihnen Namen wie »Rudi Ängstlich« oder »Susi Schisser«. Wenn Sie meinen, dass Sie niemanden vergessen haben, wählen Sie zuerst für sich und dann für jedes Teammitglied eine Figur oder einen Gegenstand aus. Bei Gegenständen achten Sie bitte darauf, dass es ein vorne und hinten gibt – also eine Blickrichtung. Auf einen Tisch legen Sie nun zunächst an das Tischende einen Gegenstand, der für Ihr Ziel steht, und dann platzieren Sie intuitiv und mit Ruhe die Figur, die Sie selbst, also den Teamchef, darstellt. Intuitiv heißt, Sie schließen die Augen, fühlen sich in die Figur ein und versuchen, den Verstand herauszuhalten.
Es geht nicht darum, eine »gute« Formation zu finden! Keine der Figuren soll in eine bestimmte Blickrichtung schauen, stellen Sie die Figuren intuitiv hin, und lassen Sie sich überraschen, wohin sie schauen. Bei jeder Figur, die Sie hinstellen, überlegen Sie sich, welche Eigen-

schaften sie vertritt. Wir alle neigen dazu, Eigenschaften sehr schnell gut oder schlecht zu finden. Denken Sie aber jetzt auch einmal darüber nach, welche Vorteile eine negative Eigenschaft haben könnte und welche Nachteile eine positive. Wenn also da das Teammitglied »Rudi Ängstlich« steht, hindert er Sie durch seine Angst am Vorwärtskommen. Zugleich sorgt er aber auch dafür, dass Sie eben nicht unvorsichtig werden und blind ins Verderben laufen. So hat jedes Teammitglied seine guten und schlechten Seiten, die Sie kennenlernen sollten.

Schauen Sie sich das Bild der fertigen Aufstellung an. Was fällt Ihnen auf? Wohin blicken die Figuren? Wer ist vorne, wer hinten? Wer hat also anscheinend das Sagen, und wem wird kein Gehör geschenkt? Wer versteckt sich, wer prescht vorneweg? Welche Teammitglieder stehen zusammen? Wie orientieren sie sich zum Chef? Hat er die Kontrolle oder macht jeder, was er will? Es gibt eine Unmenge weiterer Blickwinkel, unter denen Sie das Bild betrachten können. Wenn Sie einen Freund darauf schauen lassen, wird er vielleicht noch mehr erkennen.

Danach versuchen Sie, die Gefühle der Teammitglieder zu erfühlen, indem Sie einen Zeigefinger auf die Figur legen, die Augen schließen und intuitiv in sich hineinhören. Achten Sie auf Emotionen, Gedanken und auch auf jedes Zeichen, das Ihnen Ihr Körper gibt. Seien Sie sich bewusst, dass alles, was Sie in dem Moment fühlen, die Gefühle dieses Persönlichkeitsanteils sind. Vielleicht fühlen Sie sich unsicher, bekommen Kopfschmerzen oder spüren auch gar nichts Auffälliges. Merken Sie sich Besonderheiten oder Bemerkenswertes der einzelnen Teammitglieder.

Im letzten Schritt machen Sie sich daran, Ihr Team zu organisieren. Stellen Sie sich vor, dass Sie aus dem losen Haufen, den Sie vor sich haben, ein schlagkräftiges Team formen würden. Welches Teammitglied sollte der Teamleiter direkt neben sich haben? Wer ist wichtig? Wer sollte dabeibleiben, damit auch andere Aspekte berücksichtigt werden? Wer nicht notwendig ist oder sogar hinderlich, der sollte eher hinten stehen. Anteile, die bekanntermaßen zu Alleingängen neigen, platzieren Sie so, dass Sie sie gut unter Kontrolle haben.

Zeigen Sie Ihre neue Mannschaft jemandem, und erklären Sie demjenigen, was Sie sich dabei gedacht haben. Vielleicht hat der andere wertvolle Anregungen für kleine Änderungen.

Es kann sein, dass Sie merken, dass ein Charakterzug oder eine Eigenschaft in Ihrem Bild fehlt. Das könnte zum Beispiel ein »Macher« sein. Sollte Ihnen auffallen, dass jemand fehlt, den Sie gern hätten und der Ihnen wichtig ist, so ergänzen Sie das Team um die entsprechende Figur, und integrieren Sie sie in die Aufstellung.
Zuletzt fotografieren Sie das finale Bild so, dass auf dem Foto zu erkennen ist, wie Ihr Team gemeinsam in Richtung Ziel blickt, und heften Sie dieses Foto an Ihre Visionstafel.

Ich habe Ihnen nun vier verschiedene Persönlichkeitsmodelle vorgestellt. Wenn Sie also beim nächsten Mal bei sich beobachten, dass Sie sich in einer Situation irgendwie unpassend verhalten, überlegen Sie doch einfach mithilfe der Modelle, welcher Persönlichkeitsanteil gerade in den Vordergrund getreten ist und welche (guten und berechtigten) Gründe er vielleicht dafür haben könnte.

 **Ruhe**

Das Unglück der Menschen kommt von einem einzigen her:
Sie verstehen es nicht, in Ruhe in einem Zimmer zu bleiben.
(Blaise Pascal)

Sie sind kurz davor, erstmalig Bereiche zu betreten, die Sie vorher nicht kannten. Entspannung und Ruhe sind wichtige Qualitäten. Sich nicht verrückt machen zu lassen, wenn einmal alles auf einen einstürzt, ist eine Kunst. Sollten Sie eher zu den unruhigen Menschen gehören, überlegen Sie sich, ob Sie nicht regelmäßig entsprechende Entspannungsübungen für sich finden.

ÜBUNG – MEDITATION

Meditation ist ein Zustand der Stille. Oft dauert diese Stille anfangs nur Bruchteile einer Sekunde, dann wird sie von einem Gedanken unterbrochen. Das ist normal und völlig in Ordnung. In der Meditation lernen Sie nach und nach, achtsam zu sein, also Ihre Energien bewusst auf das Nichts zwischen den auftauchenden Gedanken zu lenken. Das Denken setzt für einen Moment aus, und Sie spüren eine Verbindung zur Stille. Seien Sie absichtslos, und versuchen Sie, nichts zu erreichen. Das ist die Erfolgsformel der Meditation. Meditation ist nicht kompliziert, jeder kann meditieren. Sie können auf einem Stuhl, im Stehen oder natürlich im Lotussitz meditieren.

Setzen Sie sich aufrecht und bequem hin, und schließen Sie die Augen.

Bewegen Sie den Körper möglichst nicht mehr, bleiben Sie aufrecht und still.

Schenken Sie Ihre ganze Aufmerksamkeit Ihrem Atem.

Lassen Sie den Atem so, wie er ist. Verändern Sie Ihre Atmung nicht.

Atmen Sie weder bewusst ein noch aus.

Folgen Sie dem Atem auf seinem Weg durch den Körper.

Spüren Sie, wie sich Ihr Körper anfühlt.

Wenn Gedanken auftauchen, lassen Sie sie kommen und wieder gehen.

Genießen Sie den Moment.

Halten Sie mindestens 15 Minuten durch, und üben Sie dies am besten täglich.

Veränderungen

> Sei du selbst die Veränderung, die du dir wünschst für diese Welt.
> (Mahatma Gandhi)

Sie können sich und Ihre Welt verändern. Immer wenn Menschen den Mut haben zu träumen, können sie die Welt verändern. Träume können der Schlüssel zu einem erfüllten Leben sein, aber nur wenn die Angst vor der Veränderung dies nicht verhindert. Jeder Mensch ist von Gott – was auch immer Sie darunter verstehen – mit faszinierenden Träumen ausgerüstet worden. Diese sind wie Samen, die in Ihnen keimen und sich zu einer vollen Blüte entwickeln wollen. Das, was da in Ihnen angelegt ist, will sich hinausdrücken.

Sie werden gemerkt haben, dass Sie um eine Veränderung nicht herumkommen werden, wenn es besser werden soll. Was genau kommen wird, ist noch unklar. Dass es jedoch anders sein wird, ist sicher. Das kann ängstigen. Vor wenigen Dingen hat der Mensch mehr Angst als vor dem Unbekannten. Sie müssen etwas für möglich halten, von dem Sie noch gar nicht wissen, wie Sie es erreichen können. Aber waren nicht auch einmal elektrischer Strom, die Glühbirne und das Auto ziemlich unrealistisch? Alle großen Erfindungen, Entdeckungen und Erkenntnisse entstanden, weil ein Mensch seinen Weg verließ und einem Traum folgte.

Die Unmöglichkeiten von heute sind die Wunder von morgen – und die Selbstverständlichkeiten von übermorgen.

(Klaus Douglass)

Wer die Suche nach Zufriedenheit, Selbstverwirklichung und Glück angehen möchte, wird manche Gewohnheit aufgeben müssen. Das alte Ich wird verschwinden, aber ein neues noch nicht wirklich in Sicht sein. Sie werden sich verwirrt, frustriert und verloren fühlen. Das wäre alles nicht so schlimm, wenn Sie wüssten, was danach kommt. Aber das wissen Sie nicht. Und meistens wird es dann doch anders, als Sie erwartet haben. Und dennoch werden Sie das Leben in seiner ganzen Fülle nur so erfahren können. Auch auf die Gefahr hin, dass ich mich wiederhole: Wer seine Träume nicht lebt, lebt sein Leben nicht.

Kein Mensch mag es besonders, sich in Gefahr zu begeben. Wir alle brauchen Sicherheit. Wer Veränderungen angehen möchte, muss für die entsprechende Sicherheit sorgen. Worin diese besteht, ist sehr unterschiedlich. Der eine verbindet damit ein finanzielles Polster, der andere einen guten Job, ein Dritter findet Halt in der Religion.

 ## Klarheit – Authentizität

Des Öfteren erwähne ich in diesem Buch die Wichtigkeit, klar in seinen Zielen zu sein. Genauso wichtig ist Klarheit bei der Verfolgung seiner Ziele.

Sie selbst müssen klar sein, echt sein. Aus dem griechischen Wort für Echtheit entwickelte sich der heutige Begriff »Authentizität«. Wer authentisch ist, ist er selbst. Er hat nichts zu verbergen, er zeigt seine Emotionen – was nicht bedeutet, dass er sie hemmungslos auslebt. Wenn Sie möchten, dass Ihre Mitmenschen Sie annehmen und Ihnen vertrauen, sollten Sie authentisch sein. Verbiegen Sie sich nicht. Zeigen Sie Ihre Stärken, stehen Sie zu ihren Schwächen.

Gewohnheiten

> Die Fesseln der Gewohnheit sind so dünn, dass man sie nicht spürt, bis sie so dick sind, dass man sie nicht mehr zerreißen kann.
>
> Samuel Johnson

Der Mensch ist ein Gewohnheitstier. Was schätzen Sie, wie viel Prozent Ihrer täglichen Handlungen sind Gewohnheiten? Rauchen ist zu einem großen Teil Gewohnheit, das tägliche Feierabendbier ebenfalls, an den Fingernägeln kauen sowieso. Gewohnheiten können richtig lästig werden. Sie scheinen uns vom wahren Leben abzuhalten.

Aber was wäre das für ein Leben, wenn wir diese verflixten Gewohnheiten nicht hätten? Der Philosoph Wilhelm Schmid hat eine herrliche Anekdote darüber geschrieben.[30] Darin stellte er sich zunächst die Frage, wie es wäre, einen Tag ganz ohne Gewohnheiten anzugehen. Sein Ergebnis: Er schaffte es morgens nicht einmal aus dem Bett. Statt aus alter Gewohnheit morgens um neun Uhr mit dem linken Bein zuerst aufzustehen, musste er nun alles ständig und immer wieder neu entscheiden. Einfachste Vorgänge, über die er gar nicht mehr nachgedacht hatte, mussten völlig neu geplant werden. Falls er es doch geschafft hätte aufzustehen, wäre auch schon die nächste Entscheidung fällig gewesen: braune Socken oder schwarze Socken? Kaffee oder Tee? …

Gewohnheiten sorgen dafür, dass ein großer Teil des Lebens wie von selbst abläuft. Das schafft auch Zeit und Spielräume für Neues. Entsprechend schwer ist es, Gewohnheiten einfach so abzulegen, denn Sie müssen sich dazu oft komplett umprogrammieren.

Um ein neues Ziel anzugehen, brauchen die meisten Menschen Zeit. Kaum jemand kann es sich leisten, seinen Job sausen zu lassen und sich von nun an hundertprozentig auf das neue Ziel zu konzentrieren. Sie müssen sich in Ihrem ganz gewöhnlichen Alltag Zeit freischaufeln. Auf den Faktor Zeit gehe ich später noch ein (ab Seite 276). Hier möchte ich Sie nur darauf hinweisen, einmal darauf zu achten, wo Sie in Ihrem Tagesablauf alte Gewohnheiten haben, deren Ablegen Ihnen neue Zeit schenken würde. Achten Sie darauf, wo Sie Zeit für Veränderungen gewinnen könnten – ohne dass Sie damit Hektik und Stress erzeugen. Jeder Mensch benötigt auch Zeiten des simplen Nichtstuns!

---

30 Vgl. dazu Wilhelm Schmid: Die Kunst der Balance. 100 Facetten der Lebenskunst. Frankfurt/Main 2005

Übrigens: Man rechnet mit etwa 21 Tagen, die Sie benötigen, eine alte Gewohnheit loszuwerden bzw. eine neue anzunehmen. Danach wird es leichter.

Neugier

»Stay hungry, stay foolish!« sagte Steve Jobs in seiner berühmten Rede vor den Absolventen der Stanford University.[31] Bleiben Sie immer offen für Neues! Erlauben Sie es sich, verrückt zu denken und zu handeln. Achten Sie auf das, was das Leben Ihnen bringt, schenken Sie auch kleinen, scheinbar zufälligen Begegnungen oder Erlebnissen Ihre Aufmerksamkeit. Oft sind diese erste Hinweise des Lebens auf neue Entwicklungen, oder es verbergen sich sogar Chancen dahinter. Wer weiß, vielleicht ist der Kaffeetrinker am Nachbartisch gerade auf der Suche nach jemandem, der mit ihm ein Hotel in der Karibik eröffnen möchte? Wenn Sie mit offenen Augen durch das Leben gehen, erkennen Sie bald auch in auf den ersten Blick negativ erscheinenden Dingen eine Chance oder einen neuen Weg.

Sabotage

Sollten Sie den Eindruck haben, dass Sie selbst oder auch das Leben immer wieder das Erreichen Ihres Zieles sabotieren, überprüfen Sie bitte schleunigst Ihr Ziel. Wenn es Ihnen so vorkommt, als ob eine fremde Macht gegen Sie arbeitet, sollten Sie aufhorchen. Diese fremde Macht sitzt meist näher, als Sie denken.

Vor einigen Jahren hatte ich eine Stelle in der Geschäftsleitung eines kleinen Unternehmens in Hamburg angenommen. Damals wohnte ich in Köln. Am ersten Arbeitstag setzte ich mich um 5.00 Uhr morgens ins Auto, sodass ich um 10.00 Uhr pünktlich dort sein würde. Nach 100 Kilometern merkte ich, dass mein Auto mehr Diesel als sonst verbrauchte. Etwas stimmte nicht, und der Verbrauch schien noch anzusteigen. Ich konnte der Nadel der Tankanzeige zusehen, wie sie sich schneller

---

31 Online abrufbar auf: http://www.youtube.com/watch?v=UF8uR6Z6KLc

gegen Null bewegte. An der nächsten Abfahrt verließ ich die Autobahn gerade noch rechtzeitig und schaffte es bis zum dortigen Autohof. Dann war Schluss. Ich sah unter meinem Auto eine Dieselpfütze.

Deutlicher konnte das Leben mir eigentlich nicht zeigen, dass dieser Job nicht der richtige für mich war. Doch ich nahm mir einen Leihwagen und fuhr weiter. In Hamburg angekommen, passierte etwas Merkwürdiges. Als ich das Gebäude betrat, spürte ich nahezu körperlich eine Energie, die mich lähmte, reizte und abstieß. Dazu muss ich sagen, dass ich bei mir bis dahin nie eine besondere Sensibilität in dieser Richtung festgestellt hatte. Zehn Wochen lang testete ich täglich diese Energie (sprich: ich ging zur Arbeit), und es wurde nicht besser. Ich kündigte.

Natürlich hatte das Leben recht mit dem, was es mir durch diese Zeichen sagen wollte. Der Job war nichts für mich, und ich hätte besser erst gar nicht dort angefangen. Ist es nicht merkwürdig, wie uns solche Dinge passieren?

Sollten Sie also in der Verfolgung Ihres Zieles immer wieder einmal auf Hindernisse stoßen, halten Sie inne, und reflektieren Sie, was diese wohl bedeuten mögen. Verpasste Bahnen oder Flüge, häufiges Zuspätkommen oder andere Pannen sind vielleicht mehr als nur ein wenig Ärger. Versuchen Sie zunächst, die »Richtigkeit« Ihres Zieles mithilfe der Übungen zu überprüfen, insbesondere das Kapitel zu den Glaubenssätzen ist dafür gut geeignet. Reicht das nicht aus, lassen Sie sich helfen! Oder soll das Ihr ganzes Leben so weitergehen?

W Typische Zeichen für Sabotage

- Immer wieder vergessen Sie wichtige Dinge.
- Sie tun Dinge nicht, von denen Sie wissen, dass Sie sie tun sollten (Aufschieberitis).
- Sie sind innerlich zerrissen.
- Sie haben zu nichts Lust.
- Ihre Taten und Worte sind nicht kongruent.
- Sie fühlen sich traurig, ängstlich, depressiv.
- Sie sabotieren sich selbst.

- Sie entscheiden nichts.
- Sie stellen Entscheidungen ständig infrage.
- Sie haben körperliche Symptome wie Rückenbeschwerden, Sehnen- und Gelenkentzündungen, Migräne, Magenbeschwerden u. a.

Das Medizinrad

Nichts ist so beständig wie die Veränderung. Die Evolution basiert auf Veränderung. Nichts bleibt, wie es ist. Alles ist vergänglich. Der Zyklus zwischen Geburt und Tod, und damit beziehe ich mich nicht nur auf das menschliche Leben, sondern auf alles Existierende, verläuft in festen Regeln, und in vielen Kulturen gibt es dazu wunderbare Mythen und Geschichten. Das Leben entwickelt sich in vorgegebenen Bahnen. Es ähnelt einem Rad, das sich immer weiterdreht. Die Indianer Nordamerikas sprechen vom »medicine wheel«. (Richtig übersetzt müsste es analog zur bereits erwähnten Medizin Rad der Kraft und nicht Medizinrad heißen.)

Kreativität braucht einen regelmäßigen Rhythmus, wie er z.B. im Medizinrad vorgegeben ist. Betrachten Sie doch einmal den Jahreskreislauf. Welche Lehre für Ihr Leben und für Projekte oder Ziele, die Sie angehen möchten, können Sie daraus ziehen?

Das Jahr im Medizinrad beginnt im Frühjahr, nach der langen Zeit der Kälte und der Dunkelheit. Die Erde erwacht aus ihrem Winterschlaf, die Samen keimen, und zarte, junge Sprösslinge kämpfen sich durch die oberste Erdschicht. Während die Tage langsam wieder länger werden, schmilzt der letzte Schnee. Alles ist frisch und sauber – bereit für die Fortpflanzung. Die Wiesen sind voller Blumen und Blüten, die Bäume schlagen aus, Vögel bauen ihre Nester. Erste Tiere haben schon ihre Jungen bekommen, andere müssen sie noch einige Zeit austragen. Die Insekten kehren zurück, den ganzen Winter über waren sie verschwunden. Der Frühling ist die Zeit der Energie und des Wachstums.

Wenn dann der Sommer kommt, steht das gesamte Leben wieder in voller Blüte, die Natur strotzt nur so von Kraft und Aktivität. Alles muss schnell reifen und wachsen. Es ist keine Zeit für Besinnung oder Reflexion. Aus Blüten werden Früchte, die Tiere finden reichlich Nahrung für sich und ihre Jungen. Die Menschen bringen die Ernte ein und lagern sie für den Winter. Der Sommer ist die Zeit der Fruchtbarkeit und der Aktivität. Alle sorgen aber auch schon jetzt dafür, eine möglichst gute Ausgangsposition für die darauffolgenden Zeiten zu haben.

Denn nun kommt der Herbst, die Zeit der Besinnung, des Loslassens und des Abschieds. Der Sommer ist gegangen, die Tage werden kürzer und kürzer. Wir schauen zurück auf die vergangenen Monate, erinnern uns an die schönen, warmen Tage und ziehen uns in unsere Häuser zurück. Auch die Tiere bereiten sich auf den Winter vor. Die einen fressen sich für den Winterschlaf schnell dicke Reserven an, die anderen legen noch ihre Eier, aus denen im folgenden Jahr der Nachwuchs schlüpfen wird, und sterben dann. Mancher Vogel zieht nun in wärmere Gefilde. Die Blätter der Bäume färben sich und fallen nach und nach zu Boden, bis der erste Schnee des Winters sie bedeckt. Der Herbst steht für Rückzug und Besinnung.

Kalte Winde kommen auf, wir verlassen unser Zuhause nur noch ungern. Manche Menschen bekommen nun die Wintermelancholie, so kurz wie die Tage sind. Der Winter ist der Abschluss des Jahres und zugleich die Vorbereitung für das neue, kommende Jahr. Die Natur schläft, ein kalter Wind pfeift durch die Landschaft, nur selten scheint die Sonne, die auch dann nur für wenige Stunden aufgeht. Und doch geschieht jetzt vieles, das wir nicht gleich sehen. Die Samen des letzten Jahres bereiten sich auf das Frühjahr vor, sie warten auf die erste Wärme und ein wenig Regen. Die Samen der Blumen, Bäume und Sträucher harren unter der Erde ebenfalls auf das Frühjahr. Mutter Erde bewegt sich auf ein neues Jahr zu.[32]

In einem solchen Kreis verläuft jede Form von Leben auf der Erde. Das Leben beginnt mit der Geburt, es folgen die Kindheit und Jugend, das Erwachsenenalter, das Alter, dann der Tod, nach dem wieder neues Leben beginnt. So dreht sich das Rad Generation um Generation und liefert neue Lektionen und Erfahrungen. Bei jeder Drehung lernen wir Menschen Neues hinzu. Widerstand gegen dieses Gesetz der Natur ist sinnlos. Leben ist Bewegung, nicht Stillstand. Wir erfahren das Leben, wir lernen, und wir vollenden den Kreislauf. Manche Kreisläufe, wie den des Jahres oder des Tages, durchlaufen wir mehrmals, den des Lebens nur ein einziges Mal.

32 *Oliver Driver: Visionssuche mit dem Medizinrad. Eine moderne schamanische Astrologie. Darmstadt 2010, S. 68f*

ÜBUNG – MEDIZINWANDERUNG

Die Medizinwanderung ist ein altes Ritual, das von Indianern zur Vorbereitung der Visionssuche durchgeführt wurde.
Ihr Ziel ist es, die Fragen zu klären: Was genau ist mein Wunsch? Was fehlt mir? Was möchte ich ändern?
Wandern Sie einen Tag lang von Sonnenaufgang bis Sonnenuntergang allein durch ein eher einsames Gebiet, und lassen Sie einfach alles auf sich einwirken, was an Eindrücken und Gedanken aufkommt. Vielleicht erkennen Sie in der Natur dort draußen einen wertvollen Hinweis für sich. Nun, ich bin sicher, dass der Hinweis da ist. Sie müssen nur die Augen offenhalten, dürfen jedoch nicht mit Gewalt suchen.
Während der Wanderung fasten Sie, Wasser sollten Sie natürlich trinken. Wenn Sie eine Pause machen möchten, machen Sie diese. Wenn Sie schlafen möchten, schlafen Sie. Und ansonsten gehen Sie. Allein. Ohne Unterhaltung. Ohne Ablenkung. Unterschätzen Sie die Kraft einer solchen Wanderung nicht!

 ## Ehrlichkeit

»Lügen haben kurze Beine.« Bleiben Sie ehrlich gegenüber anderen, insbesondere aber gegenüber sich selbst. Belügen Sie sich nicht, wenn es nicht läuft wie geplant. Wir neigen dazu, gewisse Dinge nicht wahrhaben zu wollen. Sehen Sie den Tatsachen ins Auge, und suchen Sie nach einer Lösung.

Wenn Sie Verpflichtungen eingegangen sind, kommen Sie diesen nach. Betrachten Sie Verbindlichkeiten, die Sie anderen gegenüber haben, immer als wichtiger, als Ihre eigenen Interessen. Sollten Sie diesbezüglich in einen Konflikt geraten, so suchen Sie mit dem Anderen eine einvernehmliche Lösung. Falls dies nicht möglich ist, beißen Sie in den sauren Apfel. Nehmen Sie an, was geschieht. Es ist nicht mehr zu ändern.

Ziele im Medizinrad

Das Medizinrad als Sinnbild für alles, was geschieht, zeigt interessante Aspekte auf, wenn man es für Ziele und Träume nutzt. Träume unterliegen ebenfalls einem Kreislauf. Alles beginnt mit einer Idee oder einem Bedürfnis. Es folgen die Phasen der Ideensammlung, des Brainstormings, der Marktforschung und der Planung. Steht der vorläufige Plan fest, kommt es zur Umsetzung. Irgendwann ist aber auch dieser Traum wahr geworden, das Ziel ist erreicht. Sie gelangen in eine Phase des Rückblicks und der Reflexion. Sie sehen, was gut und was schlecht war und wo Sie beim nächsten Mal etwas verbessern könnten. Zugleich lassen Sie aber den Traum los. Sie bereiten sich darauf vor, frei für neue Ideen und Zyklen zu werden. Es beginnt eine Phase der Ruhe und der Erholung, die Ihnen neue Kräfte schenkt. Oft wird diese Phase vernachlässigt.

Wer sich nach der Arbeit keine Erholungspause gönnt, bekommt über kurz oder lang gesundheitliche und/oder private Probleme. Von einem gerade abgeschlossenen Vorhaben unmittelbar ins nächste durchzustarten, führt dazu, dass Ihre Batterie leer ist und Sie mehr und mehr auf allen Ebenen in Ihrer Leistung abfallen. Auch die Phase der Erholung geht irgendwann vorbei, und Sie stehen wieder vor einem neuen Anfang. Neue Ideen kommen. Vielleicht ist es nur eine ganz kleine Sache, vielleicht aber auch etwas sehr Großes. Der Kreislauf beginnt von Neuem.

Es ist erstaunlich, dass dieser Zyklus auf alle Lebensbereiche und auf alle Ereignisse in der Natur anwendbar ist. Und jedes Mal, wenn dieser Zyklus nicht berücksichtigt wird, kommt es zu Problemen. Alles hat seine Zeit, alles hat seinen Sinn. Jeder Blumensamen weiß das und verhält sich dementsprechend. Kein Blumensamen käme auf die Idee, mitten im Winter zu keimen. Er weiß, dass er seine Kräfte sammeln muss, um im Frühjahr den richtigen Zeitpunkt zu erwischen. Genauso kann der Same aber auch nicht im Frühjahr entscheiden, dass er noch ein paar Monate warten möchte. Er würde seinen Zeit-

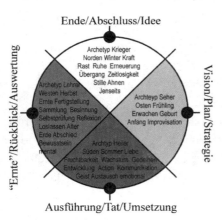

punkt verpassen und nie zu einer Blume werden. Nur der Mensch als vermeintliche Krone der Schöpfung meint gelegentlich, dieses Gesetz aushebeln oder umgehen zu können. Auch das Überspringen von Phasen funktioniert nicht. Sie können nicht von der ersten Idee direkt in die vierte Phase springen und davon ausgehen, dass Ihr Traum damit verwirklicht ist. Die aus einschlägigen Fernsehserien bekannten »Auswanderer« sind klassische Beispiele hierfür. Die Wohnung wird plötzlich gekündigt, ein Flugticket gekauft und schon stehen sie mitten in Spanien und wundern sich, dass die Spanier spanisch sprechen. Die Realität zu verleugnen – oder sie wegen völlig fehlender Planung gar nicht zu sehen – kann teuer werden.

Verantwortung übernehmen

Wollen Sie ein erfülltes Leben leben? Dann übernehmen Sie die Verantwortung für Ihr Handeln und auch für Ihre Untätigkeit. Für ein gutes Leben müssen Sie nicht mehr einsetzen als für ein schlechtes – also machen Sie doch besser gleich etwas daraus! Sie sind allein für alles verantwortlich in Ihrem Leben. Sie sind da, wo Sie jetzt sind, weil Sie in der Vergangenheit so entschieden haben, wie Sie es eben getan haben. Sie werden in zehn Jahren dort sein, wo Sie sein werden, weil Sie sich heute und in Zukunft so oder so entscheiden werden. Es liegt in Ihrer Verantwortung.

Phase I: Ende und Anfang

Lassen Sie uns die einzelnen Phasen des Medizinrades ein wenig genauer betrachten und sehen, was Sie daraus für Ihr Ziel lernen können. Phase I ist begrenzt durch den »Tod« als den Beginn und die »Empfängnis« als das Ende. Tod bedeutet Abschluss des Bisherigen, Empfängnis steht für eine erste Idee des Neuen. Es ist also die Zeit der Stille zwischen Tod und neuem Leben. Auf Ihren Traum bezogen, entsteht hier die Idee, der Samen, zu Ihrem Traum. Wie aber kommt es zu der plötzlichen Idee, die uns in diesen Kreislauf starten lässt? Meist ist es eine massive Veränderung, die geschehen ist oder die ansteht. Es soll nicht mehr so weitergehen wie bisher. Dieser

Veränderungsdruck kann (scheinbar) von außen oder auch aus Ihnen selbst kommen. Letztlich ist die Quelle immer Ihr Inneres. Es kann sich um ein aufrüttelndes Ereignis handeln, das schlagartig Ihr bisheriges Leben über den Haufen wirft, oder es kann schleichend und langsam geschehen.

Sie können dies sowieso nicht verhindern, also heißt es, das Beste daraus zu machen. Nehmen Sie die Chance wahr, die sich Ihnen bietet. Wenn Ihr Leben schon im Umbruch ist, warum sollten Sie seinen weiteren Verlauf nicht so gestalten, wie Sie es sich wünschen? Und wenn Sie noch gar nicht so genau wissen, was Sie verändern möchten, machen Sie die entsprechenden Übungen, die Sie zu Ihren Leidenschaften und Kernidentitäten führen.

Sie haben bereits gesehen, dass alles seine Zeit braucht. »Gut Ding will Weile haben«, sagte meine Großmutter immer. Das ist natürlich ein Glaubenssatz, der auch nicht immer stimmt. Allerdings passt er an dieser Stelle. Lassen auch Sie sich Zeit, und gehen Sie alles in Ruhe an. Gerade nach einer plötzlichen überraschenden Veränderung sollten Sie den Rhythmus des Medizinrades beachten. Gerade erst ist etwas Altes beendet worden. Sie stehen ganz am Anfang der ersten Phase. Auch wenn Sie am liebsten gleich wieder durchstarten wollen, tun Sie das nicht.

Wenn Sie sich gerade von Ihrem Partner getrennt haben, ist es ziemlich unwahrscheinlich, dass Sie sich sofort wieder verlieben. Klar, schon durch die veränderte Fokussierung bemerken Sie mehr Menschen, die Ihnen gefallen. Aber auch hier gilt das Gesetz des Zyklus. Achten Sie darauf, nicht schneller sein zu wollen als das Leben. Stürzen Sie sich nicht direkt in ein neues Abenteuer, vertiefen Sie sich zur Ablenkung nicht in zu viel Arbeit, binden Sie sich nicht finanziell, entscheiden Sie keine wichtigen Dinge. Dafür ist jetzt nicht der Zeitpunkt.

Phase I ist die Zeit der Verwirrung. Sie kann Chaos bedeuten. Das alte Leben ist vorbei, das neue noch hinter einer Nebelwand verborgen. In gewisser Weise haben Sie Ihre alte Identität verloren und noch keine neue gefunden. Dies mag schrecklich sein, gehört aber dennoch zum Leben. Diese Phase braucht ihre Zeit, man kann sie nicht beschleunigen. Wenn Veränderungen erfolgen, haben Menschen die wildesten Ideen in der Hoffnung, schnell wieder aus dem Sumpf herauszukommen. Beschäftigen Sie sich aber zunächst einmal mit dem Hier und Jetzt und weniger mit dem Morgen. Warten Sie ab, welche dieser Ideen nach ein paar Wochen immer noch gut klingen. Es ist die Zeit der kleinen Schritte.

Sollten Sie eher zu den »Klammerern« gehören, die Altes nicht loslassen können, sollten Sie dieses dennoch aufgeben. Sie können sicher sein, dass Sie durch diese

Phase nichts mitnehmen können. Den Aufmerksamkeitsfokus in der Vergangenheit zu haben, wird Sie mit ziemlicher Sicherheit jede neue Chance in der Gegenwart übersehen lassen.

Nun werden Sie mich berechtigterweise fragen, woran Sie erkennen, dass etwas endgültig vorbei ist und dass es sich nicht nur um eine Krise oder eine der zahlreichen Herausforderungen des Lebens handelt. Fragen Sie Ihr Herz! Es gibt Ihnen eindeutige Zeichen. Seien Sie absolut ehrlich zu sich, und hören Sie auf Ihre innere Stimme.

Und dann ist es plötzlich so weit. Leise und unauffällig kommt Ihnen eine Idee. Damit steht die Geburt eines Traums bevor. Erst ist es nur eine Ahnung, ein Hauch von einem Gedanken. Wochen oder Monate vergehen vielleicht und plötzlich taucht er wieder auf, ein wenig ausgeprägter als zuvor. »Ja, wenn ..., aber das ist nur ein Traum«, denken Sie vielleicht. Bis der Traum eines Tages ganz konkret vor Ihnen steht und auf eine Entscheidung drängt. Sie können gar nicht mehr anders, als ihm zu folgen. Familie und Freunde werden Sie für verrückt halten. Je nachdem, wovon Sie träumen, wird mancher kein Verständnis für Sie haben. Andere wiederum werden Sie für Ihren Mut bewundern.

 ## Lassen Sie sich Zeit!

Wenn Sie größere Umbrüche planen, wenn Sie »weg von etwas« wollen, weil Sie glauben, es nicht mehr ertragen zu können, übertreiben Sie es dennoch nicht. Bleiben Sie in Ihrem alten Leben, so lange es geht. Bauen Sie erst eine Basis, ein solides Fundament auf, bevor Sie wirklich starten.

Natürlich kommt immer irgendwann der Moment, in dem Sie ins kalte Wasser springen müssen. Nicht alles lässt sich planen und durchdenken. Die Verwirklichung mancher Träume braucht Mut und verlangt, ein Risiko einzugehen. Nur wenn Sie zu früh springen und Ihre Basis nicht ausreicht, kann dies frustrierend werden, oder Sie können Ihr Ziel sogar verfehlen. Vielleicht reicht das Geld nicht, weil Sie eine ganze Zeit lang mit Ihrem Traumjob weniger verdienen als erwartet. Dann wäre es besser gewesen, Sie hätten noch ein Jahr gewartet oder am Wochenende ein wenig zusätzlich gearbeitet, um sich ein finanzielles Polster anzulegen. Oder Sie stellen nach einem halben Jahr fest, dass Sie noch ein wenig mehr Wissen gebraucht hätten, um Ihr Ziel vernünftig zu realisieren. Stattdessen müssen Sie jetzt eine Ausbildung nachholen und verlieren mehr Zeit, als wenn Sie alles in Ruhe angegangen wären.

Auch sollten Sie die Sicherheit, die Ihnen Ihr alter Job – trotz aller möglicherweise negativen Nebenwirkungen – gibt, nie unterschätzen. Es sei denn, Sie sind überdurchschnittlich mutig und haben kein Problem damit, ein hohes Risiko einzugehen. Als Single ist sicherlich mehr möglich als als Familienvater und möglicherweise auch noch Alleinversorger. Sollten Sie Familie haben, so hat diese auch ein Anrecht auf eine gewisse Sicherheit. Ein Plan, der nicht mit dem Umfeld harmoniert und dieses anerkennend und wertschätzend miteinbezieht, hat ohnehin wenig Aussicht auf Erfolg – oder nur zu einem sehr hohen Preis.

Phase II: Die Planung

Es ist der Zeitpunkt gekommen, an dem Sie beginnen, Ihre Idee greifbar zu machen. Die Zeit der Verwirrung und der Unsicherheit ist vorbei, Sie sind »gestorben«, Sie sind mit und in einem (neuen) Traum erwacht. Wenn Sie dieses Buch wegen eines konkreten Zieles lesen, stehen Sie nun genau an diesem Punkt.

Ihr Traum ist zu Beginn dieser Phase ein Rohdiamant, den es zu schleifen gilt. Mancher Bekannte erkennt in diesem verkrusteten Klumpen vielleicht noch nicht einmal den Edelstein, doch kennen Sie bereits seine Schönheit. Wichtig ist nun, einen guten Plan zum Schliff Ihres Diamanten zu entwerfen. Dieser muss zum Stein passen und möglichst wenig von seinem Wert reduzieren.

Mit der Zeit wird Ihr Traum greifbarer. Sie erarbeiten die ersten Konzepte aus Ihren Plänen, feilen an Ihrer Strategie, und eines Tages ist es so weit: Alle Details sind klar, die Umsetzung steht an. Und dann heißt es für Sie: Springen!

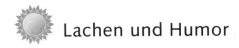
Lachen und Humor

Verstand und Genie rufen Achtung und Hochschätzung hervor;
Witz und Humor erwecken Liebe und Zuneigung.
(David Hume)

Humor ist Balsam für die Seele Ihrer Mitmenschen. Lachen ist Medizin für die Seele. Lachen heilt. Wer dreimal täglich richtig aus tiefster Seele lacht, wird seltener krank, und manch einer hat sich schon mit Lachen geheilt. Lachen löst Verspannungen, es werden Endorphine ausgeschüttet, die eine euphorisierende Wirkung haben. Dadurch ist Lachen wie ein Beruhigungsmittel ohne Nebenwirkungen. Haben Sie es schon einmal geschafft, herzhaft zu lachen und sich dabei Sorgen zu machen? Also, lachen Sie täglich. Zur Not schauen Sie sich eben Filme an, die Sie zum Lachen bringen! Gerade, wenn Ihnen eigentlich nicht zum Lachen zumute ist.

Phase III: Die Umsetzung

Sie sind gesprungen? Dann ist nun der Macher in Ihnen gefragt. Träumen und Planen ist schön und gut, doch jetzt stehen auch Einsatz, Ausdauer und Willenskraft auf der Tagesordnung. Sie erleiden Rückschläge und Niederlagen und dürfen dennoch nicht aufgeben. Manchmal scheint der Traum in weite Ferne gerückt, dann heißt es, innezuhalten und den Plan zu überprüfen. Sollten Sie vielleicht kleine oder auch große Veränderungen an Ihrem Plan vornehmen? Oder handelt es sich nur um eine Phase der Stagnation? Denken Sie an das Baby, das laufen lernt. Es fällt, steht wieder auf, läuft, fällt wieder, und es steht nochmals auf, läuft und fällt. Es gilt, einmal mehr aufzustehen als zu fallen.

Die Grundzutaten einer jeden Heldengeschichte – und das ist es letztlich, was das Erreichen Ihres Zieles für Sie ist – sind immer die gleichen. Der Held verfolgt heroisch ein Ziel. Er bricht auf zu seiner Reise, verlässt das Alte und wagt sich hinaus in unerforschtes, gefährliches Gebiet. Bei Erreichen des Zieles winkt ihm eine Belohnung. Meist ist mit seiner Heldentat auch die Befreiung anderer Menschen oder eine gute Tat zum Wohle der Allgemeinheit verbunden. Nie ist der persönliche Ruhm das Ziel ist, denn wer nach Macht und Ruhm strebt, wird erfolglos bleiben.

Ungeahnte Probleme treten auf, und der Held scheint zu scheitern. Doch schließlich gelingt es ihm, alle Hindernisse zu beseitigen. Selbstlos und nur das Ziel vor Augen kämpft er bis zur Erschöpfung gegen alles, was sich ihm in den Weg stellt. Niemals würde er sich geschlagen geben. Auch wenn er gar nicht weiß, was ihn noch alles erwartet, gibt er nicht auf. Und dann beendet er seine Mission erfolgreich und wird zum Helden. Was ist Ihre Heldengeschichte?

ÜBUNG – IHRE HELDENREISE

Schreiben Sie die Geschichte Ihres Lebens bis zum heutigen Tag auf. Aber schreiben Sie nicht über Probleme und wie schwer Sie es hatten, sondern beschreiben Sie, wie Sie alle Herausforderungen bis zum heutigen Tage meisterten –, denn sonst wären Sie jetzt nicht hier. Machen Sie sich zum Helden eines Abenteuers. Schreiben Sie über Ihre Kindheit, wie Sie aufwuchsen, über die Liebe, über berufliche Highlights und über kleine oder große sportliche Erfolge usw.
Heften Sie Ihre Heldenreise an Ihre Visionswand.

Ihnen wird es ähnlich ergehen. Es sei denn, Sie geben auf. Aber so erleben Sie nie das Gefühl, auf dem Gipfel zu stehen. Aller Anfang ist schwer, wenig geschieht von allein, und manches Mal möchten Sie aufgeben. Doch auf dem Weg zum Gipfel könnte schon hinter der nächsten Kurve das Ziel liegen. Joggen Sie? Dann wissen Sie, dass man nicht mit Vollgas startet, um nach 300 Metern außer Atem zu sein und Seitenstiche zu bekommen. Sie laufen immer im aeroben Bereich. Nur so schaffen Sie es, auch eine längere Strecke zu überstehen.

Gehen Sie bei der Verwirklichung Ihres Traums genauso vor. Beginnen Sie langsam, finden Sie Ihr Tempo, steigern Sie sich, falls es möglich ist, und versuchen Sie alles, was Sie tun, mit Freude zu tun. Wenn Sie gerade so richtig in Schwung sind, stolpern Sie vielleicht zum ersten Mal und werden unsicher. Sie ahnen, dass noch Unmengen weiterer Stolpersteine auf Sie warten. Geben Sie auf? Oder räumen Sie einen Stein nach dem anderen aus dem Weg?

 # Fehler

Aus Fehlern und Misserfolgen lernen Sie. Es gibt unendlich viele Möglichkeiten, Fehler zu machen, und im Laufe Ihres Lebens haben Sie sicherlich eine Menge gemacht. Oder waren es vielleicht notwendige Entwicklungsschritte auf dem Weg zu Ihrer jetzigen Persönlichkeit? Eins ist sicher: Hätten Sie nur einen Fehler Ihres Lebens nicht gemacht, wären Sie jetzt nicht hier.

Das Wort »Fehler« hat sich so fest in unserem Denken verankert. Daher ist es schwer, einen Fehler nicht als negatives, unzureichendes Ereignis anzusehen, sondern als notwendige, lehrreiche Erfahrung, die Grundlage des weiteren, persönlichen Fortschrittes sein kann.

Menschen, die besonders erfolgreich sind, verfügen nicht unbedingt über außergewöhnliche Intelligenz, sondern sie sind bereit, sich auf Misserfolge einzulassen. Sehen Sie Misserfolge als Herausforderung! Entwickeln Sie eine Fehlerkultur, bei der Sie Fehler als Lehrer ansehen.

Fehler abzuhaken und nach vorne zu schauen, kann manchmal sinnvoll sein. Oft ist es aber auch so, dass Fehler die besten Lehrer sind. Betrachten Sie einen Fehler von allen Seiten, und suchen Sie nach der Lehre, die Sie für sich daraus ziehen können. Und dann schauen Sie wieder nach vorne.

Was Sie keinesfalls tun sollten, ist, wiederholt den gleichen Lösungsansatz zu probieren, wenn er schon mehrfach nicht funktioniert hat. Nicht jede Wand bricht irgendwann zusammen, nur weil Sie wieder und wieder dagegen rennen.

 ### ÜBUNG – MACHEN SIE ETWAS ANDERS

Wie Sie vielleicht gemerkt haben, liebe ich kleine, einfache Übungen. Diesmal möchte ich, dass Sie jeden Tag irgendetwas anders machen als sonst. Sie putzen sich die Zähne mit der anderen Hand, Sie trinken Tee statt Kaffee – was immer Ihnen auch einfällt. Gehen Sie ins Kino statt fernzusehen, umarmen Sie einen Kollegen, bedanken Sie sich beim Straßenbahnfahrer ... Aber wählen Sie etwas, was Sie bisher sehr selten bis niemals gemacht haben. Am nächsten Tag probieren Sie etwas anderes, nach ein paar Wochen wird es schon schwer, etwas Neues zu finden. Machen Sie weiter, bis Ihnen nichts mehr einfällt.

In gewisser Weise beinhaltet die dritte Phase hin und wieder einen kleinen internen Kreislauf. Hier geht es – wie im gesamten Kreislauf – nicht immer nur stur vorwärts. Es kann durchaus passieren, dass Sie wieder zurück in die Planungsphase rutschen, weil Sie Ihren Plan überarbeiten müssen. Das bedeutet, dass Sie lernen müssen zu erkennen, warum etwas nicht so funktioniert hat, wie es geplant war. War Ihr Ziel vielleicht gar nicht Ihr Ziel? Waren Ihre Planung und Ihre Vorbereitung schlecht? Fehlt es Ihnen an Ressourcen, die für die Umsetzung vonnöten sind? Sind da noch Hindernisse wie alte Glaubenssätze, die den Weg versperren? Kehren Sie zurück an den entsprechenden Ausgangspunkt, also in Phase I oder Phase II, gehen Sie in sich, und überprüfen Sie Ihre bisherigen Schritte.

 ## Risiko-Management

Im Projektmanagement steuert und kontrolliert man Projekte, indem man die Risiken kalkuliert. Nur wer die Risiken beherrscht, kann ein Projekt erfolgreich abschließen. Daneben gibt es natürlich noch einige andere Dinge zu berücksichtigen.

Ich möchte Ihnen empfehlen, die Risiken Ihres Traums zu prüfen und sich mit ihnen auseinanderzusetzen. Wo befinden sich die Hauptrisiken in Ihrem Plan? Wie könnten sie sich zeigen? Wie könnten Sie reagieren?

Aber Achtung, ich rate Ihnen nicht, sich ständig Sorgen zu machen und Ihre Energie auf die Risiken statt auf das Ziel zu richten.

Phase IV: Die Ernte

Endlich! Es ist soweit. Sie haben es geschafft, Sie sind an Ihrem Ziel angekommen. Sie ernten nach einer Zeit der Entbehrungen und vielleicht sogar der Qualen die Früchte langer, harter Arbeit. Ihr Traum ist wahr geworden, und Sie können das Erreichte in vollen Zügen genießen. Die Früchte ernten, heißt aber nicht nur, sie vom Baum zu pflücken. Sie müssen auch verarbeitet und gegessen werden. Manche sind süß, andere sauer, und nicht mit jeder Frucht werden Sie zufrieden sein.

Wenn Sie aufmerksam waren, ist Ihnen bewusst, dass sich das Rad weiterdreht und Sie nicht ewig in diesem Stadium bleiben werden. Sie werden sich damit beschäftigen müssen, Ihren Traum am Leben zu erhalten, und, wenn notwendig, die Details zu verändern. Es gilt, den Traum an das, was noch kommt, anzupassen. Das Leben leben, heißt, das Leben zu erfahren. Insofern ist es gar nicht so einfach, den gerade erreichten Status quo zu sichern, wenn das Leben auf weitere Erfahrungen drängt. Der Fluss des Lebens hat schon neue Pläne für Sie, von denen Sie nur hoffen können, dass sie zum Erreichten passen. Ein Traum, der in dieser Phase stirbt, war nicht in Harmonie mit Ihrer Medizin. Ihr wahrer Traum aber wird immer überleben, denn er ist unauflöslich mit Ihrem Leben verbunden. Er ist Ihr Leben. Wenn Sie Ihre Medizin leben, lieben Sie Ihr Leben. Tun Sie das, was Sie lieben, denn das ist Ihre Bestimmung.

Genießen Sie den Zustand, das Gefühl des Erfolgs, solange Sie können. Im Buddhismus heißt es:

Vor der Erleuchtung Wasser holen und Holz hacken,
nach der Erleuchtung Wasser holen und Holz hacken.

Dies ist eines meiner Lieblingszitate. Es zeigt sehr klar, worauf es ankommt. Das Hier und Jetzt zu genießen, ist für mich das wichtigste Gesetz des Lebens.

Ich glaube, dass die beste Möglichkeit, den Traum zu konservieren, die ist, ihn bewusst und fortwährend weiterzuentwickeln, also das Leben zu seinem Traum zu machen. Fragen Sie sich, wie Sie andere Menschen integrieren könnten und wie Sie ihnen helfen könnten. Was kann aus Ihrem Traum Nützliches für die Gesellschaft entstehen?

ÜBUNG – SCHENKEN

Mir hat jemand von einem Bekannten erzählt, der immer wieder einmal Dinge verschenkt. So bezahlt er im Café einfach auch den Kaffee eines anderen Gasts, ohne dass dieser jemals erfährt, wem er das zu verdanken hat. Sicherlich fallen Ihnen viele Möglichkeiten ein, Ähnliches zu tun. Wichtig ist nur, dass Sie anonym und ohne Hintergedanken handeln. Wenn Sie dabei ein gutes Gefühl haben, ist dies aber völlig in Ordnung.

Ich möchte noch auf den Fall zu sprechen kommen, dass Ihr Traum stirbt. Sie haben Ihr Ziel erreicht und merken dann plötzlich, dass dies trotz aller Vorbereitungen und Abwägungen nicht das ist, was Sie wollten. Beim Golf kann es passieren, dass man sich für den falschen Schläger entscheidet und der Ball nach dem Schlag schlechter liegt als vorher. Solche Fehler unterlaufen den besten Spielern. Dann kann man nur einen anderen Schläger herausholen und weiterspielen. Also lachen Sie darüber, Sie können es im Nachhinein nicht mehr ändern. Ein neuer Zyklus beginnt. Sobald Sie spüren, dass Ihr Traum »tot« ist, beginnt die Phase, in der Sie neue Kraft sammeln und ganz, ganz langsam neue Ideen heranreifen. Sie werden nicht umhin kommen, sich diese Zeit zu nehmen.

ÜBUNG – INTERVIEW MIT EINEM ERFOLGREICHEN MENSCHEN

Stellen Sie sich vor, dass seit dem Lesen dieses Buches einige Jahre vergangen wären: Sie leben mittlerweile Ihren Traum. Ein Journalist einer großen Zeitung bittet Sie um einen Interviewtermin. Er möchte einen Bericht über Menschen schreiben, die einen Traum verwirklicht haben, über Menschen, die Hindernisse und Widerstände überwunden haben, die gekämpft haben, die ihren Weg gefunden haben. Überlegen Sie sich als Erstes, in welcher Zeitung Sie erwähnt werden möchten. Sie sind nun der Journalist und schreiben die Reportage. Orientieren Sie sich dabei an folgenden Fragen.

- *Wie haben Sie es geschafft?*
- *Was war die wichtigste Entscheidung auf Ihrem Weg?*
- *Was würden Sie anderen Menschen raten, die es auch schaffen wollen?*
- *Wie ist Ihre Lebenssituation hinsichtlich Familie, Freunden, Wohnort etc.?*
- *Wie sieht Ihr ganz normaler Tagesablauf aus?*
- *In welcher Umgebung findet das Interview statt? Beschreiben Sie alles.*
- *Was war das größte Hindernis?*

- *Wie haben Sie es überwunden?*
- *Was sind Ihre nächsten Ziele?*
- *Wovon träumen Sie noch?*

 ## Projektionen – Die Außenwelt als Spiegel

Was unten ist, gleicht demjenigen, was oben ist,
und was oben ist, wiederum demjenigen, was unten ist,
auf dass sie gemeinsam das Wunder des Einen Dinges vollbringen.
(Hermes Trismegistos)

Diese schlauen Worte sind fast 2000 Jahre alt. Wenn ich Ihnen sage, dass Sie ein Innenleben haben, das im Wesentlichen aus Ihren Gedanken, Gefühlen und Emotionen besteht, sowie ein Außenleben, das das ausmacht, was Sie wahrnehmen, werden Sie mir recht geben. Wenn ich Ihnen weiterhin sage, dass Ihr Innenleben beeinflusst, was Sie im Außen erleben, werden Sie mir dann auch noch zustimmen? Oder wenn ich behaupte, dass Sie Ihr Innen im Außen erleben, die Außenwelt also wie eine Art Spiegel für Ihr Seelenleben funktioniert? Es ist für unsere Zwecke ohne Belang, ob dies so weit geht, dass Sie Ihr gesamtes Erleben selbst erschaffen, wie es einige spirituelle und philosophische Richtungen annehmen. Oder ob es eher so ist, dass Sie Ihre Aufmerksamkeit im Außen auf das richten, was Ihrem Innenleben entspricht. Sind Sie schlecht gelaunt, sehen Sie also plötzlich überall schlecht gelaunte, mürrische Menschen. Darauf reagieren Sie möglicherweise negativ, ärgern sich und ein Kreislauf beginnt. Entsprechend ist es sehr hilfreich, auf das zu achten, was man erlebt, und es als Teil seines Selbst zu verstehen.

Stellen Sie sich vor, dass Sie hart daran arbeiten, Ihren Traum zu realisieren, aber um Sie herum sind nur Menschen, die skeptisch auf Ihren Traum reagieren. Erleben Sie überall nur Widerstände und kritische Menschen, halten sie Sie für verrückt, für realitätsfern und für einen Träumer? Angenommen, die Welt, die Sie wahrnehmen, wäre ein Spiegel Ihres Inneren, was würde dieser Zustand bedeuten? Könnte es sein, dass Sie selbst tief in Ihrem Inneren dieselben Gedanken haben? Gibt es vielleicht einen Glaubenssatz, der Sie daran hindert, den Traum für machbar zu halten? Oder ist er gar nicht Ihr wahrer Traum, und Ihr Unterbewusstsein weiß dies schon lange?

Hinter dem vorgestellten Ansatz steckt die Annahme, dass niemand seine dunkle Seite, die alle negativen Charaktereigenschaften beinhaltet, selbst sehen kann. Die einzige Möglichkeit, sie zu entdecken, ist die, sie im Außen, also im Verhalten anderer Menschen, zu erkennen. Man spricht dann von Projektion. Wir projizieren das, was uns an uns nicht gefällt, auf andere Menschen.

Erregt etwas an einem anderen Menschen Emotionen in Ihnen, ist dies eine Projektion. Das ist ein wichtiger Punkt. Je emotionaler Sie auf Dinge im Außen reagieren, desto offensichtlicher und stärker ist die Ursache dafür in Ihnen selbst verankert. Ist es nicht eine wundervolle Sache, dass Sie sich selbst durch das, was Sie erleben, überprüfen können?

Ich möchte Ihnen hier ans Herz legen, auf die Signale der Außenwelt zu achten. Wenn alles toll und entspannt ist – Glückwunsch! Wenn nicht, nehmen Sie es bitte als Hinweis, dass es auch in Ihnen selbst etwas gibt, was nicht so toll ist.

Übrigens gibt es seit einigen Jahren eine wissenschaftliche Erklärung für dieses Phänomen: die Spiegelneuronen. Ein Spiegelneuron ist eine Nervenzelle, die im Gehirn, wenn wir etwas beobachten, dieselben Reize auslöst, wie wenn wir das Beobachtete selbst erleben würden. Empathie scheint hierin ihre Wurzeln zu haben. Das, was in Ihnen ist, erleben Ihre Mitmenschen. Das, was in Ihren Mitmenschen ist, erleben Sie.

Träumer oder Macher?

Kehren wir für einen Moment noch einmal zum Medizinrad zurück. Menschen fühlen sich oft besonders zu einer der vier Phasen hingezogen. Die Phase des Entwickelns und Verwerfens neuer Ideen ist im oberen Viertel des Rades angesiedelt. Diese ist die Zeit des Chaoten. Er hat unzählige Ideen und Einfälle, die er gar nicht alle umsetzen kann. Die Ideen kommen und gehen, ständig beginnt er etwas Neues, das Alte langweilt ihn.

Der Träumer und Planer fühlt sich nirgends wohler, als in seinem stillen Kämmerlein, in Phase II. Dort hängt er seinen Ideen nach. Auf die Idee, seine Kammer zu verlassen und die Ideen umzusetzen, kommt er aber nicht.

Der Macher hingegen hat mit Planung nicht viel am Hut. Er will etwas bewegen, etwas erreichen.

Der Beständige liebt die vierte Phase. Er mag keine Veränderungen und fühlt sich dort wohl, wo er ist. Er arbeitet nicht mehr als notwendig, und Visionen sind ihm fremd. Seine Kollegen, die sogar am Wochenende arbeiten, hält er für unnötig ehrgeizig.

An den Beschreibungen erkennen Sie zugleich, dass jeder dieser Typen besondere Stärken in der einen und Schwächen in allen anderen Phasen zeigt. In der Regel haben wir alle eine besondere Schwächephase. Welcher Typ sind Sie? Was können Sie tun, wenn Sie in der einen oder anderen Phase Ihre Schwächen haben? Angenommen, Sie sind einfach kein Träumer, sondern knallharter Realist, wie finden Sie Ihren Traum? Dann brauchen Sie vielleicht ein wenig länger, bis Sie Ihre Intuition wieder wahrnehmen können und bis Sie Ihre innere Stimme wieder freigeschaufelt haben. Die Übungen sollten Ihnen dabei helfen. Darüber hinaus empfehle ich Ihnen mein Buch »Selbstheilungspraxis«. Es enthält eine Unmenge ganz einfacher Übungen, die Sie zu sich selbst führen können. Diese empfehle ich übrigens auch jedem, der in der dritten Phase festhängt.

 ## Baby Steps

Bevor wir später zum Thema »Zeit« unter organisatorischen Gesichtspunkten kommen, möchte ich Ihnen vorab einen Tipp geben: Lassen Sie sich Zeit, überstürzen Sie nichts!

Verändern Sie so wenig wie möglich, gehen Sie den Weg der kleinen Schritte. Bei den meisten Menschen bedarf es keiner revolutionären Änderungen, um glücklicher zu werden. Ein erfülltes Leben hängt oft von Kleinigkeiten ab und nicht von radikalen Veränderungen. Oft genügen ein anderer Blickwinkel auf die Welt und ein wenig neuer Mut.

Klar, wenn mein großer Traum das Hotel in der Karibik ist, ist dies etwas, für das es auf den ersten Blick kaum einen Ersatz gibt. Will ich unbedingt einmal mit einem selbstgebauten Segelboot die Welt umsegeln, kann ich diesen Wunsch nicht dadurch ersetzen, dass ich auf einem Ententeich rudere. Dennoch ist es oft so, dass hinter einem großen Traum etwas anderes steckt. Der Traum dient als Ersatz für etwas, was man entweder nicht erkennt oder einfach nicht haben kann. Dabei gibt es so viele Möglichkeiten. Man muss nur schauen, was einem wichtig ist bzw. wo die eigenen (vermeintlichen) Defizite liegen. So könnte beispielsweise ein kinderloses Paar von einer Auswanderung träumen, aber damit vielleicht auch nur den großen Traum vom eigenen Kind ersetzen.

Wer unzufrieden im Job ist, könnte zunächst einmal überlegen, was er selbst ändern kann. Das könnte die eigene Perspektive, das eigene Verhalten oder auch der Umgang mit den Kollegen sein. Es gibt unzählige Möglichkeiten, warum es im Job nicht funktioniert. Wer hier nicht erst aufräumt, bevor er die Arbeitsstelle wechselt, wird seinen Ballast immer mitschleppen.

Gerade bei Zielen, die einen beruflichen Aspekt beinhalten, der auch durch »weg von etwas«-Gedanken beeinflusst ist, ist es wichtig, nichts zu überstürzen. Oft ist es mit einem neuen Job gar nicht so viel besser, sondern die gleichen Probleme wie im alten zeigen sich. Erinnern Sie sich noch an den Abschnitt über die Projektion im Außen? Möglicherweise ist auch in einem solchen Fall die Unterstützung durch einen professionellen Coach sinnvoll.

Große Pläne beginnen mit kleinsten Schritten. So klein, dass sie kaum zu erkennen sind. Machen Sie jeden dieser Schritte mit Geduld und Genauigkeit, halten Sie gelegentlich inne, und schauen Sie zurück. Prüfen Sie, ob Sie vielleicht schon genug erreicht haben, ob der nächste Schritt wirklich noch notwendig ist. Vertrauen Sie diesbezüglich ausschließlich auf Ihr Bauchgefühl!

Träume realisieren

Wir sind beim Thema »Strategie« angelangt. Wie sieht eine erfolgreiche Strategie aus, mit der Sie Ihren Traum realisieren können? Ich möchte Ihnen an dieser Stelle zeigen, wie Sie darangehen, Ihren Traum in einzelne umsetzbare Abschnitte zu verpacken. Zunächst geht es darum, wie aus dem Traum ein handfestes Ziel gemacht wird. Was gehört zu einer erfolgreichen Zielbeschreibung?

> Das Geheimnis des Erfolgs ist die Beständigkeit des Zieles.
> (Benjamin Disraeli)

Kennen Sie noch Polaroidkameras? Wenn man ein Foto knipste und den Abzug anschließend aus der Kamera zog, war zunächst nichts zu sehen. Erst nach und nach entwickelten sich erste dunkle Stellen und dann erschien das Foto und wurde klarer und klarer.

Ähnlich ergeht es Ihnen mit Ihrem Traum. Anfangs ist er noch diffus und unklar, doch mit der Zeit wird er schärfer und deutlicher. Ihren Teil dazu können Sie beitragen, indem Sie ein paar Regeln beachten, auf die ich nun eingehen möchte.

In der folgenden Grafik ist ein Kreislauf zu erkennen, ähnlich dem des Medizinrades. Da die Aufteilung der Phasen eine andere ist, gibt es zwar zwei Schritte mehr, die Aussage bleibt jedoch dieselbe. Ausgangspunkt ist die aktuelle Situation. Ein Problem tritt auf, die Analyse ergibt, dass Sie etwas tun müssen. Sie definieren Ihr Ziel, prüfen Ihre vorhandenen Ressourcen und entwickeln eine Strategie. Dann folgt die Umsetzung. Kaum sind die entsprechenden Schritte der Reihe nach umgesetzt, liegt es in der Natur des Menschen, die aktuelle Situation auf Verbesserungswürdiges zu überprüfen und sich neue Ziele zu setzen. War das anders zu erwarten, wenn man sich vergegenwärtigt, dass die Evolution nicht mit der Menschheit beendet ist, sondern immer weiter und weitergeht. Wir Menschen sind unauflösbar mit der Evolution eines großen Ganzen verbunden, das sich weiter und weiterentwickeln möchte. Es strebt danach, genau wie jeder Einzelne von uns.

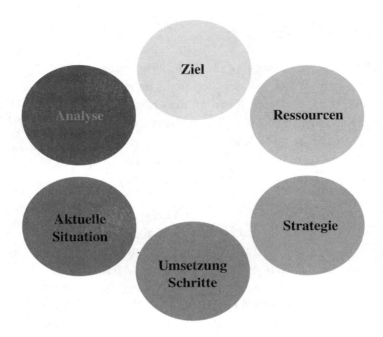

Schon Aristoteles hatte eine klare Vorstellung zum Thema Ziele. Er wusste, dass Zweck und Ziel einer Tätigkeit richtig bestimmt sein müssen und dass die entsprechenden Handlungen zur Zielerreichung ebenfalls definiert sein müssen. Es hat sich gezeigt, dass eine hohe Identifikation mit dem Ziel sowie eine gute konkrete Planung nahezu unerlässlich sind. Dass es oft nicht ganz einfach ist, hat jeder bereits in seinem Leben erfahren. Es gibt offensichtlich noch mehr Möglichkeiten als diese rein analytische Vorgehensweise.

S.M.A.R.T.E.

Klarheit ist ein wichtiger Aspekt für jede Zielsetzung. Unklare Ziele führen zu unklaren Ergebnissen. Ziele sollten smarte Ziele sein. S.M.A.R.T. ist ursprünglich ein Akronym für »Specific Measurable Accepted Realistic Timely« und wird im Projektmanagement gebraucht. »Accepted« kommt aus dem Managementkontext und wurde in diesem Zusammenhang für persönliche Ziele durch »attractive« ersetzt. Zusätzlich wurde das »E« als Abkürzung für »eigenständig« für den persönlichen Kontext ergänzt.

S	=	specific	=	sinnesspezifisch konkret
M	=	measurable	=	messbar
A	=	attractive	=	attraktiv
R	=	realistic	=	realistisch
T	=	terminated	=	terminlich realisierbar
E	=		=	eigenständig erreichbar

Möglichst alle diese Aspekte sollten für ein Ziel erfüllt sein. Je mehr Punkte kritisch sind, desto unwahrscheinlicher wird die Zielerreichung. Zudem sollten Sie für sich einen Sinn darin erkennen, der Sie motiviert. Es dürfen weder bewusste noch unbewusste Zielkonflikte vorhanden sein. Ein Zielkonflikt ist es, wenn Ihr Ziel zwar gut für Sie ist, das Erreichen jedoch Nachteile für andere mit sich bringen würde. Dies würde die Zielerreichung schwächen. Das Ziel sollte aus Ihnen selbst kommen, damit Sie sich innerlich dem Erfolg verpflichtet fühlen. Wichtig ist, dass das SMARTE-Konzept eher für einfach strukturierte, ergebnisorientierte Ziele geeignet ist. Das Ziel, eine bessere Work-Life-Balance für sich zu finden, ist mit SMARTE allein nicht erreichbar. Dann sollten Sie zuerst prüfen, woraus für Sie ein ausbalanciertes Leben besteht und daraus entsprechende Teilziele definieren, die wiederum mit SMARTE realisierbar sind. Wenn für Sie dazu beispielsweise gehört, zweimal pro Woche zu joggen, um körperlich fit zu werden, passt dies zur SMARTE-Zieldefinition.

Lassen Sie uns nun zu den einzelnen Aspekten kommen.

 ## Selbstbild

Manchmal wundern wir uns, dass andere Menschen uns ganz anders einschätzen als wir selbst. Durch die Beschäftigung mit diesem Buch werden Sie zunehmend ein besseres Selbstbild von sich erhalten. Wenn Sie Ziele erreichen möchten, die mit anderen Menschen zu tun haben, egal ob Sie im Team arbeiten oder von anderen abhängig sind, ist es wichtig, das richtige Selbstbild zu haben. Was kann ich? Was ist mir wichtig? Wie bin ich? Wie komme ich denn überhaupt bei anderen an? Ich finde mich super, die anderen mich eigentlich auch?

Schon das Wort »Selbstbild« bedingt, dass es da noch ein »Fremdbild« geben muss, das offensichtlich anders ist. Da wir alle ohne Selbst- und Fremdbild geboren wurden, müssen sich beide im Laufe unserer Leben gebildet haben. Das Selbstbild haben wir uns auf Basis der Reaktionen anderer auf unser Verhalten mit zunehmender Lebenserfahrung selbst geschaffen. Oft unterscheidet sich unser Selbstbild sehr davon, wie andere Menschen uns wahrnehmen. Es ist naheliegend, dass keines von beiden die gesamte Wahrheit zeigt. Insofern können sie nicht deckungsgleich sein.

Liegt jedoch eine offensichtliche Diskrepanz zwischen Selbst- und Fremdbild vor, sollten Sie dies hinterfragen. Entweder haben Sie es geschafft, andere Menschen über Ihr wahres Selbst sehr geschickt zu täuschen oder aber Sie sind nicht so, wie Sie meinen. Beides erleichtert es anderen Menschen nicht, mit Ihnen umzugehen.

SMARTE – Sinnesspezifisch und Konkret

Sinnesspezifisch meint, dass Ihr Ziel sehr genau vorstellbar ist – zumindest für Sie. Wie Sie im Kapitel Mentaltraining (ab Seite 211) noch sehen werden, ist es wichtig, dabei alle Sinne zu integrieren. Zwangsläufig ist ein gutes Ziel also eines, das diese Integration überhaupt zulässt.

Konkrete Ziele – soweit sie konkret zu fassen sind – sind besser als Sätze wie »Tu Dein Bestes!« Wer weiß schon, was er denn nun eigentlich tun soll. Unklare Zieldefinitionen wie »mehr anstrengen« oder »Das muss besser funktionieren.« oder »Ich möchte fitter werden.« führen in der Regel zum Scheitern. Sie sind zu unbestimmt, als dass man damit etwas anfangen könnte. Statt »fitter werden«, könnte man das Ziel stattdessen eindeutiger formulieren, beispielsweise: »Ich möchte von heute an in drei Monaten in der Lage sein, zweimal wöchentlich 30 Minuten zu joggen.«

Ziele sollten Sie nicht als Vergleich ausdrücken, auch dies widerspricht der Forderung nach Konkretheit. Vergleiche machen Ziele unspezifisch. Schwieriger ist es, wenn das Ziel einfach nicht konkret gefasst werden kann. Bleiben wir bei dem Beispiel: »Tu Dein Bestes!« Es kann besser funktionieren, wenn Sie »das Beste« in verschiedenen Aspekten klarer fassen.

Seien Sie bei der Definition Ihres Zieles absolut verbindlich. Neigen Sie dazu, sich gern ein Hintertürchen offenzulassen, für den Fall, dass Sie scheitern? Dann haben Sie schließlich auch schnell eine gute Ausrede parat. Lassen Sie dies für sich nicht zu! Sie müssen immer ein Scheitern in Kauf nehmen können. Dieses in Ihrer Planung nicht zu berücksichtigen, wäre fahrlässig. Aber sparen Sie sich bitte jedes Hintertürchen mit einer Erklärung, warum es letztlich nicht funktionieren konnte.

Konkret heißt auch, dass Sie Ihr Ziel deutlich getrennt formulieren von den Maßnahmen, wie Sie es erreichen. Das Ziel hat zunächst einmal nichts mit dem Weg zu tun. Manchmal hat das Leben ganz eigene Pläne, und es führt Sie auf einen Weg, den Sie niemals für möglich gehalten hätten.

SMARTE - Messbar

Ein sauber definiertes Ziel hat einen klaren Maßstab, der es für Sie (und andere) möglich macht, den Erfolg und den Grad der Zielerreichung zu bestimmen. Das beinhaltet die Möglichkeit, Termine und Zwischentermine zu setzen, das bereits Erreichte zu bewerten und andere Kriterien. Sie sollten daher Antworten auf die Fragen erhalten können: »Wo stehe ich?« und »Was steht mir noch bevor?«

ÜBUNG – ZIEL ERREICHT!

Nehmen Sie nochmals Ihre fünf Karten mit Ihren Hauptleidenschaften zur Hand, und überlegen Sie, woran Sie bemerken werden, dass Sie auf dem richtigen Weg sind oder Ihr Ziel bereits erreicht haben.
Erinnern Sie sich an meine Leidenschaft »Ich habe viel Platz und Weitsicht.«?
Ich würde an folgenden Punkten merken, dass diese Leidenschaft in meinem Leben befriedigt worden ist:

Ich habe ein großes Haus am Meer.
Die Mietzahlungen für das Haus sind kein Problem.
Das Haus ist so groß, dass ich dort kleine Seminare veranstalten kann.
Meine Familie fühlt sich dort wohl.
Ich habe Raum zum Malen und zum Entwickeln von vielen neuen Ideen.

Was sind Ihre »Zielkontrollfaktoren«? Woran merken Sie, dass Sie es geschafft haben?
Schreiben Sie jeweils fünf auf Ihre Leidenschaftskarten, und heften Sie diese wieder an Ihre Visionstafel.

SMARTE – Attraktiv

*Die Welt macht dem Menschen Platz,
der weiß, wohin er geht.*
(Ralph Waldo Emerson)

Gute Ziele erzeugen einen Spannungszustand, der auch längerfristig wie eine Antriebskraft wirkt und so hilft, auch größere Widerstände zu überwinden. Je mehr Sie sich mit dem Ziel identifizieren desto größer ist die Aussicht auf Erfolg.

Dingen, für die Sie wahre Leidenschaft empfinden, schenken Sie gern Ihre Aufmerksamkeit. Bei Dingen, die Sie nicht gern tun, fällt Ihnen das schwerer. Wenn etwas Spaß macht, fällt es leicht. Und auch wenn es doch einmal anstrengend werden sollte, zerstört dies nicht gleich Ihre Pläne, denn mit Leidenschaft überstehen Sie auch Motivationslöcher und Schwächephasen.

Der Wunsch »zehn Kilogramm abzunehmen« in Verbindung mit der Vorstellung, wochenlang nicht satt zu werden, kann dieses Ziel verdammt unattraktiv machen. Das ist immens wichtig. Zu einer attraktiven Zieldefinition gehört es, dass Sie Ihr Ziel positiv formulieren und nicht als »weg von etwas«. Arbeiten Sie mit Annäherungszielen, nicht mit Vermeidungszielen. Zudem hat sich gezeigt, dass ein hochgestecktes Ziel besondere Kräfte freisetzen kann. Insofern sollten Sie Ihre Ziele nicht zu tief ansetzen. Triviale Ziele motivieren nicht wirklich und man neigt dazu, sie im Alltag zu vergessen.

Später, bei Ihrer individuellen Zielformulierung (ab Seite 232), werden Sie dafür einen wunderbaren Weg kennenlernen, Ihr Ziel attraktiv zu beschreiben.

ÜBUNG – DER PERFEKTE TAG, TEIL 1[33]

Nutzen Sie für diese Übung den gesamten Umfang Ihrer Vorstellungskraft. Stellen Sie sich alles intensiv vor. Bewerten Sie nicht, ob etwas überhaupt möglich wäre, lassen Sie einfach Ihrer Fantasie freien Lauf. Ganz wichtig ist bei dieser Übung, dass Sie bei Ihrer Vorstellung nicht daran denken, was alles nicht mehr da wäre, sondern nur an das, was

---

[33] Falls Sie keinerlei Erfahrung mit Visualisierungen haben, lesen Sie das Kapitel über das Mentaltraining (ab Seite 211) möglicherweise jetzt zuerst

stattdessen wäre. Also denken Sie nicht »Ich hätte keine schlechte Laune beim Aufwachen«, sondern »Ich bin gut gelaunt und spritzig«.

Los geht's: Wenn Sie heute dieses Buch beiseitelegen, verbringen Sie den Rest des Tages noch so, wie Sie dies immer tun. Irgendwann wird es Abend, Sie essen vielleicht etwas. Nach dem Essen tun Sie das, was Sie heute sowieso tun wollten, und irgendwann werden Sie müde. Sie gehen zu Bett und schlafen sehr schnell ein. In dieser Nacht ist Ihr Schlaf tief und fest. Nun geschieht in dieser Nacht ein Wunder! Eine unbekannte Macht verändert Ihr Leben über Nacht so, dass alle Sorgen und Probleme verschwunden sind. Einfach so! Und wenn Sie gut ausgeruht am Morgen erwachen, wissen Sie zwar nicht, dass ein Wunder geschehen ist, aber Sie spüren schon in dem Moment, in dem Sie die Augen öffnen, dass etwas anders geworden ist.

Gehen Sie nun jeden Schritt Ihres neuen Tages bis zum Abend der Reihe nach durch, angefangen beim Öffnen der Augen, über den Gang ins Bad, das Frühstück, das Zusammentreffen mit der Familie, den Weg zur Arbeit usw. Beschreiben Sie Ihren perfekten Tag. Was machen Sie an diesem Tag? Wie verhalten Sie sich? Was erleben Sie? Sie können sich dies selbst erzählen und vielleicht auf Band aufnehmen, oder noch besser schreiben Sie es auf.

Woran würden Ihre Mitmenschen bemerken, dass ein Wunder geschehen ist (auch sie wissen nichts davon)? Wie würden sie reagieren? Gehen Sie alle Menschen der Reihe nach durch, die Sie treffen könnten.

Zwei weitere Fragen, die Sie bitte beantworten, sind die folgenden.

Gibt es Menschen, die nicht bemerken würden, dass das Wunder geschehen ist?

Gibt es Menschen, die nicht wollen würden, dass das Wunder geschieht? Warum nicht?

ÜBUNG – DER PERFEKTE TAG, TEIL 2

Was sind für Sie die wichtigsten Dinge, Ereignisse oder Abläufe, wenn Sie sich nun die Beschreibung Ihres perfekten Wundertages ansehen? Was wünschen Sie sich am meisten? Was ist weniger wichtig und was wäre einfach nur »schön zu haben«? Sollten Sie bei diesem Teil der Übung merken, dass Ihr perfekter Tag noch verbesserungswürdig ist, dann perfektionieren Sie einfach den perfekten Tag!
Sortieren Sie nun das, was Ihren perfekten Tag ausmacht, in die drei Kategorien »total wichtig« »wünschenswert« und »schön zu haben«. Danach schauen Sie sich an, was davon Sie bereits haben und was nicht. Sie wissen nun, was Sie als Nächstes angehen sollten und was Ihnen wichtig ist.

SMARTE – Realistisch

Ein durchschnittlich begabter Mensch kann mit normalem Aufwand ein normales Ziel, das auch andere bereits erreicht haben, ebenfalls erreichen. Schafft er dies nicht, sollte er sich Gedanken über seine Glaubenssätze machen. Ein normales Ziel in diesem Zusammenhang ist ein realistisches Ziel. Setzen Sie Ihre Ziele nicht viel zu hoch, aber erst recht nicht zu niedrig an.

Ich habe einmal von einem Versuch gehört, bei dem Menschen einen Basketball aus einer frei wählbaren Entfernung in einen Basketballkorb werfen sollten. Manche stellten sich dicht davor, andere ein paar Meter entfernt, ein Teil versuchte, aus möglichst großer Entfernung zu treffen. Die Chance der letztgenannten den Korb zu treffen, war verschwindend gering, dennoch gingen sie nicht näher heran. Bei einem Vergleich der tatsächlichen Lebenssituationen zeigte sich, dass diejenigen, die die mittlere Distanz gewählt hatten, im wahren Leben am erfolgreichsten waren. Diese Menschen verstanden es, die Aufgabe zu einer Herausforderung zu machen, die lösbar war. Sie fanden das gesunde Maß zwischen Banalität und Utopie. In diesem Bereich sollte auch Ihr Ziel liegen.

Wie sind die Rahmenbedingungen Ihres Zieles? Wenn die Umstände eher widrig sind, sollten Sie dies vielleicht in Ihrer Zielformulierung berücksichtigen. Macht es Sinn, den direkten Weg zu wählen oder ist vielleicht ein Umweg sinnvoller?

Herausforderungen spornen zwar an, sollten aber auch auf Dauer zu bewältigen sein. Übertreiben Sie es nicht. Wenn Ihre inneren Antreiber ständig unzufrieden sind und mehr wollen, könnte die Zielerreichung unrealistisch werden.

SMARTE – Terminiert

Die Themen Zeit und Termine sind für viele Ziele essenziell, für andere wiederum eher unwichtig. Ziele sollten nach Möglichkeit klar terminiert sein. Ist das Ziel umfassender oder eher langfristig geplant, kann es Sinn ergeben, einen Anfangs- und Endtermin, sowie Meilensteine und Zwischenschritte zu definieren. Mehr dazu werde ich im Kapitel »Zeit« (ab Seite 276) erläutern.

Übrigens lässt die Energie, die man zur Zielverfolgung aufwendet, desto mehr nach, je länger der Zeitraum bis zum Erreichen des Zieles ist. Im Laufe der Zeit lässt das Engagement mehr und mehr nach. Dafür wächst die Vermeidungstendenz. Seien Sie darauf vorbereitet!

 ÜBUNG – DER (GANZ UND GAR NICHT) PERFEKTE TAG, TEIL 3

Stellen Sie sich nun vor, wie Ihr perfekter Tag genau nicht sein dürfte. Was wollen Sie alles nicht erleben? Fangen Sie morgens mit dem Aufstehen an, und gehen Sie den Tag wieder detailliert durch. Vergleichen Sie Ihre Ergebnisse mit Ihrem wirklichen perfekten Tag. Worin liegen die Unterschiede? Welche Aspekte sind wichtig? Welche Konsequenzen können Sie für sich daraus ziehen?

SMARTE – Eigenständig erreichbar

Sie können nur etwas erreichen, was in Ihrem Einflussbereich liegt. Zudem sollten Sie über die notwendigen Ressourcen verfügen oder sie sich aneignen können. Entsprechend ist es sehr vernünftig, sich auf das zu beschränken, was man selbst beeinflussen kann. Der Mensch neigt dazu, sein Glück vom Verhalten anderer abhängig zu machen.

Formulieren Sie Ihre Wünsche aktiv, und beschreiben Sie Ihr Ziel so, dass Sie bei seiner Realisierung nicht auf andere angewiesen sind. Ziele verlieren ihre Kraft und ihr Potenzial, wenn man sie von Handlungen anderer und von äußeren Faktoren abhängig macht.

Altruismus

Altruismus bezeichnet das selbstlose Denken und Handeln zum Wohle anderer. Nun verfolgt wahrscheinlich nicht jeder von Ihnen das Ziel, die Welt zu verbessern, dennoch sollten Sie nicht außer acht lassen, dass Ziele, die dem Wohle anderer dienen, ganz im Sinne der gesamten Evolution sind und dementsprechend eine große Kraft haben. Die Evolution beruht nach neueren Erkenntnissen von Varela und Maturana[34] nicht (nur) auf dem von Darwin postulierten »Überleben der Stärksten«, sondern auf einer eher kollegialen, gesamtheitlichen und ständig in Kohärenz stehenden Entwicklung hin zu höheren Bewusstseinsformen.

Für andere etwas zu tun, kann mehr motivieren, als jedes egoistische Ziel. Sie können natürlich aus jedem persönlichen Ziel ein gemeinsames Ziel für Ihre Familie, Ihre Umwelt oder die Gesellschaft machen. Vielleicht versuchen Sie, etwas Visionäres in Ihren Traum zu integrieren, etwas, was mehr ist, als die Befriedigung des Ego. Der Traum vom kleinen Hotel in der Karibik harmoniert wunderbar mit dem Ziel, anderen Menschen in der kostbaren Urlaubszeit durch Fürsorge und gute Leistungen ein unvergessliches Erlebnis zu schenken. Genauso könnte man den Traum um das Ziel ergänzen, der lokalen Bevölkerung zu ein paar anständig bezahlten Jobs und einer Krankenversicherung zu verhelfen.

---

34 Vgl. dazu Humberto R. Maturana und Francisco J. Varela: *Der Baum der Erkenntnis. Die biologischen Wurzeln menschlichen Erkennens.* München 1990

Verfolgen Sie mit Ihrem Ziel bereits etwas Nützliches oder Wertvolles für die Gemeinschaft? Oder besteht die Möglichkeit, es vielleicht mehr in diese Richtung auszurichten? Die Welt lebt von Beziehungen zwischen Menschen und so ist es nicht verwunderlich, dass »Geben ist seliger denn Nehmen« nicht nur ein beliebter Kalenderspruch ist, sondern einen sehr wahren Kern hat. Gemeinsame Entwicklung und gemeinsame Freude zu erfahren, könnten der Sinn des Lebens sein – manche nennen das auch Liebe.

W Der kategorische Imperativ

Immanuel Kant hat den kategorischen Imperativ im 18. Jahrhundert formuliert. Seine wesentlichen Aussagen sind:

Handle nur nach derjenigen Maxime, durch die du zugleich wollen kannst, dass sie ein allgemeines Gesetz werde.

Handle so, dass du die Menschheit sowohl in deiner Person, als in der Person eines jeden anderen jederzeit zugleich als Zweck, niemals bloß als Mittel brauchst.

»Was du nicht willst, was man dir tu, das füg auch keinem anderen zu«, lernte ich als Kind.
Die »Goldene Regel« der Ethik ist: »Behandle andere so, wie du von ihnen behandelt werden willst.«
Orientieren Sie sich bei Ihrem Handeln an diesen Grundsätzen. Warum sollten Sie nicht zugleich ein guter Mensch sein, wenn Sie Ihre Träume leben?

ÜBUNG – GLÜCKSTAGEBUCH

Sorgen Sie dafür, dass Sie ab sofort immer Stift und Papier dabeihaben. Sobald Sie in Ihrem Alltag einen kleinen, großen oder kleinsten Glücksmoment erfahren, genießen Sie ihn, und schreiben Sie ihn zur Erinnerung auf. Glücksmomente können das Lachen Ihres Kindes, das Wiedersehen mit einem lange nicht getroffenen Menschen, ein erfolgreicher Projektabschluss, eine Stimmung, ein Sonnenuntergang, ein Stück Kuchen u. v. m. sein.

Führen Sie zusätzlich noch ein Glückstagebuch, in das Sie abends Ihre Glücksmomente eintragen und so noch einmal kurz wiederbeleben.

W PURE and CLEAR

PURE und CLEAR sind zwei weitere griffige Akronyme, die John Whitmore formuliert hat, um die Anforderungen an eine sinnvolle Zielformulierung zu beschreiben. Da die Aspekte weitgehend selbsterklärend sind, verzichte ich darauf, diese weiterzuerläutern. Achten Sie bei Ihrer Zielbeschreibung nur auch auf diese Aspekte.

P	=	positively stated	=	positiv formuliert
U	=	understood	=	verständlich
R	=	relevant	=	relevant
E	=	ethical	=	ethisch korrekt

C	=	challenging	=	herausfordernd
L	=	legal	=	legal
E	=	environmentally sound	=	umweltverträglich
A	=	agreed	=	vereinbart
R	=	recorded	=	protokolliert

Hätte, könnte, sollte

> Man muss noch Chaos in sich haben, um einen tanzenden Stern gebären zu können.
> (Friedrich Wilhelm Nietzsche)

Gerade habe ich Ihnen vorgestellt, dass Ziele gewisse Voraussetzungen erfüllen sollten, um sinnvoll und praktikabel zu sein. Bei der Formulierung eines Zieles gibt es weitere Punkte zu beachten. Beginnen wir mit einem einfachen Beispiel: Gegen Ende des Winters habe ich wie jedes Jahr in den letzten sechs Monaten ordentlich an Gewicht zugelegt. »Ich sollte zehn Kilogramm abnehmen.«, könnte ich mit Fug und Recht als Ziel formulieren.

Sollte ist nun aber nicht unbedingt ein kraftvolles Wort, richtig? Es beinhaltet nicht einmal den Versuch, das Ziel anzugehen. Besser wäre also »Ich versuche zehn Kilogramm abzunehmen«. Allzu selbstsicher hört auch das sich nicht an. Wie wäre es mit »Ich muss ...«? Dies wiederum klingt ein wenig fremdbestimmt. »Ich möchte ...« ist eine höfliche Formulierung. Sie lässt sich aber in ihrer Stärke steigern: »Ich kann ...«, »Ich will ...« und »Ich werde ...«. Warum sage ich nicht einfach: »Ich nehme zehn Kilogramm ab!«?

Ich denke, Sie erkennen den Gedanken, der dahintersteckt. Welche Variante halten Sie für die erfolgversprechendste?

 ## Zweifel

»Wir müssen unbedingt Raum für Zweifel lassen, sonst gibt es keinen Fortschritt, kein Dazulernen. Man kann nichts Neues herausfinden, wenn man nicht vorher eine Frage stellt. Und um zu fragen, bedarf es des Zweifelns.«[35]

Wenn Sie auf Probleme stoßen, zweifeln Sie plötzlich an sich, an Ihren Fähigkeiten, an Ihrer Willenskraft, an Ihrem Traum oder an allem. Habe ich mich etwa doch geirrt? Bin ich auf dem richtigen Weg? War meine Entscheidung richtig?

Der Ursprung des Wortes Zweifel ist »zwei Fälle«. Plötzlich ist da nicht mehr nur Ihr Ziel, sondern noch eine zweite Möglichkeit. Sie wissen nicht mehr, ob Ihre

---

35 Richard P. Feynman: *Es ist so einfach: Vom Vergnügen, Dinge zu entdecken.* München 2003, S. 148

Entscheidung richtig war und so wird diese zweite Möglichkeit, nämlich in diesem Fall Ihr altes Leben, schlagartig wieder attraktiv.

Zweifel sind aber auch wichtig für jede Entwicklung. Hätten die Menschen nicht seit Jahrtausenden Dinge angezweifelt, würden wir vielleicht immer noch in Höhlen leben. Wer Dinge nicht infrage stellt, der geht ihnen schließlich auch nicht auf den Grund.

Glauben Sie nicht so richtig daran, dass Sie es schaffen können? Selbstzweifel können jedes Ziel in unerreichbare Ferne rücken. Daran müssen Sie arbeiten. Wenn Sie selbst nicht daran glauben, wer soll es dann machen? Es ist dann höchste Zeit, zurückzutreten und die Situation aus anderer Perspektive zu betrachten. Warum sollte Ihr Ziel plötzlich nicht mehr erreichbar sein? Oder hatten Sie bereits die ganze Zeit Zweifel? Bedenken Sie: Ein normales Ziel ist für normale Menschen normalerweise erreichbar. Was meinen Sie, fällt Ihr Ziel darunter? Kann es sein, dass tief in Ihnen noch ein Glaubenssatz herumschwirrt, der Sie torpediert? Testen Sie dies bitte mithilfe der Übungen aus dem Kapitel zu den Glaubenssätzen (ab Seite 303).

Zweifeln Sie eher, ob Sie überhaupt das Richtige tun? Dann prüfen Sie Ihr Ziel durch und durch. Passt es zu Ihren Bedürfnissen und Werten, wollen Sie es wirklich erreichen, oder steckt doch etwas anderes dahinter. Danach machen Sie den Ökologie-Check (ab Seite 320) und entscheiden endgültig, ob es das richtige Ziel ist.

Ihr Ziel – Die Strategie

> Dem weht kein Wind, der keinen Hafen hat, nach dem er segelt.
> (Michel de Montaigne)

Sie sind mitten in der Entwicklung eines Plans. All die Gedanken, die Sie sich beim Lesen und während der Übungen gemacht haben, ergeben nach und nach viele kleine Aspekte eines großen Ganzen. Die einen haben ein kleines Ziel, das nur einen einfachen Plan erfordert, andere haben ein großes Ziel und müssen dementsprechend aufwendiger planen. Beachten Sie bitte, dass ich nicht gesagt habe, detaillierter und konzentrierter, denn das müssen Sie auch bei kleineren Zielen. Ein guter Plan hat eine gute Projektstruktur, an der Sie sich orientieren können und die Ihnen Halt gibt. Sie gehen in kleinen Schritten von einer Stufe zur nächsten und verlieren so nicht den Überblick.

Nun haben Sie sicher schon im Laufe Ihres Lebens festgestellt, dass es Pläne gibt, die umgesetzt werden und zum Ziel führen, aber dass es auch solche gibt, die trotz aller Perfektion zu einem völlig anderen Ergebnis führen. Mag sein, dass das Ergebnis trotzdem gut war, vielleicht war es aber auch eine Katastrophe. Nicht alles läuft so, wie wir es gern hätten. Da gibt es anscheinend irgendjemanden, der mitentscheidet. Lassen wir es dahingestellt sein, ob dies Ihr allwissendes Unbewusstes oder Gott ist. Tatsache ist, dass wir Pläne auch einmal ändern oder sogar verwerfen müssen und möglicherweise erst Jahre später den Sinn dieser Änderung erkennen.

 ## Spielregeln

Sowohl unsere Gesellschaft als auch Unternehmen und die Familie sind von Regeln bestimmt, die sich auf Erfahrungen begründen. Menschen versuchen, ihr Zusammenleben durch Regeln und Gesetze zu erleichtern. Hinzu kommen die Gesetze der Natur, die wir nicht aufheben können.

Halten Sie die Spielregeln ein. Ein Banküberfall zur Finanzierung Ihres Traums kann in der kreativen Phase der Ideenfindung ein toller Einfall sein, in der Ausarbeitung Ihres Plans sollte er nicht mehr auftauchen. Gesellschaftliche Regeln und Gesetze sollten Sie beachten.

Vielleicht haben auch Sie auch bereits einmal bemerkt, dass das Leben manche Dinge einfach besser zu wissen scheint. Glauben Sie an Gott oder an eine höhere Macht, die Ihr Schicksal zumindest mitlenkt? Vertrauen Sie dieser Macht, und gestatten Sie ihr, das für Sie Beste zu wählen. Egal, was Sie anstreben, was Sie sich wünschen, erlauben Sie sich selbst und dem Leben, auch etwas viel Besseres zu erreichen. Auch wenn Sie jetzt im Augenblick noch keine Ahnung haben, was dies sein könnte, vertrauen Sie einfach, und lassen Sie es zu.

ÜBUNG - KONSEQUENZPRÜFUNG

Überlegen Sie einmal, wann Sie das letzte Mal ein nicht ganz einfaches, zeitaufwendiges Ziel hatten. Worum ging es? Lassen Sie noch einmal Revue passieren, wie es damals war, und beantworten Sie die folgenden Fragen.

Wie konsequent verfolgten Sie das Ziel?
Welche Auswirkungen hatte dies auf andere Bereiche Ihres Lebens?
Wie konnten Sie damit umgehen?
Was lenkte Sie ab?
Welche anderen Ziele kollidierten?

Oft lebt man so vor sich hin. Man wird mit jedem Tag älter und folgt einem Weg, den das Leben scheinbar wie einen Teppich vor einem ausgerollt hat. Gut, er ist nicht gerade wie der rote Teppich, aber er ist der einzige. Vom Weg abzuweichen, hieße, den Teppich zu verlassen. Wissen Sie, was Sie erwartet, können Sie es sehen? Oder ist es eher so, dass Sie gar nicht darauf achten, weil Sie so viel Mühe und Konzentration auf das Gehen verwenden müssen? Der Alltag ist schon aus- oder belastend genug, da bleibt wenig Zeit zum Träumen und zum Nach-vorne-Schauen. Es könnte natürlich auch sein, dass Sie dem Teppich zu Ihren Füßen gar keine Aufmerksamkeit schenken und nur weit nach vorne schauen, weil dort alles besser zu sein scheint.

Was berichtet Ihnen denn Ihr Bauchgefühl dazu? Sagt der Bauch: »Hey, es ist alles okay, wir sind auf dem richtigen Weg!«? Oder ist es eher ein vorsichtiges »Hallo? Bist du sicher, dass wir hier entlanggehen wollen?«

Stellen Sie sich die Frage, wohin Ihr aktueller Weg Sie führt. Was wird aus Ihnen, wenn Sie diesem Weg weiterfolgen? Führt er zu dem Ort, den Sie erreichen wollen? Passen Ihr Traum und dieser Ort zusammen? Oder müssen Sie Weg oder Ziel ändern? Wollen Sie Ihren Weg aufgeben oder lieber Ihren Traum? Die Kunst besteht darin, den Traum im Hier und Jetzt zu leben. Sie besteht darin, sowohl ein Ziel in der Ferne zu haben, als auch jeden einzelnen Schritt mit Genuss und Freude zu setzen.

W Gibt es einen leichten Weg?

Schenkt man vielen spirituellen Büchern Glauben, so ist der richtige Weg ein leichter Weg, der keinesfalls mit harter Arbeit verbunden ist. Ganz so würde ich es nicht formulieren, denn bekanntermaßen ist das Leben nicht schwarz-weiß, dazwischen liegt ein schier unendliches Spektrum an Farben.

Erfolg beruht nicht nur auf Talent und Gottvertrauen. Der Wille und auch viel Arbeit gehören dazu, wenn man ein Ziel erreichen möchte. Erst wenn Sie das Gefühl haben, dass sich das Leben gegen Sie stellt, sollten Sie innehalten und in sich hineinhören. Sind Sie noch oder überhaupt auf dem richtigen Weg? Will das Leben Ihnen nur eine Prüfung auf dem Weg zum Erfolg auferlegen oder flüstert es Ihnen zu, dass Sie auf dem Holzweg sind? Nicht jedes Hindernis ist eine Prüfung, und nicht jedes Hindernis ist ein Grund zur Kapitulation. Dies zu erkennen, können nur Sie selbst lernen, dabei kann Ihnen niemand helfen. Ihre Intuition wird eine große Hilfe sein, Ihr Verstand eher nicht.

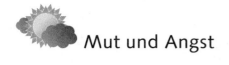
Mut und Angst

Wie mutig sind Sie? Wie mutig können Sie sein? Wie mutig erlauben Sie es sich zu sein? Gehören Sie zu den Menschen, die gern alles ausprobieren, Kurse belegen und dann zum Nächsten umschwenken? Oder hängen Sie zu lange an Dingen und können diese schlecht loslassen? Haben Sie wenig Zeit, verplempern diese jedoch mit unwichtigen Dingen? In all diesen Fällen sind Sie eher ein vorsichtiger Mensch, der sich durch dieses Verhalten in Sicherheit wiegt. Sie ahnen bereits, dass Sie natürlich nicht sicher sind.

Tapferkeit ist eine der Kardinaltugenden, sie kann nur gemeinsam mit den anderen Tugenden Mäßigung, Klugheit und Gerechtigkeit gelebt werden. Mutig handeln heißt, klug, gerecht und gemäßigt zu handeln. Es bedeutet nicht, anderen nachzueifern, sondern anders zu sein. Gerade dafür bewundern wir mutige Menschen. Mut ist übrigens nicht mit Angstlosigkeit zu verwechseln. Mutig ist es, etwas trotz Angst zu tun.

Was könnte alles geschehen, wenn Sie Ihren Traum verfolgen? Ist es nicht merkwürdig, dass wir uns im Wesentlichen darum kümmern, was schiefgehen könnte? Fragen wir uns doch: Was könnte Wundervolles dabei herauskommen? Das ist eine ungewohnte Sichtweise. Jeder, der seinen Traum wahr werden lassen möchte, hat auch Angst. Angst ist natürlich, sie zu verdrängen wäre fatal. Zu viel von ihr macht aber auch krank. Sie ist einer der beiden großen Antreiber in Ihrem Leben. Alles, was Sie tun, tun Sie, um Freude zu erleben und Schmerz zu vermeiden. Angst vor dem Schmerz ist der große negative Motivator, der uns hindert, viele Dinge zu tun, die wir gern tun würden. Zugleich aber bewahrt die Angst uns auch vor großen Fehlern.

Wer sich viel mit Ängsten und Selbstzweifeln beschäftigt, wird seine negative Einstellung von seiner Außenwelt bestätigt bekommen. Denken Sie nur an die Selffulfilling Prophecy. Wenn Sie es schaffen, Ihre Ängste ein wenig rationaler zu sehen, sie zu erkennen, anzunehmen und richtig einzuordnen, haben Sie bereits viel geschafft. All das Wissen über die Angst bewirkt zunächst nicht ihr Verschwinden.

Sie überfällt uns dennoch. Wenn Sie jedoch lernen, mit ihr umzugehen, wird die Angst kleiner und kleiner. Neben der Angst, die scheinbar überfallartig auftaucht, gibt es die Angst, die durch Spekulationen unseres Verstandes entsteht. Der Verstand hat die Tendenz, Worst-Case-Szenarien zu entwickeln. Er will unser Leben vor den Gefahren der Welt beschützen, dabei schießt er allzu oft über das Ziel hinaus.

Angst ist, sich detailliert vorstellen zu können,
wie genau die Dinge geschehen, die Sie nicht wollen.
(Unbekannt)

Alles Neue ist riskant. In unseren Genen tragen wir die Veranlagung, Risiken zu vermeiden. Wenn man bedenkt, dass Sie jetzt beginnen, Ihr Leben umzugestalten, auf Ihr großes Ziel auszurichten und sehr viel Energie und vielleicht auch Geld zu investieren, kann es einem aber auch Angst und Bange werden, oder?

Es wäre schlimm, wenn es nicht so wäre. Es ist absolut menschlich, in solch einem Fall Angst zu haben. Das Leben besteht aus einem ständigen Auf und Ab. Manchmal meinen wir, das Ab überwiegt, meist liegt dies jedoch daran, dass wir einem bestimmten Aspekt in unserem Leben sehr viel Platz einräumen, sodass für anderes gar keine Energie mehr bleibt. Die Frage ist, wie Sie mit der Angst umgehen. Lassen Sie sich von der Angst lähmen und auffressen oder zu Höchstleistungen antreiben?

Haben Sie Angst vor dem Misserfolg? Es ist zwar nicht perfekt, wie es gerade ist, aber dennoch so bequem, dass alles andere sehr gewagt aussieht. »Soll ich das aufgeben?« fragen Sie sich vielleicht. Das Unbekannte macht Angst, weil es nicht kalkulierbar ist. Sie werden Dinge aufgeben müssen, Sie werden ins Ungewisse, ins Neue starten, das kann Angst machen. Verrückt, nicht wahr? Diese Angst ähnelt ein wenig dem »ja, aber«-Spiel. Plötzlich fallen uns täglich neue Gründe ein, aus denen wir besser noch warten sollten, anstatt einfach loszulegen.

Allerdings ist die Evolution gerade nicht auf die Bewahrung eines Zustandes ausgerichtet, sondern auf Entwicklung und Differenzierbarkeit. Insofern ist jedes Beharren auf dem Status quo ein vergebliches Unterfangen.

Erlösen Sie sich von Ihrer Angst, indem Sie die Dinge angehen. Ängste lassen sich nicht bekämpfen oder verdrängen, damit füttern Sie sie nur. Tun Sie das, wovor Sie Angst haben, und Sie werden damit wachsen. Wenn Sie die eigene Angst überwinden, machen Sie einen großen Schritt vorwärts. Sie schenken damit dem Leben die Möglichkeit, Ihren Mut zu honorieren. Nur wer die Dinge aktiv angeht, eröffnet sich neue Möglichkeiten. Auf dem Totenbett werden Sie nicht bereuen, was Sie getan haben, sondern das, was Sie nicht getan haben.

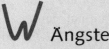

Ängste

- Setzen Sie sich mit Ihren Ängsten auseinander.
- Akzeptieren Sie Ihre Ängste als Information.
- Verdrängen Sie Ängste niemals.
- Fragen Sie sich: Was ist Ihre Sorge?
- Welches Bedürfnis steckt dahinter?
- Was darf sich nicht verändern, woran hängen Sie?
- Wie wahrscheinlich ist der Eintritt des gefürchteten Ereignisses?
- Welche Lösungsmöglichkeiten gibt es?
- Welche vorbeugenden Maßnahmen können Sie treffen?

 ÜBUNG – MUT

*Je nachdem, wie viel Mut ein Mensch hat,
schrumpft oder erweitert sich sein Leben.*
(Anaïs Nin)

*Ergänzen Sie spontan den folgenden Satz in mehreren Varianten:
Wenn ich nur mutig genug wäre, ja, dann würde ich jetzt gleich ...*

....

Haben Sie etwas gefunden? Dann tun Sie es! Jetzt! Sofort! Lesen Sie morgen weiter! Blättern Sie keinesfalls weiter! Wenn Sie das, was Sie hier machen, nicht ernst nehmen, wer denn dann?

Auswertung

> Überlegen Sie genau, welche Art von Arbeit Ihren Wünschen und Neigungen entspricht. Sollte es den betreffenden Berufszweig noch nicht geben, dann schaffen Sie ihn eben.
> (Napoleon Hill)

Sie haben sich nun viel mit sich selbst beschäftigt, haben einiges Neues gelernt und vielleicht auch interessante Erkenntnisse über sich selbst gewonnen. Es ist nun an der Zeit, die Ergebnisse der Übungen zusammenzubringen und aus all dem ein greifbares Ziel zu formulieren.

Ziemlich am Anfang (auf Seite 77) habe ich Sie gebeten, die Übung »Was bedeutet Ihnen Geld?« zu machen. Was waren Ihre drei Eigenschaften, die Sie mit Geld verbinden? Ich schulde Ihnen dazu noch eine Antwort. Es wird Sie nicht überraschen, dass Geld »eigentlich« gar keine Eigenschaften hat. Geld kann gut sein, wenn es sinnvoll eingesetzt wird, zum Beispiel wenn Sie Waisenkinder in Kambodscha mit einer monatlichen Zahlung unterstützen. Es kann schlecht sein, wenn damit beispielsweise Waffen für einen zentralafrikanischen Diktator bezahlt werden. Aber auch anhand dieser beiden Beispiele wird klar, dass nicht das Geld diese Eigenschaften hat. Es ist neutral, es ist eine Energie. Das Geld, mit dem Sie die Waisenkinder unterstützen, erhält seinen Charakter dadurch, dass Sie es auf gute Weise einsetzen, also die Eigenschaft »gut« auf das Geld projizieren. Alles, was Geld für Sie bedeutet, ist eine Projektion Ihrerseits auf ein neutrales Ding. Sie entscheiden, ob Geld für Sie persönlich gut oder schlecht ist, ob es Ihnen Sicherheit und ein sorgenfreies Leben ermöglicht und ob es für Sie Freiheit und Glück bedeutet.

Nun müssen Sie tapfer sein. Wenn Sie Ihre drei Punkte anschauen, sehen Sie die drei größten, aktuellen Defizite in Ihrem Leben! Wenn Geld für Sie Sicherheit bedeutet, steckt in Ihnen eine tiefe Sehnsucht nach Sicherheit, die nicht erfüllt ist. Es dürfte Ihnen einleuchten, dass Geld niemals Sicherheit sein kann. Es schützt Sie nicht vor Schicksalsschlägen oder Krankheiten usw.

Oder ist Geld für Sie Luxus? Sind Sie sicher, dass wahrer Luxus mit Geld zu kaufen ist? Einige Leser werden Geld auch als schlecht oder schmutzig ansehen. Es sei mir der Hinweis erlaubt, doch einmal genau hinzusehen, wie Sie sich dann selbst sehen. Erlauben Sie sich, sich selbst zu lieben? Vielleicht bedeutet Geld für Sie aber auch, spontan sein zu dürfen. Ich garantiere Ihnen, dass Spontaneität dann ein großes Defizit in Ihrem Leben ist. Der Mensch neigt dazu, eigene Defizite nicht sehen zu wollen und diese dementsprechend auf seine Außenwelt zu projizieren. Ich rate Ihnen, Ihre drei Punkte in allem, was Sie nun angehen, entsprechend zu würdigen. Sie sind drei starke Motivatoren und Bremser zugleich. Wenn diese Defizite nicht behoben werden, wird Ihr Unbewusstsein Mittel und Wege finden, Sie nachhaltig darauf aufmerksam zu machen.

ÜBUNG – FÜNF BERUFE

Angenommen, Sie hätten die Möglichkeit, ab morgen einen beliebigen Beruf auszuüben. Sie hätten den Arbeitsplatz, die notwendige Ausbildung und alles andere, was wichtig wäre. Was wären die fünf Berufe, die Sie für sich wählen würden?

1. ....   2. ....   3. ....   4. ....   5. ....

Beantworten Sie anschließend die Frage, warum Sie ausgerechnet den jeweiligen Beruf gewählt haben. Lassen Sie das Ergebnis erst einmal einfach sacken.

Neben Ihren drei größten Defiziten kennen Sie nun Ihre Bedürfnisse, Werte und Leidenschaften. Zumindest ein wenig sollten Sie mittlerweile eine Ahnung verspüren, wohin es gehen könnte.
Tragen Sie bitte die Ergebnisse einiger der Übungen in die folgende Übersicht ein.

ZUSAMMENFASSUNG IHRER ERGEBNISSE

Übung – Was ist wichtig? (Seite 34)
Am wichtigsten in meinem Leben ist mir:

Übung – Alternative Leben (Seite 55)
Diese Aspekte sind mir wichtig in meinem neuen Leben:

....

Diese Aspekte möchte ich nicht in meinem neuen Leben haben:

....

Übung – Aladin und die Wunderlampe (Seite 64)
Meine drei Wünsche sind:

1. ....   2. ....   3. ....

Übung – Wann war es besser? (Seite 74)
Zu meiner besten Zeit waren dies meine Qualitäten.
Von diesen möchte ich nun wieder mehr haben:

1. ....   2. ....   3. ....

Übung – Ein paar Anregungen (Seite 76)
Drei Aspekte, die ich in Zukunft ausgiebiger leben möchte, sind:

1. ....   2. ....   3. ....

Übung – Was bedeutet Geld für Sie? (Seite 77)
Dies sind meine größten Defizite:

1. ....   2. ....   3. ....

Übung – Was sind meine Bedürfnisse? (Seite 83)

Folgende Erkenntnisse sind wichtig für mich:

1. ....   2. ....   3. ....

Übung – Werte prüfen (Seite 89)

Dies sind meine drei wichtigsten Werte:

1. ....   2. ....   3. ....

Diese drei Werte möchte ich folgendermaßen besser in meinem Leben umsetzen:

1. ....   2. ....   3. ....

Übung – Bestandsaufnahme Lebensqualitäten (Seite 93)

Dies sind meine drei Lebensqualitäten, an denen ich am meisten arbeiten möchte:

1. ....   2. ....   3. ....

Diese Schritte werde ich einleiten, um meine Lebensqualitäten zu verbessern:

1. ....   2. ....   3. ....

Übung – Entdecken Sie Ihre Leidenschaften (Seite 98)

Dies sind meine fünf wichtigsten Leidenschaften:

1. ....   2. ....   3. ....   4. ....   5. ....

Übung – Einmal im Leben etwas völlig Verrücktes tun (Seite 101)

Diese verrückten Ideen sind mir zu meinen fünf wichtigsten Leidenschaften eingefallen:

1. ....   2. ....   3. ....   4. ....   5. ....

Übung – Momente der Zeitlosigkeit (Seite 106)
In diesen Situationen verliere ich jedes Zeitgefühl:

1. ....   2. ....   3. ....

Übung – Welches sind Ihre inneren Antreiber? (Seite 118)
Meine beiden stärksten Antreiber sind:

1. ....   2. ....   3. ....
Meine Erlauber, die ich dazu gewählt habe, sind:

1. ....   2. ....   3. ....

Übung – Ja, wenn ich … (Seite 60)
Wenn ich könnte, wie ich wollte, dann würde ich …
Wenn ich keine Angst hätte, dann würde ich …
Wenn ich sicher wäre, dass es funktioniert, dann würde ich …

Übung – Mut (Seite 197)
Wenn ich nur mutig genug wäre, ja, dann würde ich jetzt gleich …

Übung – Fünf Berufe (Seite 199)
Wenn ich ganz von vorne anfangen könnte, würde ich …

1. ....   2. ....   3. ....   4. ....   5. ....

Bevor Sie nun daran gehen, all das, was Sie sich bisher erarbeitet haben, zu einem Ziel zusammenzufügen, möchte ich Ihnen ein wenig den Druck nehmen. Es kann sein, dass Sie noch nicht so weit sind. Vielleicht haben Sie Jahrzehnte nicht mit Ihrer Medizin gelebt und Ihr Potenzial nur selten genutzt. Auch wenn Sie noch nicht genau wissen, womit Sie denn anfangen sollen, weil es mehrere Optionen gibt, beherzigen Sie folgenden Rat: Fangen Sie einfach mit irgendetwas an! Wählen Sie aus all den Ideen eine aus, die Ihnen am Herzen liegt, und realisieren Sie nur diese. Alles andere wird sich von selbst entwickeln, und irgendwann werden Sie dieses Buch nochmals in die Hand nehmen, weil Sie plötzlich genau wissen, was Ihr Traum ist.

Solange Sie noch nicht genau wissen, wohin es gehen soll, achten Sie bei all Ihren Schritten darauf, dass Sie ein gutes Gefühl haben. Vielleicht stellen Sie dabei fest, dass dieser Weg genau das ist, was Sie gesucht haben. Denn Sie werden ein Gefühl für Ihr Leben entwickeln. Ihr Urvertrauen, Ihr Vertrauen in den Fluss des Lebens, etwas, was Sie vielleicht lange nicht mehr verspürten, wird zurückkehren. Das Leben, das Ihnen als gewaltiger, reißender Fluss voller Gefahren und Stromschnellen erschien, wird sich wandeln. Plötzlich sind Sie ein Teil dieses Flusses, Sie sind eine Welle in den Stromschnellen, Sie sind ein Wassertropfen in der Gischt, Sie sind die ruhige Stelle nach dem Wasserfall. Sie erlangen eine zeitlose Kraft, die Sie führt und die Sie führen. Ihre Kraft (Medizin) ist die Fähigkeit zu handeln, sich für oder gegen etwas entscheiden zu können.

Ich empfehle Ihnen, dieses Buch zweimal zu lesen. Lassen Sie dazwischen ruhig ein paar Wochen Zeit verstreichen. Beim ersten Mal machen Sie alle Übungen und verschaffen sich einen Überblick. Natürlich skizzieren Sie auch eine erste Version Ihres Zieles. Beim zweiten Mal formulieren Sie Ihr Ziel sauber, sodass es zu Ihnen passt und das Erlernte berücksichtigt. Denken Sie an Ihre Medizin, die es zu entdecken gilt. Geben Sie sich nicht mit weniger zufrieden!

Wenn Sie Ihr Leben leben und im Einklang mit Ihrer Medizin agieren, werden Sie Ihre Träume mit Leichtigkeit verwirklichen und beispielsweise fast von allein Ihr Wohlfühlgewicht (dies entspricht nicht zwingend Ihren heutigen Vorstellungen eines Idealgewichts) erreichen, am richtigen Ort zur richtigen Zeit leben und das für Sie Richtige tun.

Fünf Geheimnisse

Kennen Sie das Buch »Die fünf Geheimnisse, die Sie entdecken sollten, bevor Sie sterben«?[36] John Izzo reduziert darin die Grundsätze für ein glückliches Leben auf:

- Seien Sie sich treu.
- Leben Sie so, dass Sie später nichts zu bereuen haben.
- Lassen Sie die Liebe in sich lebendig werden.
- Leben Sie im Augenblick.
- Geben Sie mehr als Sie nehmen.

Entscheidungen

Stellen Sie sich vor, dass alles nur eine Frage von Entscheidungen wäre. Sie wollen aufhören zu rauchen? Entscheiden Sie sich dafür. Sie wollen sich mehr Zeit für die Familie nehmen? Entscheiden Sie sich, und nehmen Sie sich ab sofort mehr Zeit. Sie möchten eine Weltreise machen? Entscheiden Sie sich hier und jetzt, und buchen Sie. Wie wäre Ihre Leben, wenn Sie es ganz einfach durch Ihre Entscheidungen verändern würden? Ändern Sie es. Jetzt. Sofort. Geht nicht, sagen Sie? Ich sage Ihnen, es geht. Sie müssen nur wollen. Mehr nicht.

---

36 Vgl. dazu John Izzo: *Die fünf Geheimnisse, die Sie entdecken sollten, bevor Sie sterben.* München 2010

ÜBUNG – MEIN ZIEL

Gehen wir an eine erste Auswertung dessen, was Sie bisher entdeckt haben. Suchen Sie sich einen ruhigen Platz, und nehmen Sie sich reichlich Zeit. Vielleicht machen Sie auch eine kleine Wanderung und suchen sich eine Bank am See, im Wald oder einen Felsen in den Bergen.

Nehmen Sie sich die Übersicht Ihrer Übungsergebnisse von Seite 200 bis 202 sowie alle anderen Dinge, die Sie während Ihrer Lektüre dieses Buches erstellt haben, und breiten Sie sie vor sich aus. Vor Ihnen liegt der Schlüssel zu Ihrer Medizin, irgendwo in diesen Blättern, Worten und Bildern ist sie verborgen. Sie müssen nur noch hören, was Ihnen Ihr Herz sagt.

Schauen Sie sich die Ergebnisse nochmals in Ruhe an. Was ist Ihnen wichtig? Was wollen Sie keinesfalls? Was bedeuten diese Antworten für Ihr Leben? Erkennen Sie Bereiche, in denen Änderungsbedarf besteht? Was möchten Sie ändern? Wie können Sie all diese Aspekte in Ihrem Leben vereinigen?

Schreiben Sie nun spontan alles auf, was Ihnen zu Ihrem Ziel einfällt. Schicken Sie Ihren Verstand dabei in eine Pause, und lassen Sie Ihr Bauchgefühl sprechen.

Die folgenden Fragen werden Ihnen helfen. Widmen Sie der Beantwortung jeder Frage ausreichend Zeit. Vielleicht nehmen Sie sich sogar für diese Fragen mehrere Tage Zeit und lassen dazwischen Pausen zur Reflexion.

- *Woran würden Sie bemerken, dass es sich für Sie gelohnt hat, dieses Buch zu lesen?*
- *Was sollte so bleiben, wie es ist?*
- *Was möchten Sie idealerweise erreichen?*
- *Waren Sie diesem Zustand bereits einmal näher als heute? Was war damals anders?*
- *Angenommen, Sie würden das Maß der Zielerreichung auf einer Skala von 1 bis 10 einschätzen, wo stehen Sie heute? Woran würden Sie bemerken, dass Sie die 10 erreicht haben? Woran noch? Und noch mehr? Schreiben Sie alle Aspekte auf!*
- *Wie wollen Sie sein?*

- *Was wollen Sie tun?*
- *Was ist Ihnen wichtig?*
- *Was sind Ihre Stärken?*
- *Wofür könnten Sie sich bewundern?*
- *Was würden andere als Ihre Stärken bezeichnen?*
- *Was machen Sie aus Ihren Fähigkeiten?*
- *Was macht Ihnen Spaß?*
- *Was sind Ihre Hoffnungen?*
- *Wofür sind Sie dankbar?*
- *Was ist für Sie Erfolg?*
- *Was treibt Sie an?*
- *Welche Menschen bewundern Sie?*
- *Welche Vorbilder haben Sie?*
- *Wer hat einen besonderen Einfluss in Ihrem Leben auf Sie ausgeübt? Wie? Warum?*
- *Was waren Ihre glücklichsten Momente in Ihrem Leben? Warum?*
- *Was ist Glück für Sie?*
- *Wenn Sie vermögend wären, was würden Sie dann tun?*
- *Wovon träumen Sie?*
- *Was sind für Sie die wichtigsten Dinge im Leben?*
- *Welche Bedürfnisse haben Sie? Welche haben Sie vernachlässigt? Welche sind Ihnen am wichtigsten?*
- *Welche Werte haben Sie? Wie können Sie diese leben?*
- *Welche Leidenschaften haben Sie? Wie können Sie diese ausleben?*
- *Was würden Sie an Ihrem aktuellen Leben gern ändern? (nicht »weg von etwas«, sondern was soll stattdessen da sein?)*
- *Welche Bereiche Ihres Lebens sind Ihnen wichtig? Was wollen Sie im jeweiligen Bereich erreichen?*
- *Wenn Sie niemals Angst hätten, was würden Sie heute, morgen, diese Woche, dieses Jahr, in diesem Leben tun?*
- *Wenn Sie die Welt regieren könnten, was würden Sie ändern?*
- *Warum sind Sie hier?*
- *Was sollte auf Ihrem Grabstein stehen?*
- *Was müssten Sie tun, damit Sie alles schlimmer machen?*

Vielleicht hilft Ihnen auch eine andere Hilfestellung. Ergänzen Sie einfach diese Sätze:

Ich bin geboren, um ...
Meine Medizin (Lebensaufgabe) ist es ...
Mein Traum/meine Vision ist ...

Schreiben Sie nun Ihr Ziel in eigenen Worten auf, beachten Sie die Anregungen zur optimalen Formulierung eines Zieles (ab Seite 177).

Mein Ziel ist:

....

....

....

Prüfen Sie, ob die Bedingungen von SMARTE etc. erfüllt sind.

Zuletzt möchte ich Sie bitten, all das, was Sie jetzt über sich wissen oder erfahren haben, in ein Lebensmotto zu fassen. Vielleicht kennen Sie einen schönen Spruch, ein weises Zitat, oder Sie erfinden einen eigenen Leitsatz.
Mein Lebensmotto ist:

....

....

....

Später werden Sie noch Gelegenheit haben, Ihr Ziel kurz und knackig nach allen Regeln der Kunst und den Erkenntnissen der Motivationsforschung zu formulieren. Dann werden Sie auch ein Motto entwickeln, das Ihnen helfen wird, Ihr Ziel im Alltag im Auge zu behalten und konsequent zu verfolgen. Doch jetzt schreiben Sie erst einmal drauflos!

Machen Sie nach dieser Übung eine Pause! Lesen Sie nicht weiter, und machen Sie auch die nächste Übung erst in ein paar Tagen. Es ist notwendig, dass das, was Sie hier ausgearbeitet haben, erst einmal sacken kann.

Zielcheck

Sie haben Ihr Ziel formuliert. Nun prüfen Sie in den folgenden Übungen, welche Vor- und Nachteile die Verwirklichung des Zieles für Sie hat und mit welchen Konsequenzen Sie rechnen müssen. Definieren Sie die wichtigsten Dinge, die Sie nun tun müssen und auch die, die Sie besser lassen. Doch zuerst überprüfen Sie, ob Sie überhaupt ein eigenes Ziel formuliert haben. Sollten Sie eine der vier folgenden Fragen mit Ja beantworten, kehren Sie noch einmal zurück zur letzten Übung, und überdenken Sie Ihr Ziel.

- Ist Ihr Ziel eigenständig erreichbar oder ist die Handlung eines anderen erforderlich?
- Ist Ihr Ziel grundsätzlich auch für anderen Menschen erreichbar oder müssen diese Genies sein?
- Müssen Sie entdeckt werden?
- Hängt Ihr Lebensglück von dem Erreichen dieses Zieles ab?

ÜBUNG – ZEHN GUTE GRÜNDE DAFÜR

Es ist an der Zeit, Argumente für und gegen Ihr Ziel zu sammeln. Schreiben Sie kurz und bündig zehn gute Gründe auf, die dafür sprechen, Ihr Ziel zu erreichen!

ÜBUNG – ZEHN GUTE GRÜNDE DAGEGEN

Schreiben Sie ebenfalls kurz und bündig zehn gute Gründe auf, die dagegen sprechen, Ihr Ziel zu erreichen.

Ihre Gründe dafür sind wichtig, Ihre Gründe dagegen sind jedoch noch wichtiger. Alle Argumente dafür sind toll, aber wenn diese die Argumente dagegen nicht entkräften, können Sie dennoch Probleme bekom-

men. Es ist an der Zeit, Lösungen für die Gegenargumente zu erarbeiten. Nehmen Sie sich ein wenig Zeit, und prüfen Sie diese Gründe auf Ihre Berechtigung. Steckt ein Körnchen Wahrheit darin? Wie lassen sich diese Gründe gegen Ihren Traum nutzen? Was können Sie daraus lernen? Wie können Sie diese berücksichtigen oder auch entschärfen? Wie können Sie aus diesen scheinbaren Hindernissen wichtige Ressourcen machen? Solange Sie nicht alle Gegenargumente bearbeitet haben, sollten Sie diese Liste immer wieder einmal zur Hand nehmen und überdenken.

ÜBUNG – ZEHN DINGE, DIE VERSCHWINDEN WÜRDEN

Sehnsucht ist schön, die Integration des Unbewussten wichtig, doch auch Fakten zählen.
Schreiben Sie alles auf, was beim Erreichen Ihres Zieles eben nicht mehr da wäre. Damit meine ich Dinge, die Sie gern loswerden würden, also Probleme, Sorgen, Schmerzen etc.

ÜBUNG – MEINE GRÖSSTE HERAUSFORDERUNG

Was ist Ihre größte Herausforderung bei der Umsetzung Ihres Zieles? Seien Sie ehrlich! Der Mensch neigt dazu, die Probleme auf andere zu verlagern, weil er sich sonst eingestehen müsste, dass er selbst dafür verantwortlich ist. Die größte Herausforderung ist nicht zwingend das größte Problem. So kann es beispielsweise sein, dass Sie noch keine Ahnung haben, woher Sie das Geld für Ihr Projekt nehmen sollen, oder es ist Ihre Trägheit, Pläne anzugehen und konsequent zu verfolgen, mit der Sie erfahrungsgemäß die größten Schwierigkeiten haben.
Was ist Ihre größte Herausforderung bei der Realisierung Ihres Traums?

Überlegen Sie sich, was Sie tun können, um diese Herausforderung zu meistern.

ÜBUNG – TUN UND LASSEN-LISTE

Führen Sie eine Liste, die Sie ständig ergänzen und aktualisieren sollten, darüber
- *was Sie tun müssen, um Ihr Ziel zu erreichen,*
- *was Sie unterlassen müssen, um Ihr Ziel zu erreichen.*

TUN	LASSEN

Mentaltraining –
Nutzen Sie die Technik der Sieger

Am Anfang war das Wort, heißt es in der Bibel. Die Entstehung der Realität könnte man verstehen als die Entwicklung eines Wortes aus einer Idee, gefolgt von der Vorstellung, wie diese Sache aussehen könnte und abschließender Manifestation, also dem Wirklichkeit-Werden. Es ist logisch, dass sich nichts in der Wirklichkeit zeigen kann, was Sie sich nicht vorstellen können, oder?

> Nichts in
> der Welt ist so
> mächtig wie eine
> Idee,
> deren Zeit
> gekommen ist.
> (Victor Hugo)

Was Sie nicht träumen können,
können Sie auch nicht leben!

Sie müssen sich zumindest vorstellen können, wie Sie Ihren Traum leben. Was meinen Sie, was entscheidet, ob ein Hochspringer bei den Olympischen Spielen 2,41 Meter oder 2,42 Meter hoch und damit einen Zentimeter höher als sein Gegner springt? Sie können davon ausgehen, dass die besten Springer alle in der Lage sind, diese Höhe zu überspringen. Und dennoch schafft es nur einer: der Sieger. Was meinen Sie? Ist es der mit dem meisten Talent oder der mit der größten Sprungkraft? Es ist keines von beiden und auch nicht das entscheidende Quäntchen Glück – auch wenn dies gelegentlich eine Rolle zu spielen scheint. Derjenige mit der größten mentalen Stärke gewinnt, denn der Geist ist immer stärker als der Körper. Nur wer fest daran glaubt zu gewinnen, wird auch gewinnen. Sportler verbringen einen großen Teil ihrer Trainingszeit mit Mentaltraining, in dem sie sich ihren Sprung (oder Lauf …) mit geschlossenen Augen imaginieren. Dies hilft zum einen, Bewegungsabläufe so zu festigen, dass sie nicht mehr bewusst kontrolliert werden müssen, und zum anderen wird so der Erfolg in der Vorstellung vorweggenommen und dadurch ein Teil des Möglichkeitsraumes.

Natürlich ist noch nie jemand mit reinem Mentaltraining Olympiasieger geworden, das tägliche Fitness- und Krafttraining ist mindestens genauso unabdingbar.

ÜBUNG – DER ALLERERSTE SCHRITT

Zuletzt haben Sie sich intensiv mit Ihrem Ziel beschäftigt und es auch in einer ersten Idee schriftlich festgehalten. Was wäre der allererste Schritt, der Sie Ihrem Ziel näherbringt und den Sie ohne großen Aufwand tun könnten? Wählen Sie etwas Einfaches, was nicht allzu viel Zeit erfordert. Beginnen Sie damit, und machen Sie diesen Schritt jetzt!

Visualisierungen sind in Ihrer Vorstellung als innere Bilder vorweggenommene Geschichten, die zeigen, wie die Zukunft aussehen könnte, wenn Sie etwas Bestimmtes erreicht hätten. Die Aufmerksamkeit wird dadurch auf das Ziel gerichtet und nicht auf eventuelle Probleme. Wer sich nur mit seinen Problemen beschäftigt, entwickelt keine Lösungsstrategie, sondern eine Problem-Trance, in der er hängenbleibt.

Kennen Sie Menschen, die ständig auf der Suche nach dem Haar in der Suppe sind? Wer Haare sucht, wird Haare finden. Wer stattdessen die Mettwurst in der Suppe sucht, wird diese finden – und satt werden. Trivial, oder? Konzentrieren Sie sich auf die Lösung, nicht auf das Problem. Und wenn Sie einmal ein Haar in der Suppe finden, nehmen Sie es heraus, und suchen Sie weiter nach der Wurst!

Wie Sie schon gemerkt haben, bin ich kein Freund davon, zu behaupten, dass Sie alles einfach dreimal täglich 15 Minuten »richtig« visualisieren müssen und das Gewünschte passiert ganz von allein. Viele Menschen schwören jedoch darauf und haben auch (hin und wieder) ihre Erfolge damit. Wenn ich eine Erkältung habe, arbeite ich ebenfalls mit Visualisierungen, um die Genesung zu beschleunigen, dennoch scheue ich mich nicht davor, zusätzlich eine Tablette zu nehmen. Zur Unterstützung Ihrer Pläne sind Visualisierungen auf jeden Fall ein hervorragendes Hilfsmittel, das Sie nicht unterschätzen sollten. Schon allein dadurch, dass Sie Ihre gesamte Aufmerksamkeit dem zukünftigen Erfolg schenken, holen Sie diesen als Möglichkeit in Ihre Gegenwart. Das ist ein tolles Gegenmittel für all die Zweifel, die Sie immer wieder einholen werden.

*Auf die Dauer der Zeit nimmt die Seele
die Farbe Deiner Gedanken an.*
      (Marc Aurel)

 # Auszeiten

*Alle Lebewesen außer dem Menschen wissen,
dass der Hauptzweck des Lebens darin besteht,
es zu genießen.*
(Samuel Butler)

In früheren Zeiten war Muße ein Statussymbol. Nur reiche Leute konnten sie sich leisten. Wer heute Muße hat, wird misstrauisch und heimlich neidisch beäugt. Ist der Terminkalender nicht voll, gilt man nichts. Wir sind jederzeit erreichbar, gern auch am Feierabend und am Wochenende. Ein Freund von mir hat vor Jahren das Buch »Die Kunst der Auszeit«[37] geschrieben. Beherrschen Sie diese Kunst, oder sind Sie eher jemand, der zwölf Stunden am Tag und 365 Tage im Jahr verfügbar ist?

Schon beim Medizinrad bin ich auf den Rhythmus der Natur eingegangen, den wir in allen Bereichen des Lebens wiederfinden. Mit einer Ruhepause verabschieden wir uns von einem vollzogenen Kreislauf, einer abgeschlossenen Tätigkeit, und sammeln Kraft für etwas Neues. Eine Pause zu machen, sich eine Auszeit zu nehmen, heißt nicht, nichts zu tun. Aus der Stille entsteht alles, jeder Ton eines Musikstücks kommt aus der Stille und verschwindet auch wieder dorthin. Alles, was wir sehen und erleben, findet im Raum statt, dem »materiellen« Äquivalent der Stille. Dieser Raum umgibt alles und existiert auch noch, wenn alles andere wieder zu seinem Ursprung zurückgekehrt ist.

Kennen Sie das gute Gefühl, gemeinsam zu schweigen und die Stille zu genießen? Solche Momente schaffen Distanz zum Außen und verbinden uns mit unserem Inneren.

---

37 Vgl. dazu Thomas Hübner: Die Kunst der Auszeit. Vom Powermapping bis zum Sabbatical. Zürich 2006

ÜBUNG – MINUTENAUSZEIT

Dies ist eine meiner Lieblingsübungen. Sie merken, ich habe es gern einfach. Nehmen Sie sich vor (und tun Sie es!), dreimal täglich für eine Minute bei dem, was Sie gerade tun, eine Minutenmeditation zu machen. Immer wenn es Ihnen gerade einfällt, halten Sie inne, und werden Sie sich Ihres Atems bewusst. Beobachten Sie, wie Ihr Atem ein- und wieder ausfließt, aber konzentrieren Sie sich nicht auf den Atem. Es mag Ihnen komisch vorkommen, dass man auf den Atem achten, sich aber nicht darauf konzentrieren soll. Achtsam sein, schauen oder beobachten ist aber etwas anderes als Konzentration.
Versuchen Sie es einfach, machen Sie es ein paar Atemzüge lang. Lassen Sie Ihre Umgebung dabei so sein, wie sie ist. Zum Abschluss atmen Sie einmal besonders tief in den Bauch ein und kräftig und bewusst durch den Mund wieder aus, bis die Lungen vollständig geleert sind.

Lernen von erfolgreichen Menschen

Eine Möglichkeit, sich mental auf den Erfolg einzustellen, ist die, sich Vorbilder zu suchen. Jeder Mensch hat zwar seine eigene Definition von Erfolg und Glück, dennoch gibt es sicher Überschneidungen.

Kennen Sie jemanden, den Sie für das, was er erreicht hat, bewundern? Könnte dessen Lebensweg Ihnen als Vorbild dienen? Vielleicht finden Sie auch jemanden, der genau das geschafft hat, was Sie sich zum Ziel gesetzt haben. Bewundern Sie vielleicht auch einfach nur die Art und Weise, wie derjenige sein Ziel erreicht hat? Bei Prominenten stehen die Chancen gut, dass Sie eine Biographie über das Leben dieser Person finden können. Lesen Sie, wie die Person ihren Weg gegangen ist, und schauen Sie, was Sie für sich daraus lernen können. Sollte es jemand aus Ihrem privaten oder beruflichen Umfeld sein, scheuen Sie sich nicht, diese Person einfach anzusprechen und um ein Gespräch zu bitten.

Kennen Sie auch jemanden, der ein ähnliches oder sogar dasselbe Ziel verfolgt hat wie Sie und dabei gescheitert ist? Kontaktieren Sie diese Person! Aus den Misserfolgen anderer können Sie vieles lernen. Sie können manche Fehler vermeiden, und Sie erhalten zahlreiche wichtige Tipps für Ihr Vorgehen.

In Kürze werde ich Ihnen die Zielerreichungsstrategie von Vasco da Gama vorstellen. Er war der portugiesische Seefahrer, der erstmals Indien auf den Seeweg erreichte. Ein wesentlicher Punkt seiner Vorgehensweise war die Prüfung der Frage, welche Wege bisher alle schon nicht erfolgreich waren.

Was andere an Fehlversuchen unternommen haben, müssen Sie nicht erneut versuchen. Erfolgreiche Wege anderer, sollten auch für Sie einen Versuch wert sein. Besorgen Sie sich ein Foto der Person, die für Sie ein Vorbild ist, und heften Sie es – wenn Sie möchten – an Ihre Visionstafel.

ÜBUNG – DIE BERATERRUNDE

Stellen Sie sich vor, dass Sie eine Gruppe von Beratern zusammenstellen dürfen, die Sie bezüglich Ihres Zieles beraten. Sie können lebende oder tote, berühmte oder unbekannte Persönlichkeiten wählen. Sorgen Sie nur dafür, dass Sie Ihren Beratern in der Situation oder zu dem Thema, das Sie bearbeiten möchten, die entsprechende Kompetenz zutrauen.
Setzen Sie sich auf einen Stuhl, und schließen Sie die Augen. Stellen Sie sich vor, dass Sie einen Weg durch einen Wald gehen. Irgendwann lichtet sich der Wald, und Sie kommen zu einer Wiese oder einem Garten. Dort steht ein Tisch mit Stühlen, an dem Ihre Berater sitzen. Ein Stuhl für Sie ist noch frei. Setzen Sie sich. Nehmen Sie zunächst die Energie des Ortes auf. Riechen, hören, schmecken, sehen und fühlen Sie etwas. Erklären Sie Ihren Beratern, wobei Sie Hilfe benötigen. Hören Sie ihre Botschaften. Fragen Sie nach, wenn etwas unklar ist.
Zum Abschluss bedanken Sie sich bei Ihren Beratern und verlassen den Wald wieder auf dem Weg, auf dem Sie gekommen sind.

 ## Geschichten

Erfolgsgeschichten aus früheren Zeiten haben enorme Kraft. In der Personalentwicklung veranstaltet man mittlerweile mehrtägige Workshops mit vielen Teilnehmern, in denen sich diese Geschichten über Ereignisse und Projekte erzählen, in denen sie besonders erfolgreich waren. Erzählungen von Dingen, bei denen der Einzelne ganz in seiner Kraft war, bringen dessen Augen zum Leuchten.

Wie wäre es, wenn Sie mit Freunden einmal ein gemeinsames Lagerfeuer veranstalten, Stockbrot backen und sich gegenseitig Geschichten aus Ihrem Leben erzählen, bei denen es Ihnen besonders gut ging oder die Sie besonders berührt haben?

 ## Killerphrasen

Killerphrasen oder Totschlagargumente werden Sie immer wieder zu hören bekommen. Ihre Umwelt wird Sie misstrauisch beäugen, beneiden und teilweise auch kritisieren. Es ist hart, einem anderen zuzuschauen, der die Verwirklichung seiner Träume angeht. Lassen Sie sich nicht aus der Ruhe bringen, konzentrieren Sie sich auf Ihre wahren Freunde. Und sollte eine Killerphrase aus Ihrem eigenen Mund kommen, arbeiten Sie an Ihren Glaubenssätzen!

Killerphrasen:
- Ja, aber ...
- Das wird nichts!
- Das ist nicht möglich!
- Das schaffst du nicht.
- zu schön, um wahr zu sein
- Das haben schon ganz andere versucht.
- In der Theorie vielleicht ...
- Wenn das jeder machen würde ...

Visualisierungen

Die Visualisierung ist wesentlicher Bestandteil eines jeden mentalen Trainings und wird oft auch als Imaginierung oder Imagination bezeichnet wird. Eine gute Visualisierung wird mit allen Sinnen erlebt. Wie Sie genau visualisieren, lernen Sie jetzt:

> Glück
> hängt nicht davon ab,
> wer du bist oder was du
> hast;
> es hängt nur davon ab,
> was du denkst.
> (Dale Carnegie)

Alle Visualisierungen sind wirkungslos, wenn einer Ihrer Glaubenssätze Sie boykottiert. Möglicherweise arbeiten Sie mit einer Visualisierung sogar exakt gegen einen Glaubenssatz, was einen immer größer werdenden, inneren Konflikt zur Folge hätte, der in Krankheit oder psychischen Problemen enden könnte. Glaubenssätze allein durch Visualisierungen zu lösen, ist nicht einfach – wohl aber durch schamanische Reisen, die weit tiefer gehende Visualisierungen sind. Es ist sinnlos, den Sieg in einem 100-Meter-Lauf zu visualisieren, wenn man tief in sich den Glaubenssatz »Ich darf nicht gewinnen.« trägt.

Es gibt zwei unterschiedliche Ansätze, wie man sein Ziel am besten visualisiert. Der ein wenig spirituellere Ansatz ist der, dass Sie nur das endgültige Ziel visualisieren. Der Fluss des Lebens wird Sie dann schon führen. Das Leben weiß am besten, was gut für Sie ist und welchen Weg Sie gehen sollten. Der andere Ansatz beinhaltet die Visualisierung aller erforderlichen Schritte, angefangen beim heutigen Tag bis hin zu Ihrer Traumrealisierung.

W Das Gefühl des Sieges

Wenn ich im 100-Meter-Sprint Olympiasieger werden möchte, kann ich den Moment des Zieldurchlaufs oder auch die Siegerehrung als finales Ergebnis visualisieren. Ich stelle mir vor, wie mir die Medaille umgehängt wird, die Nationalhymne ertönt und 20 Millionen Deutsche gebannt an den Fernsehern zuschauen. Ich bin gerührt und freue mich aus tiefstem Herzen. Oder aber ich beginne in meiner Visualisierung schon vor dem Start. Ich marschiere in das Stadion ein, gehe in den Startblock und starte ...

Beim Schreiben fällt mir auf, dass auch dies noch lange nicht alle Schritte sind. Das harte Training und unzählige andere Dinge, die zu einer guten Vorbereitung zweifelsohne dazugehören, fehlen. Sie sehen, es gibt viele Optionen, es mehr oder weniger genau zu machen.

Wählen Sie den ersten Ansatz, wenn Sie sich damit gut fühlen und keine Zweifel haben. Ich selbst bevorzuge diesen Weg, denn ich denke, dass zum Leben auch das Vertrauen in das Leben gehört. Es kennt viel mehr Wege und Möglichkeiten, als dass ich diese alle visualisieren könnte. Sollten Sie hingegen meinen, dass Sie auch die einzelnen Schritte mit integrieren müssten, tun Sie dies. Wichtiger ist ohnehin die Intensität Ihrer Visualisierung, auf die wir nun zu sprechen kommen.

Um richtig zu visualisieren, nutzen Sie einfach Ihre Vorstellungskraft, Ihre Fantasie. Unterstützen Sie die Realisierung Ihres Traums durch die mentale Vorwegnahme des Ergebnisses. Erträumen Sie Ihren Traum! Mithilfe der Visualisierung beeinflussen Sie Ihr Unterbewusstsein. Wie Sie gesehen haben, bewertet das Körperbewusstsein emotional bewegende Bilder genauso stark wie tatsächliche Erfahrungen. Wenn Sie gut visualisieren, wird Ihr Unterbewusstsein keinen Unterschied zu realen Erlebnissen machen. »Gut« heißt, dass Sie alle Sinneswahrnehmungen integrieren und sich daraus tatsächliche Emotionen entwickeln. Wenn Sie zwar perfekt visualisieren, dies Sie jedoch irgendwie gar nicht berührt, Sie kalt lässt, stimmt etwas nicht, und Sie werden mit absoluter Sicherheit nicht erfolgreich sein.

Stellen Sie sich Ihr Ziel plastisch greifbar vor, sodass das positive Gefühl der Zielerreichung geradezu spürbar wird. Nutzen Sie alle Sinne. Stellen Sie sich vor, was Sie sehen, hören, riechen, schmecken, fühlen. In einer Visualisierung zum Beispiel des 100-Meter-Laufs sehen Sie sich als Sieger auf der Ziellinie, Sie hören den aufbrausenden Jubel der Zuschauer, Sie riechen den Schweiß Ihres Körpers, Sie schmecken das Salz Ihrer Schweißtropfen, und Sie fühlen die Tartanbahn unter Ihren Füßen. Je detaillierter und detailgenauer Sie das Endziel visualisieren, desto wahrscheinlicher wird der Erfolg.

 Die W-Fragen

Stellen Sie sich die Fragen, die Ihnen auch ein guter Journalist stellen würde, damit Ihr Ziel möglichst gut vor Ihrem inneren Auge erscheint.

- Wer?
- Was?
- Wann?
- Wo?
- Wie?
- Mit wem?

Sorgen Sie dafür, dass Ihre Visualisierung nicht zum Standbild wird. Lassen Sie sie wie einen Film ablaufen, in dem Sie selbst der Hauptdarsteller sind. Seien Sie Teil des Films und nicht Beobachter! Ihr Film ist in 3D, also nehmen Sie etwas in die Hand, und fassen Sie etwas an.

Versuchen Sie, ohne Verneinungen zu arbeiten. Sich etwas vorzustellen, was nicht mehr sein soll, funktioniert nicht. Wenn ich Ihnen jetzt sage, dass Sie bitte auf keinen Fall an einen Fußball denken sollen, woran denken Sie sofort? Statt zu beschreiben, was nicht mehr da sein soll, überlegen Sie besser, was Sie stattdessen gern hätten.

Visualisieren Sie immer in der Gegenwart, im Hier und Jetzt. Holen Sie die Zukunft in die Gegenwart. Wenn Sie sich vorstellen, dass Sie etwas in der Zukunft erreichen, besteht die Gefahr, dass die Zukunft die Zukunft bleibt und dass Sie, als ausschließlich in der Gegenwart lebend, diese Zukunft nie erreichen werden.

Seien Sie in Ihrer Visualisierung nicht ausschließlich auf sich selbst bedacht. Und dies nicht nur alibihaft, weil ich es Ihnen nahelege, sondern weil Sie es wirklich wollen. Sie wollen mit dem Erreichen Ihres Traums auch für andere Menschen etwas schaffen, von dem sie profitieren können. Man gewinnt immer nur gemeinsam.

Durch gezielte Wiederholung gelingt es Ihnen, dass die Bilder in Ihr Unterbewusstsein aufgenommen werden. Daher ist es sinnvoll, die Visualisierung einige Male im Zeitraum von mehreren Wochen zu wiederholen. Dadurch stärken Sie dieses Bild immer mehr, und die alten Bilder werden irgendwann ersetzt. Wenn dies dann noch in einem entspannten Zustand, in dem Sie den besten Zugang zu Ihrem Unterbewussten haben, geschieht, ist Ihnen der Erfolg sicher.

W Zusammenfassung der Regeln für erfolgreiche Visualisierungen

- Nutzen Sie all Ihre Vorstellungskraft.
- Integrieren Sie alle fünf Sinne.
- Tun Sie so, als ob alles bereits jetzt im Augenblick real ist.
- Nehmen Sie das Endergebnis im Heute vorweg.
- Visualisieren Sie plastisch und detailliert.
- Benutzen Sie keine Verneinungen.
- Träumen Sie in der Gegenwart, nicht in der Zukunft.
- Seien Sie Teil der Visualisierung in einem dreidimensionalen Film.
- Achten Sie auf das Glücksgefühl.
- Sorgen Sie für starke Emotionen.
- Seien Sie selbst die Vorstellung, nicht der Beobachter.
- Haben Sie ein höheres Ziel.
- Wiederholen Sie die Visualisierung immer wieder.

Visualisierungen öffnen für Sie einen Möglichkeitsraum, der Ihnen zuvor verschlossen war. Aber sie verändern nicht automatisch Ihr Verhalten, Ihre Glaubenssätze oder Ihre Fähigkeiten. Sie wirken unterstützend, und viele Menschen vertrauen darauf. Klavier spielen werden Sie dennoch nicht durch ständiges Visualisieren lernen. Sie müssen auch üben.

Ähnlich ist es bei neuen Verhaltensweisen. Möchten Sie Ihr Verhalten in bestimmten Situationen verändern und visualisieren diese, heißt dies noch nicht automatisch, dass Sie nun ein anderer Mensch werden. Sie haben Ihren Möglichkeitsraum erweitert, müssen sich aber trotzdem noch anders verhalten.

Religion und Spiritualität

Glaube, Religion und Spiritualität in ihren verschiedensten Formen können Halt im tosenden Strom des Lebens geben. Jeder Mensch muss diesen Weg für sich selbst finden und gehen. Es gibt kein Patentrezept. In meiner Arbeit hat sich gezeigt, dass religiöse Menschen mit schwierigen Situationen besser umgehen können. Sie finden Halt in der Religion. Welche Religion dies ist, ist zweitrangig. Auch wenn Sie in einer Welt mit Elfen, Gnomen und Waldgeistern leben, ist diese immer noch besser als eine Welt ohne jede göttliche Komponente – egal ob Sie diese Gott, Kosmos, Leben, Natur oder ganz anders nennen.

 ## ÜBUNG – ZIELVISUALISIERUNG

Nehmen Sie sich ein zu Ihrem Ziel passendes Bild, oder schreiben Sie Ihre Zielformulierung auf ein Blatt Papier. Legen Sie es etwa zwei Meter vor sich auf den Boden. Stellen Sie sich bequem hin, und schenken Sie für etwa eine Minute Ihre Aufmerksamkeit diesem Schriftzug oder dem Bild. Tun Sie nichts Besonderes, sondern schauen Sie einfach darauf.

Dann machen Sie zwei bis drei Schritte nach vorne und stellen sich auf das Blatt. Schließen Sie die Augen, und visualisieren Sie Ihr Ziel mit allen Tricks, die Sie gerade gelernt haben. Sehen Sie sich selbst, wie Sie in der zukünftigen Welt nach der Zielerreichung leben. Fühlen Sie, wie es ist, in dieser Welt zu leben.

Stellen Sie sich vor, dass Sie in einem Magnetfeld Ihres Traums stehen, langsam werden Sie davon magnetisiert und untrennbar mit ihm verbunden. Lächeln Sie.

Wenn Sie nun mit geschlossenen Augen wieder zwei bis drei Schritte zurückgehen, spüren Sie, wie das Magnetfeld weiterbesteht und Ihr Traum Sie weiterhin anzieht. Öffnen Sie die Augen wieder.

Zukünftig können Sie sich in Situationen, in denen es einmal nicht so läuft, an dieses Magnetfeld erinnern, vielleicht die Augen schließen und, wo immer Sie gerade sind, zwei bis drei Schritte nach vorne machen.

Positives Denken

Bei dem psychologischen Konzept »Positives Denken« geht es um eine positive Beeinflussung des bewussten Denkens mithilfe von Affirmationen oder Visualisierungen. Es bewirkt eine dauerhaft konstruktive und optimistische Grundhaltung und infolgedessen eine höhere Zufriedenheit und Lebensqualität. Wenngleich das Konzept des Positiven Denkens kritisiert und teilweise als wirkungslos betrachtet wird, liefert die neuere Hirnforschung Anhaltspunkte dafür, dass gewohnheitsmäßige Denkmuster mittel- und langfristig Auswirkungen auf unsere Gehirnaktivität haben.[38]

Positives Denken, die Fokussierung auf das Schöne im Leben, wird Sie verändern und damit auch Ihr Erleben. Nach und nach werden Sie dabei lernen, Ihr Leben selbst zu gestalten und nicht nur das Beste aus Ihrem Leben zu machen. Jesus sagt in Markus 11,24:

Darum sage ich euch:
Alles, was ihr bittet in eurem Gebet,
glaubt nur, dass ihr's empfangt,
so wird's euch zuteilwerden.

Auch wenn viele Autoren, Gurus und selbsternannte Meister uns glauben machen wollen, dass man nur etwas fest glauben muss, damit es wahr wird, wird diese Bibelstelle aus theologischer Sicht doch anders interpretiert. Wer an Gott glaubt, ihm also bedingungslos vertraut, der wird empfangen. Gott könnte in diesem Sinne auch die Natur sein. Auf keinen Fall aber ist gemeint: Wer sich selbst glaubt (und in die eigene Tasche lügt), wird etwas wahr werden lassen.

Probieren Sie es doch einmal aus. Setzen Sie sich vor ein Autohaus, und glauben Sie ganz fest daran, dass das traumhaft schöne, alte Porsche Cabrio im Schaufenster Ihnen gehört. Natürlich dürfen Sie dabei nicht zweifeln! Was meinen Sie, wie viele Tage müssen Sie nur daran glauben, bis der Geschäftsführer Ihnen das Auto vor die Tür fährt?

Ist es nicht vielversprechender, sich den Porsche als Ziel zu setzen, sich durch visualisierte Bilder von dem neuen Auto zu motivieren, hart zu arbeiten und zu sparen, damit Sie sich den Wagen später kaufen können?

---

38 Vgl. dazu den Wikipedia-Artikel »Positives Denken«: http://de.wikipedia.org/wiki/Positives_Denken

Wollen Sie das wirklich?

Geht es Ihnen auch so wie mir? Ich hatte im Laufe meines Lebens einige Wünsche, deren Erfüllung sich beim näheren Betrachten als gar nicht so toll herausgestellt hatte. So bin ich einmal nach Mexiko ausgewandert. Ich wollte in der Karibik leben und das warme Wasser vor der Haustür haben. Das war auch alles schön und gut, solange ich herumreiste, am Strand saß oder abends im Restaurant eine kühle Brise über die Veranda wehte. Als ich mich aber so langsam auch einmal nach einer Arbeit umsah und entsprechend mehr in der Stadt aufhielt, wurde die Hitze zur Qual. Wer einer Arbeit im Büro nachging, also etwa als Immobilienberater, wie ich es hätte tun können, arbeitete in einem klimatisierten Raum. Sobald man diesen verließ, lief einem der Schweiß in Strömen den Körper herunter. Im Auto war es dann wieder kühl – so kühl, dass man sich gleich erkältete. Auch andere Details des mexikanischen Lebens waren so anders als in Deutschland, dass ich damals entschied, das Experiment abzubrechen, bevor ich in Deutschland in meinem alten Job keine Chance mehr gehabt hätte.

Ein im Übrigen zu beachtender und nicht zu unterschätzender Punkt bei solchen Plänen ist, dass Sie sich selbst immer mitnehmen müssen. Sie können eine Menge verändern, Sie können Ihr ganzes altes Leben beenden und irgendwo anders neu anfangen: der Typ in Ihrem Bett – der auf Ihrer Seite – bleibt derselbe.

 ### ÜBUNG – EIN TRAUM IN DER PRAXIS

Es gibt Träume, die lieben wir in unserer Fantasie, ihre Erfüllung würde uns jedoch enttäuschen. Insgeheim wissen wir dies, gerade deswegen pflegen wir sie als Träume. Wir schwärmen gern ausführlich in Gedanken davon. Käme jedoch jemand vorbei, der uns verspräche, unseren Traum zu erfüllen, hätten wir ein Problem. Nicht jeder Traum ist in der Erfüllung noch ein Traum, manchmal wird er sogar zum Albtraum.
In dieser Übung stellen Sie sich dementsprechend einmal vor, wie die Wahrwerdung Ihres Traums aussehen könnte. Machen Sie einen wirklichen Härtetest daraus. Stellen Sie sich sowohl alles Positive, was Sie erwartet, aber auch die Nachteile und negativen Konsequenzen Ihres Traums vor, aber ohne dass sie zum Schwarzseher werden. Ziel ist es zu testen, ob Sie ihn wirklich in dieser Form wollen.

Hätte ich ein kleines Hotel in der Karibik, müsste ich jeden Tag der Woche früh aufstehen und Frühstück für die Gäste machen. Solange es noch nicht boomt, müsste ich danach wohl einkaufen fahren, putzen und reparieren und bis abends arbeiten. Dies alles jeden Tag in der tropischen Hitze zu machen, kann sehr hart sein. Will ich das denn wirklich?

Stellen Sie sich nun vor, wie Ihr Leben aussähe. Lassen Sie einen typischen Tag wie einen Film vor Ihrem inneren Auge ablaufen. Nutzen Sie alle Möglichkeiten der Visualisierungstechniken, und achten Sie insbesondere auf Ihre Körperwahrnehmungen. Ist das Ihr Traum, oder haben Sie Aspekte gefunden, die nicht ideal sind? Wollen Sie das wirklich?

Sollten Sie einen Punkt entdecken, der Ihnen nicht gefällt, visualisieren Sie diesen neu und anders. Suchen Sie nach einer Lösung. Feilen Sie so lange an Ihrem Traum, bis er für Sie »stimmt«. Natürlich wissen Sie, dass das Leben kein Ponyhof ist und nahezu alles auch seine Schattenseiten hat, vernachlässigen Sie diese hier jedoch. Wenn Sie Ihren Traum entsprechend überarbeitet und »perfektioniert« haben, können Sie diese Visualisierungsübung als mentale Unterstützung und Erinnerungshilfe kaum oft genug machen.

Natürlich kann es sein, dass Sie sich immer noch nicht sicher sind, ob Sie Ihren Traum wirklich verwirklichen wollen. Probieren Sie es einfach trotzdem, Sie können jederzeit abbrechen und umkehren.

W Love it, leave it or change it

Das Leben ist kein Problem,
das es zu lösen,
sondern eine Wirklichkeit,
die es zu erfahren gilt.
          (Buddha)

Love it, leave it or change it. Wer kennt diese einfache Regel nicht? Wenn man sie konsequent beherzigen würde, wäre das Leben so einfach. Entweder Sie lieben etwas, oder Sie lieben es nicht. Lieben Sie es nicht, ändern Sie es. Können Sie es nicht ändern, verlassen Sie die Situation. Können Sie die Situation nicht verändern, müssen Sie lernen, sie zu lieben, was in diesem Zusammenhang auch ein Annehmen und Akzeptieren sein kann. Hier schließt sich der Kreis.

Dinge, auf die Sie keinen Einfluss haben, sollten Sie annehmen, sie akzeptieren und mit ihnen leben. Dinge, auf die Sie nur indirekten Einfluss haben, können Sie nur durch Veränderung der Einflussmethoden ändern. Dinge, auf die Sie direkten Einfluss haben, können Sie durch Arbeit an sich selbst verändern.

Wer die grauen Wintertage nicht mag, der kann dies nicht beeinflussen, egal wie sehr er seine Winterdepression pflegt – er könnte aber natürlich im Süden überwintern. Wer sich über die aktuelle Politik aufregt, kann diese durch Wahlen mitbestimmen, oder er geht selbst in den lokalen Ortsverein und beginnt, dort mitzuarbeiten. Wenn Sie einzelne Dinge prüfen, die Ihnen nicht passen, werden Sie feststellen, dass es gar nicht so viele Dinge gibt, auf die Sie keinen Einfluss haben. Klar, es kann mühsam sein, diesen Einfluss auszuüben. Dann steht es Ihnen frei, die Situation zu verlassen oder sie als gegeben zu akzeptieren. Sie entscheiden sich bewusst für eine dieser Möglichkeiten.

Die Strategie des Vasco da Gama

Verwandeln Sie Ihre Ideen und Wünsche in starke Visionen und klare Ziele, indem Sie andere am Erfolg teilhaben lassen, aber auch, indem Sie von anderen lernen, dieselben Fehler kein zweites Mal zu machen und nach alternativen Lösungen suchen. Sie haben ein Ziel vor Augen, Sie wissen ganz genau, wohin Sie wollen. Wie gehen Sie jetzt weiter vor? Wie können Sie zu Ihrem Ziel gelangen, ohne dabei etwas zu vergessen oder zu übersehen?

> Gehe nicht immer auf dem vorgezeichneten Weg, der nur dahin führt, wo andere bereits gegangen sind.
> (Graham Bell)

In diesem Fall bietet sich die Strategie des Vasco da Gama an. In insgesamt sechs Schritten werden die kritischen Punkte Ihres Weges durchleuchtet, sodass Sie danach mit gutem Gewissen sagen können: »Jetzt kann es losgehen.«

Schließen Sie für einen Moment die Augen, und stellen Sie sich vor, Sie lebten im 15. Jahrhundert in einem Adelshaus. Sie sind vermögend und haben eine Menge Gäste zu bewirten. Gewürze sind für Sie das A und O in der Küche. Pfeffer ist so teuer, dass er mit Gold aufgewogen wird, denn auch andere Adelshäuser reißen sich um die seltene Ware. Pfeffer ist selten, weil er nicht in Europa, sondern im fernen Indien wächst. Der Transport ist gefährlich, langwierig und teuer.

Der portugiesische König Manuel I. beauftragte gegen Ende des 15. Jahrhunderts Vasco da Gama, der nicht einmal ein besonders guter Navigator war, einen Seeweg nach Indien zu finden. Die Motivation für diese Reise war eindeutig: Wer den Seeweg nach Indien fände, brächte Portugal und sich selbst höchste Gewinne ein.

Vasco da Gama startete 1497 mit vier Schiffen in Richtung Indien. Er war erfolgreich, und seine Vorgehensweise, das Unternehmen anzugehen, war so effektiv, dass sie heute noch angewendet wird.

Vasco da Gama hatte eine klare Vision, er bezog seine Mannschaft mit ein, lernte aus Fehlern und suchte nach alternativen Möglichkeiten. Mit dieser Strategie erreichte er sein Ziel und fand den Seeweg von Portugal über das Kap der Guten Hoffnung nach Indien. Vor dem Aufbruch setzte er sich intensiv mit seinem Ziel auseinander. Er wusste, dass schon einige Vorgänger bei demselben Vorhaben gescheitert waren und untersuchte genau, woran das lag. Diese Informationen bedachte er in seiner Strategie und stellte sich selbst die Frage: »Was wurde bisher schon ausprobiert und war nicht von Erfolg gekrönt?«

Da er selbst kein guter Navigator war, suchte er sich die entsprechenden Männer, die das Navigieren beherrschten. Er überzeugt sie, mit ihm für das gemeinsame, große Ziel zusammenzuarbeiten. Seine Schiffsbesatzung bestand ausschließlich aus ihm persönlich bekannten und erfahrenen Freiwilligen, die er vorbereitete und auf die anstehenden Herausforderungen einstimmte. Auch finanziell machte er die Zielerreichung für die Mannschaft attraktiv.

Bei vorherigen Versuchen hatten Matrosen gemeutert. So umsegelte Bartolomeu Diaz zwar 1488 das Kap der Guten Hoffnung, die Weiterfahrt nach Indien scheiterte aber wegen einer Meuterei seiner Mannschaft. Außerdem war Diaz immer in Landnähe gesegelt und hatte dadurch viele Flauten erlebt. Um sich zu versorgen, musste an Land gegangen werden, was öfter zu Konflikten mit den Einwohnern führte. Vasco da Gama entschied sich daher, weiter draußen auf dem offenen Meer zu segeln. Eine weitere positive Auswirkung davon war, dass er dort nicht auf Piraten stieß, die sich eher im Küstenbereich herumtrieben.

Vasco da Gama stellte den Lotsen von Bartolomeu Diaz ein und nutzte so dessen Erfahrung. Er wertete die Beobachtungen anderer über die Meeresströmungen systematisch aus und startete zudem zu einem anderen Zeitpunkt, als die Winde günstiger bliesen, sodass die Reisezeit verkürzt wurde. Er segelte erst los, als sein Plan und alle Vorbereitungen abgeschlossen waren. Am 10. Juli 1499 legte das erste seiner Schiffe, die »Berrion«, wieder in Lissabon an. Ihre Lagerräume waren voll mit Gewürzen beladen.

 ## ÜBUNG – DER WEG NACH VASCO DA GAMA

Man entdeckt keine neuen Erdteile,
ohne den Mut zu haben,
alte Küsten aus den Augen zu verlieren.
(Andre Gide)

Im Folgenden finden Sie alle Schritte der Strategie von Vasco da Gama mit erklärenden Fragen. Wie Sie sehen werden, können Sie diese Fragen *nicht in ein paar Minuten abarbeiten. Nehmen Sie sich daher bitte ausreichend Zeit dafür. Sie müssen nicht alle Fragen beantworten. Schnell werden Sie merken, welche wichtig für Sie sind und welche eher nicht.*

1. Zielinformation
- *Welche Informationen habe ich über das Ziel?*
- *Welchen Gewinn werde ich haben?*
- *Welche Bedeutung hat das Ziel für mich?*
- *Lohnt es sich für mich, dieses Ziel zu erreichen?*
- *Bin ich bereit, Entbehrungen für dieses Ziel in Kauf zu nehmen?*
- *Was bin ich bereit, in dieses Ziel zu investieren?*
- *Gibt es innere Einwände gegen das Ziel? (Werte, Bedenken, Glaubenssätze)*
- *Wie dient die Erreichung meines Zieles einem höheren Ziel? (Metaziel)*
- *Welche genauen Informationen über das Ziel liegen bereits vor? (Berichte von anderen)*

2. Schwierigkeiten
- *Welche Wege waren bisher nicht effizient und was waren die Hindernisse?*
- *Was genau hat die Zielerreichung bisher verhindert oder könnte diese zukünftig verhindern?*
- *Warum haben andere das Ziel bisher nicht erreicht?*
- *Was hat bisher verhindert, dass ich das Ziel erreiche?*
- *An welcher Stelle kämpfe ich mit Blockaden?*

3. Wegbegleiter/Ausrüstung
- *Auf was kann ich zurückgreifen, um dieses Ziel zu erreichen? (Ressourcen)*
- *Über welche persönlichen Fähigkeiten verfüge ich?*
- *Wie genau kann ich meine Ressourcen – eigene und fremde – nutzen und einsetzen?*
- *Welche Ressourcen brauche ich noch zur Zielerreichung?*
- *Wen kann ich mit einbeziehen?*
- *Wer ist hilfreich bei der Zielerreichung? Wie kann ich denjenigen zur Mithilfe gewinnen?*

- *Welche Befürworter gibt es?*
- *Welche Personen brauche ich noch als Befürworter und wie kann ich diese gewinnen?*
- *Wie kann ich Gegner und Ablehner zu Befürwortern machen?*
- *Wen brauche ich noch, an den ich zunächst nicht gedacht habe?*
- *Was genau brauche ich an Ausrüstung?*

4. *Neuer Weg*
   - *Wie kann ich das Ziel einfach und elegant erreichen?*
   - *Welchen Weg habe ich bisher noch nicht probiert?*
   - *Welche neuen Ideen könnten für die Erreichung des Zieles nützlich sein?*
   - *Welche Zusatzinformationen brauche ich noch?*
   - *Wie sehen Teilziele/Teiletappen aus?*
   - *Woran kann ich messen, dass die Teilziele erreicht wurden?*
   - *Welche bekannten Stolpersteine gibt es? Wie kann ich sie umgehen?*

Neue Ziele erreicht man nicht auf alten Wegen.

(Unbekannt)

5. *Das Umfeld – der Ökologie-Check*
   - *Wie attraktiv ist das Ziel für mein Umfeld?*
   - *Gibt es Konkurrenten/Gegner, die sich ein Scheitern wünschen?*
   - *Gibt es Familienmitglieder oder andere Menschen in meinem Umfeld, für die meine Zielerreichung ein Nachteil wäre?*
   - *Wie kann die Zielerreichung meinem Gegner nutzen?*
   - *Gibt es Kräfte (innere und äußere Zwänge, Menschen etc.), die durch dieses Ziel einen Nachteil erleiden?*
   - *Wie kann ich diese Kräfte für mein Ziel gewinnen, wie kann ich ihr Einverständnis für dieses Ziel erhalten?*

6. *Leinen los*
   - *Wann genau ist der günstigste Startzeitpunkt?*
   - *Ist alles, was ich an Ausrüstung brauche, an Bord?*

Rituale

Rituale sind in unserer schnelllebigen und verstandesorientierten Zeit ein wenig aus der Mode gekommen. Wenn wir auf sie stoßen, erscheinen Sie uns oft altmodisch, verstaubt oder gar skurril.

Mehr und mehr erkennen wir in der modernen Gesellschaft jedoch, dass Rituale viel mehr sind, als eine festgelegte Reihenfolge von Handlungen oder beispielsweise eine Feier.

Rituale haben eine besondere Kraft und strukturieren das Leben. Einige Manager beginnen zum Beispiel wieder, Besprechungen ohne großen Tisch, im Kreis um ein fiktives Feuer sitzend, abzuhalten. In alten Stammeskulturen gab es unzählige Einweihungs- und Übergangsriten für die verschiedenen Phasen des Lebens. Der Eingeweihte machte einen gewaltigen Schritt in seinem Leben und die Gesellschaft behandelte ihn von einem Tag auf den anderen anders als zuvor. Wesentlicher Bestandteil dieser Rituale ist nicht nur die Einführung in das Neue, sondern das Beenden, das Loslassen des Alten. Oft wird dies unterschätzt. Sie können nichts Neues beginnen, wenn Sie noch in alten Dingen verhaftet sind. Auch ein gewaltsames Losreißen befreit Sie nicht von der Tatsache, dass Sie das bisherige Leben annehmen und wertschätzen müssen, um in einem weiteren Schritt Ihr neues Leben glücklich leben zu können. Ansonsten holen die Schatten der Vergangenheit Sie immer wieder ein. Irgendwann werden Sie sich ihnen dann stellen müssen.

Rituale geben dem außergewöhnlichen Moment im Alltag einen Rahmen. Sie müssen deshalb nicht Ihnen fremd vorkommende Rituale erlernen oder welche erfinden. Wenn Sie sich aber für alles, was mit Ihrem Traum zusammenhängt, einen entsprechenden Raum – sowohl wörtlich als auch geistig – schaffen, wird Sie dies in Ihrer Tatkraft unterstützen. Einen Raum zu schaffen, heißt, sich sowohl für die Ausführung der Übungen ausreichend Zeit zu nehmen, sie gewissenhaft durchzuführen und auch an einem angenehmen Ort zu machen, als auch, den entsprechenden Rahmen zu kreieren, in dem Sie sich wohlfühlen.

Wenn Sie sich mit Ihrem Traum beschäftigen, sorgen Sie immer für eine entsprechende Atmosphäre. Ist dies nicht möglich, warten Sie, bis Sie einen besseren Zeitpunkt erwischen.

Ihr Traum als Motto

Sollten Sie bisher aus Ihrem Traum noch kein handfestes Ziel formuliert haben, tun Sie dies bitte nun, bevor Sie weitermachen, denn nun gehen wir weg von der rationalen Seite hin zu Ihren unbewussten Anteilen. In diesem Kapitel werden Sie sich daranmachen, einen schlagkräftigen Slogan, ein Motto,[39] zu entwickeln, das für Sie Ihr Ziel verkörpert. Egal zu welchem der vorgestellten Persönlichkeitsmodelle Sie tendieren, sollten Sie auf jeden Fall die Tatsache, dass Ihr Unbewusstes bei Ihren Plänen ein erhebliches Wörtchen mitzureden hat, nicht ignorieren. Unbefriedigte Bedürfnisse finden immer Wege, sich bemerkbar zu machen. Frau Herz und Herr Verstand sollten Hand in Hand gehen. Erinnern Sie sich? Wenn Sie erfolgreich sein wollen, führt kein Weg daran vorbei, sogar sehr bewusst, das Unbewusste an die Hand zu nehmen. Wie also können Sie Bewusstes und Unbewusstes integrieren und vereinbaren?

Blicken wir noch einmal gemeinsam zurück auf die Problematik, denn diese zu lösen, ist neben dem Willen zum Erfolg der wichtigste Punkt in der mentalen Arbeit mit Zielen. Alles andere ist abhängig von Talent, Fähigkeit und viel Arbeit. Wie Sie bereits wissen, beurteilt das Unbewusste die Wichtigkeit von Erfahrungen aufgrund der wahrgenommenen Emotionen. Dabei ist jede Emotion auch mit Körpergefühlen verbunden. Besonders feinfühlige Menschen spüren diese sofort, andere müssen erst üben, diese wahrzunehmen. Das Unbewusste speichert einfach alles: die Erfahrung, die Emotion und das Körpergefühl. Haben Sie ein Ziel, wird das Unbewusste anfangen zu suchen und aufgrund bereits gemachter Erfahrungen (und der Glaubenssätze) die entsprechenden Emotionen und Körpergefühle erzeugen, die es in Bezug auf das Thema einmal erlebt hat. Ein Ziel, das negative Emotionen auslöst, wird schwer zu verwirklichen sein. Daher ist es logisch, dass ein Ziel so gestaltet werden muss, dass es positive Emotionen auslöst.

Wenn der Verstand ein Ziel durchsetzen möchte, braucht er die Mitarbeit des Unbewussten. Körpergefühle sind die Sprache des Unterbewusstseins, mit der es sich mitteilt. Sie lassen sich, so verschieden sie auch sein mögen, in zwei Kategorien einteilen.

Es fühlt sich gut an. Oder: Es fühlt sich schlecht an.

---

39 *Nach einer Idee aus dem Buch von Maja Storch und Frank Krause: Selbstmanagement – ressourcenorientiert. Bern 2005*

Das Unterbewusstsein arbeitet also mit ganz anderen Maßstäben und Werten. Jeder Mensch ist in der Lage, die Sprache des Unterbewussten zu verstehen, wenn er sich (wieder) darauf einlässt. Kann man seine Intuition nicht wahrnehmen (oder ernst nehmen), fehlt einem jede Möglichkeit, Ziele hinsichtlich ihrer Wirkung auf das Unbewusste zu überprüfen. Wenn man seine Intuition wahrnimmt und es eine Diskrepanz zwischen Verstand und Unterbewusstsein gibt, spürt man Unbehagen, wenn nicht sogar schwere Konflikte und innere Zerrissenheit. Hört man dennoch auf den Verstand, wird das Unterbewusstsein diese Entscheidung boykottieren. Ziehen Sie die Sache dennoch durch, reichen die Konsequenzen bis hin zu Burnout und Depressionen. Setzt der Verstand sich bei der Umsetzung des Zieles nicht durch, entscheidet das Unbewusste, und das Ziel wird nicht in Angriff genommen. Wie kann ich nun diese beiden Aspekte meines Innenlebens miteinander vereinbaren? Wie kann ich die Ziele des Verstandes in Einklang mit Erfahrungen und Werten des Unterbewusstseins bringen?

Ziele werden stark,
wenn sie auf Leidenschaft treffen.

Nun, das Unterbewusstsein ist beeinflussbar, sogar unbewusst. Vielleicht haben Sie schon einmal von dem kinesiologischen Test gehört, bei dem die Widerstandskraft getestet wird, indem gegen den ausgestreckten Arm einer Person gedrückt wird. Bei den meisten Menschen sinkt die Widerstandskraft, wenn Sie an etwas Negatives denken. Beeindruckend ist der Effekt, wenn nur der Drückende im Stillen etwas Negatives über die Person denkt, diese also nichts davon weiß, und der Arm dennoch deutlich schwächer wird.

Wie aber kommunizieren wir mit dem Unbewussten? Wie teilen wir ihm unser Ziel mit? Haben wir eine Wahrnehmung, vergleicht das Unbewusste diese automatisch mit den gespeicherten Bildern und äußert sich mit Gefühlen. Die Sprache des Verstands, die üblicherweise Ziele klar und analytisch formuliert, sagt dem Unbewussten wenig. Um ein vom Verstand vorgegebenes Ziel für das Unbewusste verständlich zu machen, müssen wir es ihm zunächst einmal erklären und dann attraktiv erscheinen lassen.

Wollen Sie dem Unbewussten etwas mitteilen, es motivieren, sollten Sie es in seiner Sprache ansprechen – der Sprache der Bilder und der Emotionen. Das Geheimnis sind also die Bilder! Je stärker die positive Reaktion darauf ist, desto besser.

Alle Dinge sind dazu da,
damit sie uns Bilder werden in irgendeinem Sinne.
(Rainer Maria Rilke)

Sie haben bereits gesehen, dass das Unbewusste das Leben über Bilder erfährt. Sie haben gelernt, wie Sie Visualisierung möglichst kraftvoll gestalten, indem Sie nicht nur den bildlichen Aspekt, sondern immer alle Ebenen der Sinneswahrnehmungen einbeziehen. Alles andere lässt das Unterbewusstsein buchstäblich kalt.

Bilder können Sie aber auch sehr bewusst erzeugen! Der Verstand arbeitet mit Worten. Diese wandeln Sie in Ihrer Vorstellung in Bilder um. Das Unbewusste reagiert darauf mit Gefühlen. Bilder verbinden Bewusstes und Unbewusstes, sie können durch Sprache erzeugt werden, entstehen aber genauso auch unbewusst. Bilder sind der Dreh- und Angelpunkt im internen Informationsfluss.

Erinnern Sie sich noch an die beiden Arten von Motivation? Die extrinsische Motivation ist die bewusste und eine Sache des Verstandes, die intrinsische ist die unbewusste und ganzheitliche. Das Werkzeug des Verstandes sind Worte, das des Unbewussten sind Körpergefühle und Bilder. Um bewusst eine solche Motivation zu erzeugen, benutzen Sie also Bilder und Emotionen.

Benutzen Sie kraftvolle Bilder mit positiven Assoziationen. Aus diesen Assoziationen formulieren Sie ein Ziel, dessen »Richtigkeit« Sie über Körpergefühle testen. Dieses Ziel wiederum formulieren Sie in einer bildreichen Sprache. Maja Storch spricht in diesem Zusammenhang von »Motto-Zielen«[40] Lassen Sie uns einen Blick darauf werfen, wie man Bilder in eine Zielformulierung einbezieht. Ich habe diese Methode in Teilen verändert und an unsere Anforderungen angepasst.

Beispiel: Am 1. Mai wiege ich 80 Kilogramm

Um Ihnen die Vorgehensweise bei der Formulierung eines Motto-Zieles besser zu verdeutlichen, werde ich am Beispielproblem »Ich bin zu dick« zeigen, wie Sie Ihr Motto zu diesem Ziel entwickeln können.

---

40 Vgl dazu: Anmerkung 38

Zuerst erkenne ich das Problem: Ich bin zu dick geworden, weil ich zu viel Bier getrunken, Chips, Erdnüsse und Schokolade gefuttert und im Gegenzug meine sportlichen Aktivitäten stark reduziert habe. Eine gute Ausrede habe ich auch, denn es war Winter und zu kalt, um draußen irgendetwas zu machen.

1. Schritt: Bildersammlung

Zur Entwicklung eines Mottos benötigen Sie aussagekräftige Fotos, die Sie emotional bewegen. Schon die Indianer Nordamerikas bezogen bei ihrer Arbeit mit dem Medizinrad Tiere, Pflanzen, Mineralien und Farben mit ein. Sie müssen sich aber nicht am Medizinrad orientieren. Suchen Sie sich einfach gute Fotos von Bären, Eidechsen, Adlern, Löwen und anderen Tieren. Nehmen Sie Fotos von Gras, von Sonnenblumen, von Efeu und anderen Pflanzen dazu. Die Minerale sind vielleicht nicht jedermanns Sache, die Farben wiederum können in ihrer Wirkung jedoch Emotionen wecken. Weitere Oberbegriffe, nach denen Sie Fotos aussuchen könnten, sind beispielsweise berühmte Personen oder Fahrzeuge. Passende Fotos zu finden, ist in Zeiten des Internets kein Problem mehr. Bitte beachten Sie jedoch die jeweiligen Bildrechte.

Beispiel: Am 1. Mai wiege ich 80 Kilogramm
Aus meinem Problem (weg von Übergewicht, Kurzatmigkeit beim Treppensteigen und zu engen Hosen) formuliere ich zunächst einmal ein sauberes Ziel, mithilfe der Regeln, die ich bereits beschrieben habe. Das Ergebnis habe ich in der Beispielüberschrift bereits vorweggenommen. »Ich nehme bis zum 1. Mai zehn Kilogramm ab« hat als Zieldefinition alle beschriebenen Eigenschaften. Die Formulierung »Am 1. Mai wiege ich 80 Kilogramm« ist noch verbindlicher, also wähle ich diese Variante.

2. Schritt: Bildauswahl

Sortieren Sie Ihre Bilder nach Themen, also Tiere, Pflanzen, Minerale, Farben etc. Aus jeder Gruppe wählen Sie ein Foto aus, das Ihnen intuitiv am besten gefällt und bei dem Sie das Gefühl haben, dass es eine Hilfe sein könnte. Vielleicht haben Sie schon eine Idee, welches Tier über all die Eigenschaften verfügt, die Sie brauchen, um Ihr Ziel zu erreichen. Welche Pflanze verbinden Sie vielleicht intuitiv damit? Lassen Sie Ihrer Kreativität und Spielfreude freien Lauf! Achten Sie darauf, dass die Bilder eindeutig positive Körpergefühle und/oder Emotionen hervorrufen. Mögliche positive Gefühle sind ein allgemeines Wohlbefinden, ein Glücksgefühl, freudige Erregung, Wärme, ein fester Stand, freier Atem, freier Blick, klares Hören und weitere. Spüren Sie beim Anblick eines Bildes ein Unwohlsein, wählen Sie ein anderes. Seien Sie dabei spontan, und überlegen Sie nicht lange. Lassen Sie den Verstand außen vor.

Beispiel: Am 1. Mai wiege ich 80 Kilogramm
Zur Verwirklichung dieses Zieles brauche ich einen langen Atem und viel Ausdauer. Dazu passt doch als Tier das Kamel ganz gut. Das Kamel ist in der Lage, lange Strecken in ausgedörrten Gegenden ohne Wasser zu überwinden. Es gibt nicht auf und hat ein Gespür für die nächstgelegene Oase.

Von den Pflanzen spricht mich spontan keine an, dafür aber der Delfin. Er ist elegant, schnell und sportlich.

Das dritte Foto, das ich wähle, zeigt das Mineral Türkis. Das Grün assoziiere ich mit der Natur, mit Wiesen, Bäumen und Pflanzen. Das Blau könnte der Himmel oder das Meer der Karibik sein, die ich schon immer liebte.

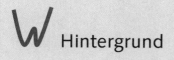

W Hintergrund

Der Hintergrund dieser Arbeit mit Bildern ist, dass wir ihnen Eigenschaften und emotionale Bezüge geben, die immer eine Projektion sind. Sie projizieren – natürlich unbewusst – positive (oder auch negative) Eigenschaften und Ressourcen in das entsprechende Abbild des Tieres, der Pflanze etc.
Viele Menschen lieben zum Beispiel Delfine, weil diese als liebevolle, elegante Familientiere gelten, als Freund der Menschen und hin und wieder sogar Lebensretter sind. Wer aber einmal Delfine jagen gesehen hat, wird dieses Bild nicht mehr haben. Im täglichen Kampf um ihr Überleben, sind sie nicht besser oder schlechter als Haie, die anerkanntermaßen ein schlechtes Image haben.

Die Projektion von Eigenschaften in Gegenstände, Pflanzen, Tiere und andere Menschen bis hin zu Gesellschaften und Staaten ist Ihnen nur möglich, weil Sie irgendwo in sich selbst diese Eigenschaft ebenfalls besitzen. Die Bilder, die Assoziationen, die wir gleich bilden, und das daraus resultierende Motto sind also geeignet, Ihre Ressourcen und Fähigkeiten spielerisch zum Vorschein zu bringen.

3. Schritt: Freie Assoziationen

Dieser Teil wird Ihnen besonders Spaß machen. Ihre Kreativität ist gefragt. Machen Sie diesen Schritt möglichst nicht allein, sondern in einer Gruppe, zumindest aber mit einem Freund oder einem Coach. Sie haben drei oder vier Fotos ausgewählt. Die Aufgabe der Gruppe bzw. des anderen ist es nun, ein Brainstorming zu den Fotos zu machen. Welche Assoziationen haben die anderen bzw. der andere? Was fällt ihnen beim Betrachten der Fotos ein? Womit assoziieren sie die Abbildungen der Tiere, der Pflanzen etc.? Diese Assoziationen dürfen offensichtlich, verrückt und abwegig sein. Jeder sagt, was ihm spontan einfällt. Sagen Sie noch nichts. Erst in einem zweiten Schritt bringen auch Sie selbst Ihre Assoziationen ein. Sammeln Sie alle Ideen und Assoziationen, und halten Sie sie schriftlich fest!

W Fragen zum freien Assoziieren

- Was empfinde ich bei dem Bild?
- Was fällt mir dazu ein?
- Was verbindet mich mit ihm?
- Was sagt es über mich und mein Ziel aus?
- Was davon hätte ich gern?
- Was davon möchte ich nicht haben?

Beispiel: Am 1. Mai wiege ich 80 Kilogramm

Das Brainstorming in der Gruppe bringt für die drei Fotos u.a. folgende Assoziationen:

Kamel: Gestank, ausdauernd, hässlich, faul, störrisch, Wüstenschiff, schnell, dürr, klapprig, klettert gut, schwankt wie ein Schiff auf dem Meer, schmutziges Fell, überlebenswichtig in der Wüste, stark, findet Wasser in der Wüste, bescheiden, willensstark, treu

Delfin: Fisch, Säugetier, Flipper, schnell, schlank, elegant, wendig, guter Schwimmer, Zoo, Familientier, warmes Wasser, kaltes Wasser, Karibik, Tauchen, Haie, treu, intelligent, muss immer atmen, Freund der Menschen, Delfintherapie

Türkis: blau, grün, Meer, Karibik, Traumurlaub, Stein, Edelstein, teuer, wertvoll, nicht sehr hart, verletzlich, Natur, Himmel und Wiese, Wald, Wasser

4. Schritt: Auswahl der wichtigsten Ideen

Sie haben jetzt hoffentlich einen Berg von Ideen und Assoziationen, aus denen Sie ohne Unterstützung der anderen die für Sie gefühlsmäßig besten Assoziationen zu jedem Foto auswählen. Welche Assoziationen gefallen Ihnen? Welche können Sie gleich verwerfen? Bei welchen spüren Sie die stärkste innere Verbindung? Welche Assoziation bewegt Sie?

Für die Auswahl möchte ich Ihnen raten, mit Ihren Körperwahrnehmungen zu arbeiten. Die meisten Menschen sehen heute ihren Körper als Hülle der Seele, als vergänglich und oft als Problemverursacher an. Sie haben selten gelernt, ihren Körper als integrativen Bestandteil ihres Ichs zu sehen. Was aber wären sie ohne ihn? Eine Seele im Vakuum? Sie müssten auf alle ihre Sinneswahrnehmungen verzichten. Sie würden die herrlichen Erfahrungen des Schmeckens, Riechens, Hörens, Fühlens und Sehens missen. Zudem ist das eigene Körperempfinden, die beste Entscheidungshilfe, wenn es darum geht, zu beurteilen, was gut für einen ist und was nicht. Unser Körper reagiert unmittelbar und spontan, er ist immer ehrlich und von absoluter Zuverlässigkeit. Er nimmt wahr, was der Geist für richtig hält und die Seele fühlt.

Anfangs ist es für analytisch geprägte Kopfmenschen nicht einfach, mit dem Körper zu arbeiten und ihn als Messinstrument zu benutzen. Es bedarf ein wenig Übung, bis Sie ihm zuhören und vertrauen können. Spüren Sie in sich hinein, bei welcher Assoziation Sie ein gutes, reines Gefühl haben. Stellen Sie eher einen Druck oder eine Enge fest, wählen Sie lieber eine andere Assoziation. Manche Gefühle können auch gespalten sein. Prüfen Sie solche Fälle genau, und wählen Sie im Zweifelsfall ebenfalls lieber eine andere Assoziation.

Beispiel: Am 1. Mai wiege ich 80 Kilogramm
Die stärksten Assoziationen für mich sind:
ausdauernd, Wüstenschiff, störrisch, schwankt wie ein Schiff auf dem Meer, willensstark, wendig, Flipper, Meer, Karibik, teuer, blau, Wald, Himmel, verletzlich.
Im nächsten Schritt sehen Sie, was daraus entsteht.

5. Schritt: Module entwerfen

Aus Ihren Favoriten bilden Sie kurze Stichwörter oder Satzfragmente. Versuchen Sie, diese kraftvoll und bildreich zu halten. Gestalten Sie Fragmente, aus denen Sie später Ihr Motto formulieren können. Eventuell arbeiten Sie auch mit Varianten, wenn Sie das Gefühl haben, dass dies sinnvoll ist. Kreieren Sie mehrere Varianten, die Sie im nächsten Schritt testen werden.

Beispiel: Am 1. Mai wiege ich 80 Kilogramm
Aus den zuvor gesammelten Assoziationen bilde ich kurze Teilmodule:
- ausdauernd wie ein Kamel
- Wüstenschiff
- störrisch wie ein Kamel
- Willensstark strebt das Kamel seinem Ziel zu.
- wendig und schnell wie ein Delfin
- Wie Flipper im Meer genieße ich das Leben.
- das türkisblaue Meer der Karibik (bereits eine Kombination aus mehreren Assoziationen!)
- teuer wie ein Türkis

Auch wenn mir »schwankt wie ein Schiff auf dem Meer« gefällt, habe ich meine Zweifel, ob diese Assoziation hilfreich sein könnte. Die Wahl der Farbe Türkis bringt in diesem Beispiel nicht wirklich den gewünschten Erfolg, und wird im Motto daher eher eine Nebenrolle spielen –, wie Sie noch sehen werden.

6. Schritt: Module auswerten/testen

Sie haben verschiedene Bilder und Satzfragmente gewählt. Fragen Sie Ihr Körperbewusstsein jetzt, welche Formulierungen gut sind und welche nicht. Gut heißt, sie lösen in Ihnen positive Körperwahrnehmungen aus, schlecht heißt, Sie verspüren eher ein Unwohlsein. Machen Sie Ihr Unbewusstes zu Ihrem Verbündeten, indem Sie es mitentscheiden lassen. Dazu nehmen Sie sich ein wenig Zeit, schließen vielleicht auch die Augen, vertiefen sich in den jeweiligen Satz und schenken Ihre Aufmerksamkeit Ihrem Körper. Wie reagiert er auf den Satz? Ist da irgendwo ein Körpergefühl?

Stellen Sie sich zwei Treppen mit jeweils zehn Stufen vor. Dem Treppenabsatz ist der Zahlenwert »0« zugeordnet, der obersten Stufe die »10«. Die linke Treppe dient zur Einschätzung negativer Körpergefühle. Wenn Sie bei der Konzentration auf Ihre Zielformulierung ein oder auch mehrere negative Gefühle entdecken, schätzen Sie deren Wert anhand der Treppe ein. Auf welcher Stufe setzen Sie das Gefühl an? Ist es nur ein leicht negatives Gefühl, stehen Sie also eher auf Stufe »1« oder »2«, oder ist das Gefühl stark und heftig und vielleicht sogar eine »10«?

Genauso verfahren Sie mit allen positiven Körperwahrnehmungen. Bei starken Gefühlen gehen Sie in Ihrer Vorstellung auf die oberen Stufen der Treppe, bei schwachen bleiben Sie eher unten.

Das Ziel ist es, eine Formulierung zu finden, die kein einziges negatives Körpergefühl in Ihnen weckt, sodass Sie die linke Treppe gar nicht erst betreten. Zusätzlich versuchen Sie, die Formulierung so zu gestalten, dass Sie auf der rechten Treppe eindeutig im oberen Drittel stehen, also eindeutige, stark positive Körperwahrnehmungen haben.

Beispiel 1

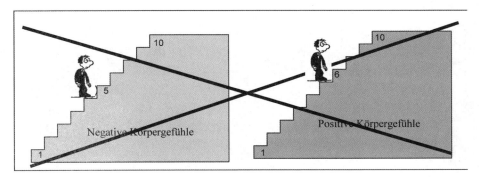

In diesem Beispiel sind die positiven Gefühle zwar stärker als die negativen, reichen jedoch für diese Zielformulierung nicht aus. Stufe »5« bei negativen Körpergefühlen ist ein Hinweis darauf, dass das Motto zu viele negative Assoziationen im Unterbewusstsein auslöst.

Beispiel 2

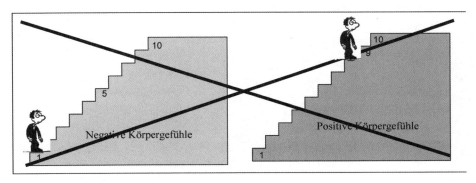

Auch diese Konstellation ist nicht perfekt, der geringe negative Aspekt könnte unbewusst dafür sorgen, dass Sie vergeblich versuchen werden, Ihr Ziel mit dieser Formulierung zu erreichen.

Beispiel 3

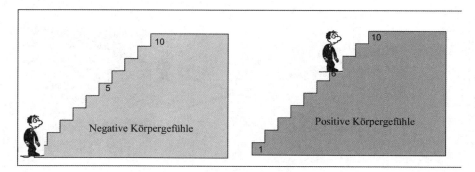

Dies ist die optimale Situation. Kein negatives Gefühl zu finden ist wichtiger, als bei den positiven Gefühlen auf die »10« zu kommen.

Beispiel: Am 1. Mai wiege ich 80 Kilogramm
Aus den zuvor gebildeten Teilmodulen verbleiben als eindeutig positive Assoziationen:
- ausdauernd wie ein Kamel
- Wüstenschiff
- störrisch wie ein Kamel
- Willensstark strebt das Kamel seinem Ziel zu.
- wendig und schnell wie ein Delfin
- Wie Flipper im Meer genieße ich das Leben
- das türkisblaue Meer der Karibik (bereits eine Kombination aus mehreren Assoziationen!)
- teuer wie ein Türkis

Der schon erwähnte aus der Kinesiologie kommende Armtest ist eine weitere Möglichkeit, Ihr Unbewusstes um Rat zu fragen. Sie brauchen eine zweite Person dazu. Strecken Sie Ihren Arm senkrecht aus. Ihr Partner drückt jetzt zum Test von oben auf den Arm (kräftig, aber nicht gewaltsam), Sie halten dagegen. Ihr Partner soll dabei ein Gefühl für die Stärke Ihres normalen Widerstandes bekommen, wenn Sie in einem neutralen Zustand sind. Wenn Sie dann an eine Aussage denken, die

Sie testen möchten, etwa, ob eine Entscheidung die richtige ist, drückt Ihr Partner wiederum auf den Arm. Sie beide werden feststellen, dass Ihr Widerstand nachlässt oder auch stärker wird. Je mehr Kraft sie haben, desto näher sind Sie an der Wahrheit. Ein Gedanke, der in Ihrem Inneren ein Grausen auslöst, wird Ihre Kraft minimieren. Mit etwas Übung können Sie so austesten, welche Formulierung gut oder weniger gut ist.

W Emotionen und Gefühle

Emotionen sind kein Luxus,
sondern ein komplexes Hilfsmittel im Daseinskampf.
(António R. Damásio)

Wir alle haben ständig und überall Emotionen, Gefühle, Gedanken und Wahrnehmungen. In meinen Anmerkungen zum Ego habe ich bereits geschrieben, dass sich das Ego genau darüber definiert. Manche Gefühle machen uns glücklich, andere verdrängen wir eher. Letzteres ist allerdings nur begrenzt zielführend. Irgendwann platzt die Bombe und die eingesperrten Gefühle bahnen sich vehement ihren Weg. Sie sind zwar nicht Ihre Gefühle, aber Ihre verdrängten Gefühle können Sie krank machen.
Versuchen Sie, Ihre Gefühle wahrzunehmen, zu respektieren und anzunehmen. Geben Sie ihnen Raum und Ausdruck. Und schon verändern sie sich oder verfliegen. Was aber ist eine Emotion genau? Wie unterscheidet sie sich von einem Gefühl? Oder sind beide dasselbe? Unter Emotion verstehen wir einen Prozess, der durch die Wahrnehmung eines Sachverhaltes, einer Situation, ausgelöst wird. Insbesondere unser Körper reagiert durch subjektive Gefühle, eben unsere Körperwahrnehmungen. Aus diesen Gefühlen entwickeln sich Emotionen. Emotionen sind stets auf etwas ausgerichtet, sie sind eine Reaktion auf körpereigene oder auf äußere Reize. So sind wir wütend auf etwas, traurig über etwas oder haben Angst vor etwas. Auch wenn das Wort Emotionen in der Sprache oft gleichbedeutend mit Gefühlen benutzt wird, sind diese nicht gleichzusetzen mit Gefühlen.

Gefühl bezeichnet das subjektive Erleben der Emotion, wie z. B. Freude, Lust, Geborgenheit, Liebe, Trauer, Ärger, Glücklichsein und Wohlbehagen. Insofern ist ein Gefühl immer ein Bestandteil einer Emotion. Gefühle sind ursprünglicher und unmittelbarer, sie erfordern oder beinhalten kein Verständnis irgendeines Sachverhaltes. (Körperlicher) Schmerz ist ein Gefühl, dennoch benötigen Sie kein Verständnis von dem, was da gerade in Ihrem Körper geschieht. Emotionen hingegen erfordern immer einen Bezug zu einem Geschehen. Sie sind sehr kurzlebige Ereignisse und existieren nur einen Moment lang, nämlich nur, wenn wir sie verspüren. Hält eine Emotion länger an, spricht man von Stimmung. Aus kurzem Ärger wird eine gereizte Stimmung.

Emotionen sind das interne Kommunikationsmittel. Geist und Körper kommunizieren über sie miteinander. Der Geist hat eine Idee, die eine Emotion hervorruft. Diese erreicht den Körper und bewirkt dort eine Reaktion. Angenommen, Sie erleben eine für Sie unangenehme Situation, etwas Peinliches vielleicht. Sie reagieren mit Verunsicherung, welche als Emotion an Ihren Körper weitergeleitet wird. Der aber hat zur Emotion Unsicherheit irgendwann einmal etwas Negatives abgespeichert und reagiert mit Anspannung. Diese kann in diesem Zusammenhang eine muskuläre Anspannung wie Rückenprobleme und Magenschmerzen sein, sich aber auch durch Kopfschmerzen, ein Druckgefühl oder aber auch durch eine Krankheit oder ein anderes körperliches Problem zeigen. Ihr Unwohlsein entsteht also aus der Bewertung der Ausgangssituation als »peinlich«.

Dennoch haben wir es auch unseren Emotionen zu verdanken, dass wir (noch) existieren. Das Überleben der Art »Mensch« beruht auf Emotionen, die unsere Vorfahren hatten und die dazu führten, dass Verhalten geändert wurde, um Situationen nicht mehr oder andere öfter zu erleben. Angst zwang zum Weglaufen aus einer Situation, Freude führte zu Zuwendung und dem Bilden eines sozialen Netzwerkes – wichtige Ressourcen im Überlebenskampf.

ÜBUNG – ERKUNDEN DER EMOTIONEN

Setzen Sie sich bequem hin, sodass Sie alle Muskeln entspannen können. Achten Sie während der Übung darauf, dass Sie entspannt bleiben und keinen Muskel wieder anspannen.

Jetzt erinnern Sie sich an etwas, über das Sie sich zuletzt sehr geärgert haben. Versuchen Sie, sich an die Wut und an den Ärger zu erinnern und wieder so wütend zu werden wie damals. Bleiben Sie dabei allerdings körperlich ohne jede Anspannung, lassen Sie Ihre Muskeln, insbesondere die Bauchgegend und den Schulterbereich bewusst locker. Merken Sie, dass es unmöglich ist, wütend zu sein, ohne einen einzigen Muskeln anzuspannen?

Ist aber irgendwo in Ihnen eine Anspannung, beruht diese auf dem Widerstand gegen das, was ist. Bleibt diese Anspannung dort dauerhaft, kann sie krank machen. Vielleicht bemerken Sie sie nicht, weil sie sehr klein ist – mag sein, dass Sie sich auch an sie gewöhnt haben. Gerade Rückenprobleme bis hin zum Bandscheibenvorfall resultieren daraus, dass man die monatelange Anspannung zuvor nicht bemerkt hat. Genauso wie mit der Wut, verhält es sich mit der Angst. Auch sie kann ohne Anspannung nicht existieren.

Dieses Wissen können Sie unmittelbar für sich nutzen. In jeder Situation, in der Sie zukünftig ärgerlich, wütend oder ängstlich sind, brauchen Sie nur Ihre gesamte Muskulatur bewusst zu entspannen, und Ihre Emotionen werden sich beruhigen. Ihr Kopf wird klar für die richtige Entscheidung.

7. Schritt: Motto-Entwicklung

Aus den eben erarbeiteten Satzfragmenten zu den Assoziationen bauen Sie nun ein schlagkräftiges, bewegendes Motto, das Körper, Geist und Seele anspricht. Es soll sowohl vom Verstand als auch vom Unbewussten positiv bewertet werden. Formulieren Sie dieses Motto in einer bilderreichen Sprache, die Sie immer wieder unmittelbar und automatisch mit dem ursprünglichen Bild sowie der jeweiligen benutzten Assoziation verbindet. Dieses Motto wird Ihnen zu einer wertvollen Unterstützung bei der Beschäftigung mit Ihrem Ziel werden.

Schreiben Sie Ihr Motto auf:

. . . .

. . . .

Beispiel: Am 1. Mai wiege ich 80 Kilogramm
Dies sind die verbliebenen Teilmodule:
- ausdauernd wie ein Kamel
- Wüstenschiff.
- störrisch wie ein Kamel (störrisch, weil ich mich stur der Schokolade verweigere)
- Willensstark strebt das Kamel seinem Ziel zu.
- Wie Flipper im Meer genieße ich das Leben.
- das türkisblaue Meer der Karibik

Daraus habe ich folgendes Motto formuliert:
Mit der Willenskraft des störrischen Wüstenschiffs erreiche ich mit Ausdauer mein Idealgewicht und genieße das Leben wie Flipper im türkisblauen Meer der Karibik.

Das Motto darf durchaus kürzer sein und nur aus wenigen Worten bestehen. Schlank und schnell wie ein Delfin wäre ebenfalls ein knackiger Satz. Willensstark und elegant ins Blaue wäre eine andere Alternative. Der zweite Teil beinhaltet die Vorwegnahme des Erfolgs in einem für mich angenehmen Bild, was das Motto weiter verstärkt. Achten Sie darauf, dass der Satz nicht zu lang wird. Der Beispielsatz ist bereits an der Grenze!

8. Schritt: Auswahl von Erinnerungshilfen

Kommen wir nun zur Anwendung Ihres Mottos. Um es im Alltag greifbar zu machen, kümmern Sie sich zunächst um entsprechende Erinnerungshilfen, die Sie überall und ständig an Ihr Motto und damit an Ihr Ziel erinnern. Alles, was Ihnen in den Sinn kommt und zweckmäßig erscheint, ist möglich. Die Erinnerungshilfen sollten nichts Alltägliches sein. Ist Ihr gewähltes Tier z. B. ein Kanarienvogel, der durch wundervollen Gesang bezaubert, so könnte Sie Musik, die Sie mögen, daran erinnern. In irgendeiner Form sollte die Erinnerungshilfe mit dem Ziel verknüpft sein. Suchen Sie sich fünf mobile und fünf stationäre Erinnerungshilfen. Das können auch kleine Zettel am Badezimmerspiel, am Computermonitor etc. sein.

Beachten Sie bei der Festlegung von Erinnerungshilfen vor allem die hinsichtlich der Zielverfolgung kritischen Punkte. Wer abnehmen möchte, bringt einen Hinweis an der Süßigkeitenschublade oder am Kühlschrank an. Wer regelmäßig morgens Sport machen möchte, befestigt am Badezimmerspiegel einen Zettel, der ihn daran erinnert, gleich die Laufschuhe anzuziehen. Formulieren Sie diese Erinnerungshilfen in der erarbeiteten Motto-Form. Ist die Schokolade erst einmal geöffnet oder der Anzug angezogen, werden Sie nicht mehr Diät halten oder noch joggen. Wie wäre es, wenn Sie sich eine Collage zur Erinnerung basteln, die sowohl Ihre Fotos als auch Ihr Motto beinhaltet?

Beispiel: Am 1. Mai wiege ich 80 Kilogramm
Mit der Willenskraft des störrischen Wüstenschiffs erreiche ich mit Ausdauer mein Idealgewicht und genieße das Leben wie Flipper im türkisblauen Meer der Karibik.

Wie könnte ein Bild, eine Art Logo, für meine Diät aussehen, das ich an allen möglichen und unmöglichen Plätzen wie auf dem Kühlschrank, auf dem T-Shirt, auf der Kaffeetasse, als Poster an der Wand anbringen oder als Bildschirmschoner am PC etc. verwenden kann? Wie wäre es mit einem Kamel, das mitten in der Wüste auf einen Karibikstrand stößt, vor dem Flipper bereits wartet? Selbst Aufkleber sind heute schon für wenig Geld im Internet nach eigenem Design bestellbar.

Was könnte ich noch tun, um mir das Motto so oft wie möglich ins Gedächtnis zu rufen? Nun, ich könnte die Filmmelodie von Flipper als Handy-Klingelton auswählen, ich könnte in ein arabisches Restaurant gehen und ein wenig Wüstenfeeling erleben. Vielleicht könnten auch orientalische Düfte aus Räucherstäbchen unterstützend wirken? Kühlschrank, Süßigkeitenschublade und Weinregal erhalten natürlich als Erinnerungshilfen eine Art Verbotsschild.

ÜBUNG – IHR MEDIZINBEUTEL

Jeder Indianer hat einen Medizinbeutel, in dem er heilige Gegenstände aufbewahrt, die nur er kennt. Oft sind ihm Bilder im Rahmen einer Visionssuche erschienen, und er hat sich dementsprechende Dinge in der Natur gesucht. Dieser Medizinbeutel ist sein heiligstes Gut, und wenn er ihn verliert, verliert der Indianer seine Kraft, sein Glück.
Machen Sie es doch wie die Indianer. Haben Sie Lust, Ihren Traum immer bei sich zu tragen? Nicht nur im Kopf sondern auch körperlich zum Anfassen? Wie wäre es, wenn Sie sich ein kleines Säckchen besorgen, das in Ihre Hosentasche oder Ihre Handtasche passt? Darin bewahren Sie ein paar Dinge auf, die Sie an Ihren Traum erinnern. Perfekt wäre es, wenn diese Dinge zu Ihrem Motto passen würden. Ich persönlich würde den Inhalt – ganz wie ein Indianer – niemandem zeigen, sondern ihn nur herausholen, wenn ich allein bin.
In kritischen Momenten nehmen Sie den Beutel in die Hand und stellen sich vor, wie Sie Ihr Ziel erreicht haben werden. Entspannen Sie Bauch-, Nacken-, Schultern und Gesichtsmuskulatur, und atmen Sie ruhig in den Bauch hinein.

9. Schritt: Mentalprogramm

Wenn wir schon so intensiv mit Bildern arbeiten, ist es sinnvoll, das erarbeitete Motto durch ein entsprechendes Mentalprogramm im Unterbewusstsein zu verankern. Dabei konzentrieren Sie sich auf Ihre Bilder, Ihr Motto und Ihr Ziel und achten auf Ihre Körperwahrnehmungen. Alles Weitere entnehmen Sie bitte der folgenden Übung.

ÜBUNG: MOTTO-VISUALISIERUNG

Nehmen Sie sich ausreichend Zeit, und benutzen Sie Ihre Fotos oder noch besser Ihre Collage. Lesen Sie sich Ihren Motto-Satz laut vor, und betrachten Sie intensiv und zugleich absichtslos Ihre Bilder. Absichtslos meint, dass Sie dies ohne Anstrengung tun und einfach so vor sich hin träumen.

Schließen Sie dann die Augen, und stellen Sie sich Ihre Collage als kleinen Film vor. Beobachten Sie sich selbst bei der Verwirklichung Ihres Zieles. Sollte dieses Ziel etwas wie »das Abnehmen« sein, sollten Sie nicht den Vorgang visualisieren, sondern nur den angestrebten Endzustand. Sie sind rank und schlank, attraktiv und haben wieder genug Luft zum Laufen ...

Sowieso sollten die Visualisierung des Endzustands und die Vorstellung der Erfüllung Ihres Traums der Schwerpunkt sein. Wie bereits gesagt, ist der Weg nie hundertprozentig klar vorgegeben, und insofern dürfen Sie diesen der Weisheit des Lebens überlassen. Achten Sie bei der Visualisierung auf alle Körperwahrnehmungen und Emotionen. Sie wissen mittlerweile, wie wichtig es ist, dass Sie Ihre Visualisierung wirklich genießen und positive Emotionen entwickeln.

Sind Ihre Körperwahrnehmungen gut, ist alles so, wie es sein soll. Versuchen Sie, diese positiven Gefühle als zusätzliche Stimulanz mit Ihrem Motto zu verbinden. Wenn Sie diese Visualisierung immer wieder machen und Ihre Wahrnehmung auf die positiven Gefühle richten, verbinden Sie diese unauflöslich mit Ihrem Ziel und dem Motto. Lesen Sie also zukünftig Ihr Motto, oder blicken Sie auf Ihre Collage, verspüren Sie wieder diese positiven Gefühle, was Ihnen die Zielerreichung leichter macht.

Stellen Sie aber negative Gefühle fest, überprüfen Sie Ihr Motto nochmals mithilfe der Körperwahrnehmungen anhand der zuvor beschriebenen Vorgehensweise.

Dann formulieren Sie Ihr Motto so, dass keine negativen Gefühle auftauchen. Sollte dies nicht helfen, überprüfen Sie sowohl Ihr Ziel als auch Ihre Glaubenssätze. Verständlicherweise gibt es keine Patentrezepte für diesen Fall, Sie müssen selbst klären, was Sie behindert und blockiert.

10. Schritt: Ihr Mudra

Spätestens seit Ivan Pawlov und seinen berühmten Experimenten mit Hunden, die so konditioniert wurden, dass sie anfingen zu sabbern, wenn eine bestimmte Glocke ertönte, wissen wir, dass sich bestimmtes Verhalten durch Schlüsselreize auslösen lässt. Man spricht in Bezug auf solche Schlüsselreize auch von »Ankern«. Diese lösen dann einen Reflex aus, der zuvor erlernt worden war.

Als Erinnerungshilfe dieser Art können Sie ein »Mudra« anwenden. Ein Mudra ist eine symbolische Handgeste. Der Ausdruck kommt aus dem Sanskrit und bedeutet »das, was Freude bringt«. Die Geste soll Sie jedes Mal, wenn Sie sie machen, an Ihr Ziel erinnern und zugleich positive Assoziationen und Bilder in Ihnen wecken.

Ich schlage Ihnen dazu eine einfache, aber ausgefallene Handbewegung vor, etwa das Dreifinger-Mudra, bei dem Sie Daumen, Zeige- und Ringfinger einer Hand zusammenlegen. Nutzen Sie dieses als Ankerreiz zu Ihrem Motto. Dazu machen Sie die zuvor beschriebene Visualisierung, und wenn Sie das Gefühl haben, voll und ganz dabei zu sein, formen Sie Ihr Mudra und halten dieses bis kurz vor dem Ende. Wichtig beim Setzen eines Ankers sind die folgenden fünf Komponenten, auf die ich kurz eingehen möchte:

Timing des Ankers:
Setzen Sie den Anker (also das Bilden des Mudras) kurz vor der höchsten Intensität Ihrer Visualisierung.

Intensität des Zustandes:
Der Zustand, den Sie festigen wollen, muss möglichst intensiv sein. Achten Sie darauf, dass Sie in Ihrer Visualisierung wirkliche Emotionen haben, wenn Sie Ihr Ziel »erträumen«.

Genauigkeit der Wiederholung:
Es ist wichtig, dass Sie Ihren Anker immer genau gleich nutzen. Beispielsweise sollten Sie Ihr Mudra nicht einmal mit der linken und das andere Mal mit der rechten Hand bilden.

Einzigartigkeit des Ankers:
Es ist klar, dass Ihr Anker kein Reiz sein sollte, dem Sie ständig begegnen, oder? Das Klingeln Ihres Handys beispielsweise verbinden Sie mit vielen anderen Dingen, insofern ist es als Reiz nicht spezifisch genug. Nur ein spezieller Klingelton, wie in meinem Beispiel die Filmmelodie von Flipper, ergibt in diesem Zusammenhang einen Sinn.

Reinheit des Zustandes:
Während der Visualisierung sollten Ihre Emotionen eindeutig und rein sein. Falls irgendwo auch negative Gefühle vorhanden sind, verankern Sie diese sonst mit.

11. Schritt: Umsetzung im Alltag

Der letzte Schritt in der mentalen Arbeit ist die Vorbereitung auf zu erwartende Schwierigkeiten und Probleme, die so sicher kommen werden, wie das Amen in der Kirche. Wenn ich abnehmen will, kann ich davon ausgehen, dass irgendwann im Kühlschrank etwas Leckeres stehen wird, das mich magisch anzuziehen scheint. Auch wird meine Frau sicherlich nicht auf Schokolade verzichten. Beides sind **Situationen, auf die ich mich vorbereiten kann**. Mit ein wenig Disziplin und Unterstützung durch mein Motto sollte dies gelingen.

Stellen Sie sich bitte die Situationen, die auf Sie zukommen könnten, der Reihe nach konkret vor. Wie viele Personen außer Ihnen werden wohl daran beteiligt sein? Wer hat das Sagen? Was geschieht üblicherweise? Welche Rahmenbedingungen gibt es? Überlegen Sie sich, wie Sie Ihre Erinnerungshilfen in der Situation nutzen können, welche Ressourcen Sie aktivieren sollten und was sonst noch helfen könnte.

Dann wiederum gibt es **Situationen, die zwar planbar, jedoch schwierig zu beherrschen sind**. Werde ich etwa auf die Hochzeit meines besten Freundes eingeladen, weiß ich jetzt schon, dass ich mit dem Einhalten meiner Diät Probleme haben werde. Genauso wenig hielte ich dort wahrscheinlich eine alkoholfreie Zeit durch. Also sollte ich mich mental vorbereiten und mir überlegen, wie ich agieren (nicht reagieren!) könnte. Ich könnte planen, von jedem Gang zu essen, jedoch nur eine kleine Portion zu nehmen und auf Nachschlag zu verzichten. Ich könnte nach jedem Glas Bier oder Wein ein bis zwei Gläser Wasser trinken. Natürlich ist dies sehr subjektiv, und manch einer würde einfach auf Essen und Trinken verzichten.

Planbare, jedoch schwierig zu beherrschende Situationen sind die Probe aufs Exempel für die Wirksamkeit Ihres Mottos sowie für die Ihrer Erinnerungshilfen. Nun zeigt sich, wie sauber Sie gearbeitet haben.

Zu guter Letzt gibt es **unvorhersehbare und überraschende Situationen**, auf die eine Vorbereitung kaum möglich ist. Was Sie aber lernen können, ist, sich Ihres Verhaltens bewusst zu werden. Sobald Sie merken, dass Sie in einer Situation auf eine bestimmte Art reagieren, registrieren Sie dies einfach, ohne dass sich dabei selbst zu be- oder sogar zu verurteilen. Durch Ihre Beobachtung werden Sie nach und nach lernen, entsprechende Situationen immer früher zu erkennen. Nach etwas Übung werden Sie schon die jeweiligen Vorzeichen entdecken und entsprechend »gewarnt« sein.

Machen Sie für sich ein Brainstorming zu den gerade erwähnten Möglichkeiten. Überlegen Sie, welche Situationen es geben könnte oder sicher geben wird, und Sie werden von den meisten nicht mehr überrascht werden. Bereiten Sie sich vor auf das, worauf Sie sich vorbereiten können. Bereiten Sie sich darauf vor, von Dingen, mit denen Sie nicht gerechnet haben, überrascht zu werden. Auch eine Strategie für nicht kalkulierbare Überraschungen vorzubereiten, ist sehr hilfreich Es macht einen großen Unterschied, auf nicht Vorbereitbares dennoch vorbereitet zu sein. Übertreiben Sie es dabei nicht, Sie müssen nicht alle unwahrscheinlichen Worst-Case-Szenarien durchspielen! Beziehen Sie auch Ihr privates und berufliches Umfeld – soweit möglich – in Ihren Plan ein.

Kreativität und Intuition

Sie haben gesehen, dass neue Ziele in der Regel aus Problemen heraus entstehen. Wer ein Ziel hat, hat auch ein Problem. Wer ein Problem hat, hat auch ein Ziel. Zudem haben Sie gehört, dass die Lösung eines Problems nichts mit dem Problem selbst zu tun hat. Sie haben ein Ziel und damit sind diverse neue Probleme bzw. Herausforderungen verbunden. Wie können Sie mit diesen umgehen? Ist Ihre Kreativität möglicherweise eine Hilfe?

> Der größte Feind der Kreativität ist nicht der Irrtum, sondern die Trägheit.
> (Henry Thomas Buckle)

Von klein auf erleben wir kreatives Handeln, ohne dass wir es als solches bezeichnen. Wir beobachteten vielleicht Vater und Mutter, wie sie das Leben unter nicht immer ganz einfachen Voraussetzungen meisterten. Aus wenigen Zutaten wurde etwas Leckeres gekocht, und wir Kinder merkten nie, dass es vielleicht eine Notlösung war. Wenn Papa mit uns spielte, war er das Pferd, auf dem wir ritten. Als Kinder malten wir, sangen und tanzten wir, bauten Baumhäuser oder bastelten Kleider und Kostüme, wie es uns gerade einfiel. Kinder erschaffen ständig Neues. Wenn ich meiner kleinen Tochter sage, dass wir einen Bären malen, sieht der Bär in ihrem Gekritzel aus wie abstrakte Kunst. Dennoch ist es für sie definitiv ein Bär.

Irgendwann tritt an die Stelle all der verrückten Ideen unserer Kindheit das Erwachsenenleben, auch »Realität« genannt. Durch die Anpassung an die Gesellschaft und ihre Regeln wird unsere Kreativität eingeschränkt. Ihr Wert wird gering geschätzt, oder sie wird auch einfach als nicht so wichtig vernachlässigt. Und dennoch, steht es Ihnen nicht nur zu, es ist wichtig für Sie selbst, ein kreatives Leben zu führen. Nehmen Sie sich den Raum, den Sie brauchen. Wagen Sie es, unbekannte Wege mithilfe der Kreativität zu gehen.

Spielerisch arbeiten, spielerisch leben

Der Spielplatz ist die optimale Umgebung für die Entfaltung unserer Talente und Fähigkeiten.

(G.K. Chesterton)

Arbeit muss nicht immer hart sein. Oft ist es besser, an eine Sache locker heranzugehen und sie als Spiel zu sehen. Das Leben muss nicht hart und ungerecht sein, betrachten Sie es als ein Spiel, das Sie möglichst gut spielen möchten, aber nicht wie ein Zocker in der Spielbank, sondern verantwortungsbewusst und konzentriert, dabei jedoch leicht und locker.

Wer spielerisch durch das Leben geht, hat mehr davon. Verbissenheit hat noch nie geholfen, Ziele zu erreichen. Eher verlieren Sie dadurch alle Freude und Freunde.

In alten schamanischen Kulturen hieß es: *Wann hast du aufgehört zu tanzen? Wann hast du aufgehört zu singen? Wann hast du aufgehört, dich von Geschichten verzaubern zu lassen? Wann hast du aufgehört, im Reich der Stille Trost zu finden? An den Punkten haben wir den Verlust der Seele erfahren.*[41]

Und damit haben wir aufgehört zu spielen.

Kreativität

Das Wort »Kreativität« kommt aus dem Lateinischen. Creare bedeutet erschaffen. Kreativität beinhaltet also, Neues zu erschaffen, Dinge zu erfinden, Bekanntes in einen neuen Zusammenhang zu stellen, vom Althergebrachten abzuweichen und neue Perspektiven zu entwickeln. Kreative Menschen sind vielseitig, spannungsreich und oft gegensätzlich.

---

41 *Vgl. dazu den Artikel der Tanztherapeutin Gabrielle Roth: Connection Schamanismus Nr. 5, 1/2011, S. 8*

Kreativität in der Psychologie[42]

- Originalität   Dinge oder Beziehungen neu erkennen
- Flexibilität   ungewöhnlicher, aber sinnvoller Gebrauch von Gegenständen
- Sensitivität: Probleme bzw. bisher missachtete Zusammenhänge erkennen
- Flüssigkeit   Abweichen vom gewohnten Denkschema
- Nonkonformismus   auch gegen gesellschaftlichen Widerstand sinnvolle Ideen entwickeln

Was also brauchen Sie, um kreativ zu sein? Was zeichnet einen kreativen Menschen aus?

Alltäglichkeit
Kreativität ist nicht immer etwas offensichtlich Besonderes, auch in scheinbar ganz einfachen Ideen und Handlungen kann sehr viel Kreativität liegen. Haben Sie einmal darüber nachgedacht, wie kreativ Laufen ist? Noch immer haben Wissenschaftler es nicht geschafft, einen Roboter zu bauen, der so flüssig laufen kann wie ein Mensch.

Aufmerksamkeit für das Unbewusste
Wie Sie im folgenden Abschnitt über Intuition noch sehen werden, ist das Unbewusste fester und essenzieller Bestandteil jeder Kreativität. Große Erfinder berichteten, dass sie ihre Entdeckung in unbewussten Phasen gemacht haben, berühmte Maler und Komponisten befinden sich in ihrer kreativsten Schaffensphase in einem traumartigen Zustand, und Schamanen aller Kulturen heilen in Trance.

---

42 Vgl. dazu Günter Remmert: Schmiedebriefe, www.seminarhaus-schmiede.de

Konzentration

Kreativität entwickelt sich in einem Zustand konzentrierten Loslassens, wenn alles zu fließen scheint.

Spiel

Kreativität ist Spiel. Spielen Sie mit Ihren Ideen. Spielen Sie auch mit Kindern. Sie werden viel davon lernen. Wichtig ist, dass es Ihnen Spaß macht.

Ihre Entscheidung

Kreativ sein kann nur, wer sich bewusst dafür entscheidet. Davor muss eine präzise Fragestellung festgelegt werden. Ansonsten wird aus Kreativität schnell ein Stochern im Nebel.

Frustrationstolerenz

Kreativität unter Einbeziehung Ihrer Intuition zu nutzen, bedeutet nicht, dass Ihnen plötzlich geniale Geistesblitze kommen. Dies kann geschehen, muss es aber nicht. In der Regel bedarf es einiger guter Ideen, die verworfen werden, nachdem sie vom Verstand auf Sinnhaftigkeit und Umsetzbarkeit geprüft wurden. Kreativität heißt also auch, Ideen zu sammeln, zu verwerfen, neue zu kreieren und wieder zu verwerfen.

Fleiß

Die Redensart »ohne Fleiß kein Preis« ist Ihnen sicherlich bekannt. Oder wie wäre es damit: »1 Prozent Inspiration, 99 Prozent Transpiration«? Fleiß allein wird Sie nicht zu einem Ziel führen und wenn es ausschließlich harte Arbeit ist, sollten Sie über Ihr Ziel nachdenken. Dennoch gehört Fleiß zweifelsohne dazu. Kreativität zeichnet sich auch dadurch aus, dass man nicht nur ein einziges Mal eine gute Idee hat, die einem die Intuition zugeflüstert hat, sondern immer wieder. Kreativität ist also gewissermaßen ein Verhalten und weniger eine Gabe.

Einen besonderen Ort brauchen Sie übrigens nicht, um Ihre Kreativität sprudeln zu lassen, auch wenn viele Menschen ganz bestimmte Plätze aufsuchen, wenn sie kreativ sein wollen. Mozart hat beispielsweise morgens zwischen 7.00 und 10.00 Uhr im Bett komponiert. Friedrich Schiller steckte seine Füße in kaltes Wasser und bewahrte wegen des inspirierenden Geruchs Apfelscheiben in seinem Schreibtisch

auf. Manager, die man befragte, wo ihnen Ideen kommen, sagten »in der Natur«
(28 Prozent), » zu Hause« (14 Prozent), »auf Reisen« (13 Prozent) usw. »Am Arbeitsplatz« sagten hingegen lediglich vier Prozent!

Intuition

Ich träume:
Wo bin ich? Wieso ist überall Nebel? Ich schaue auf
meine Füße. Sie stehen auf blankpolierten Holz-
planken, die mit Teer verfugt sind. Der Boden
bewegt sich und schwankt. Vor mir sehe ich
hohe Masten und weiße Segel. Die Luft ist
frisch und salzig, es weht nur ein Windhauch,
der den Nebel nicht vertreiben kann. Ich
habe keine Ahnung, wo ich bin. Hin und wie-
der tut sich eine Lücke im Nebel auf, und ich
sehe das Wasser. Leicht kräuseln sich die Wel-
len des tiefblauen Wassers. Meine Haut und auch
die Kleidung fühlen sich salzig und feucht an. Vor mir
wird es ein wenig heller. Geht dort die Sonne auf? Bis auf das leise
Klatschen der Wellen an den Schiffsrumpf ist kein Geräusch zu hören. Die Sonne
steigt höher, und ich stehe inmitten eines kühlblauen Lichtes. Was mache ich hier?
Vor mir sehe ich das große Steuerrad des Dreimasters. Soll ich dorthin gehen?
Aber wohin soll ich steuern? Habe ich überhaupt eine Wahl? In mir erwacht eine
leise Stimme, die ich zunächst nur erahne. Sie scheint zu wissen, warum ich hier
bin und wohin es gehen soll. Ich überlasse ihr das Kommando und trete ans Steuer.

> Die
> Intuition ist ein
> göttliches Geschenk,
> der denkende Verstand
> ein treuer Diener.
> Es ist paradox, dass wir den
> Diener verehren und die
> göttliche Gabe ent-
> weihen.
> (Albert Einstein)

In diesem Kapitel interessiert uns, wie und wann Sie Ihre Intuition nutzen können
und sollten. Zudem möchte ich Sie davon überzeugen, sich **immer** auf Ihr Bauchgefühl zu verlassen.

Wichtigstes Hilfsmittel Ihrer Kreativität ist Ihre Intuition. Erst sie ermöglicht das
Entstehen neuer Ideen und Lösungen. Intuition ist eine Intelligenz, die scheinbar

plötzlich auftaucht und von der wir keine Ahnung haben, woher sie kommt. Dennoch haben wir ein untrügliches Gespür dafür, dass wir auf sie hören sollten – bis dann plötzlich der Verstand eingreift.

Jean-Jacques Rousseau beschrieb die Intuition als souveräne Intelligenz, die mit einem Blinzeln die Wahrheit aller Dinge erkennt. Plato und Aristoteles hielten sie für die sicherste Form der Erkenntnisgewinnung. Roberto Assagioli, der Entwickler der Psychosynthese, eines weiteren Persönlichkeitsmodells, beschreibt die Intuition als eine der am meisten unterdrückten Körperfunktionen, die nicht erkannt, vernachlässigt und abgewertet wird.

Intuition unterscheidet sich vom Verstand dadurch, dass sie eben nicht vom kleinen Teil zum Ganzen »denkt«, sondern das Ganze direkt erfasst. Die Erkenntnis kommt nicht tröpfchenweise, sie »erscheint«.

Intelligenz, die voll erwacht ist, ist Intuition,
und Intuition ist die einzig wahre Führung im Leben.
(Jiddu Krishnamurti)

Im Sinne eines ganzheitlichen Daseins sollte jeder Mensch bestrebt sein, seine Intuition (wieder) zu aktivieren. Niemand, der diese Fähigkeit nicht nutzt, kann von einer eigenen entwickelten Persönlichkeit sprechen. Intuition entsteht im Flow. Dieses Gefühl, das irgendwo zwischen Konzentration und Träumen liegt, erlangen wir, wenn wir unsere Gedanken loslassen. In den Flow geraten wir im Alpha-Zustand, einem Zustand reiner Absichtslosigkeit verbunden mit höchster Aufmerksamkeit, in dem alles automatisch und mit Leichtigkeit geschieht. Intuition ist ein Urteil über eine Sache, das aus den Tiefen des Unbewussten auftaucht, das wir nicht logisch erklären können und das hinreichend stark ist, um darauf basierend eine Entscheidung treffen zu können.

Intellektuelle, analytisch denkende Menschen haben gelernt, ihre Intuition zu unterdrücken und tun sich schwer damit, sie wieder zu hören. Dabei benötigen gerade sie diese Fähigkeit besonders, wenn sie nicht in den Kreisläufen des Verstandes verharren wollen.

Intuition gibt Ihnen Orientierung bei Informationsmangel oder -überfluss und sorgt auf diese Weise dafür, dass Sie in komplexen, schwierigen oder unbekannten Situationen handlungsfähig bleiben. Sie unterstützt Sie bei der Entscheidungsfindung und ist Grundlage jeder Kreativität. Intuition – auch oft als Bauchgefühl bezeichnet – ist die wichtigste Entscheidungshilfe, die Sie haben. Ihr Körper gibt Ihnen eindeutige Zeichen, was gut für Sie ist und was nicht. Es ist Ihre Entscheidung, ob Sie diese Zeichen bemerken und ob Sie darauf hören. Wie oft hatten Sie schon eine Vorahnung, dachten beispielsweise an jemanden, der dann anrief, oder hatten vielleicht ein komisches Gefühl und wählten daraufhin einen anderen Weg als sonst, sodass Sie jemanden trafen, der wichtig war? Jeder kennt auch diese Geschichten, in denen ein Passagier ein Flugzeug nicht nahm, weil er ein komisches Gefühl hatte, und er so einem Flugzeugunglück entging.

Nur durch Intuition kommt man zu einem echten
Verstehen der eigenen Person.
(Roberto Assagioli)

Intuition ist nichts Mystisches, sie basiert auf Erfahrungen und Wissen – möglicherweise auch auf dem des kollektiven Unbewussten. Alles mit dem Verstand abzuwägen, dauert lang, das Unbewusste ist viel schneller und gibt in der Zwischenzeit bereits seinen Tipp ab.

Ich persönlich sehe die Intuition als noch mehr an und könnte mir vorstellen, dass sie – wie auch immer – das Wissen der Menschheit anzapft und dass sie Verbindungen zwischen den verschiedenen Menschen selbst nutzt. Es würde zu weit führen, hier auf morphogenetische Felder, Quantenfelder, das kollektive Unbewusstsein usw. einzugehen.[43] Intuition wird insbesondere wichtig, wenn ich nicht genug Daten und Informationen habe, um eine Entscheidung mit dem Verstand treffen zu können. Der Verstand braucht Daten, ansonsten wird er sich im Kreis drehen. Je komplexer ein Problem ist, desto wichtiger wird die Intuition. Oder aber Sie kennen das Ziel, jedoch nicht all die erforderlichen Zwischenschritte. Logischerweise sind auf dem Weg dann immer wieder Entscheidungen von Ihnen gefordert, bei denen Sie nie wissen können, welche richtig sind – ein ideales Einsatzfeld Ihrer Intuition.

---

43 *Weiterführend dazu: Rupert Sheldrake: Das schöpferische Universum. Die Theorie des morphogenetischen Feldes. Berlin 1993*

W So nutzen Sie Ihre Intuition

- Erzeugen Sie in sich eine aufmerksame, absichtslose Grundhaltung.
- Sorgen Sie für eine ausreichende Grundlage an Wissen zu dem Thema, bei dem Ihre Intuition helfen soll. Sammeln Sie alles, was zum Thema passen könnte. Spielen Sie mit dem Material.
- Wenn Sie sich mit einem konkreten Problem beschäftigen, schalten Sie erst einmal ab. Gehen Sie spazieren, oder schlafen Sie. So geben Sie dem Unbewussten Zeit, eine Lösung zu entwickeln. Verbeißen Sie sich nicht!
- Vergessen Sie alle analytischen Regeln. Der Verstand hat Pause.
- Arbeiten Sie ohne Zwang! Ideen »kommen«, man »macht« sie nicht.
- Eine intuitive Erscheinung ist immer von Unsicherheit begleitet, vertrauen Sie trotzdem Ihrer Intuition.
- Achten Sie auf Ihre Körperwahrnehmungen. Sie gehören zur Sprache des Unbewussten. Testen Sie zum Beispiel verschiedene Alternativen gedanklich, und vergleichen Sie Ihre Körperreaktionen.
- Achten Sie auf innere Bilder, die Sie entwickeln.
- Nutzen Sie alle fünf Sinne.
- Überprüfen Sie Ihre intuitive Entscheidung mit dem Verstand auf eventuelle Irrtümer.
- Beschäftigen Sie sich vor dem Einschlafen mit Ihrem Thema.
- Achten Sie auf Ihre Träume, sie sind Botschaften zu aktuellen Themen.
- Lassen Sie auch Ungewissheit und Mehrdeutigkeit zu.
- Konzentrieren Sie sich im Umgang mit Menschen auf Ihr Körpergefühl.
- Nutzen Sie für eine Entscheidung Ihre Intuition, aber realisieren Sie entsprechende Schritte mit dem Verstand. Sorgen Sie für das notwendige Handwerkszeug zur Umsetzung.
- Feiern Sie den Erfolg! Erholen Sie sich!

ÜBUNG – MENTALE INTUITION

Schaffen Sie sich einen Platz der Ruhe und Inspiration. Auf welche Frage suchen Sie eine Antwort? Schreiben Sie Ihre Frage auf. Stellen Sie sich vor, dass Sie Ihr Gehirn wie einen großen Ballon an einer langen Leine nach oben fliegen lassen, wo es sich erst einmal entspannen kann. Schließen Sie nun die Augen, und atmen Sie eine Minute einfach ein und aus. Beobachten Sie Ihren Atem. Nun stellen Sie sich vor, dass Sie durch einen Wald gehen und dort zu einem kleinen Häuschen kommen. Das Haus strahlt Wärme und Liebe aus. Öffnen Sie die Tür, und treten Sie ein in einen wundervollen Raum. In einem großen Ohrensessel sitzt dort eine alte, weise Frau – die Intuition. Vor ihr auf dem Tisch liegt ein dickes altes Buch mit ledernem Einband, in den goldene Buchstaben geprägt sind. Nehmen Sie sich ein wenig Zeit, um die Situation zu erfassen und das Bild klar werden zu lassen. Dann setzen Sie sich zu der alten Frau, und nehmen das Buch in die Hand. Schlagen Sie es auf, und warten Sie, bis die Buchstaben auf den Seiten langsam sichtbar werden. Was steht dort geschrieben? Gibt es Bilder? Fragen Sie die alte Frau alles, was Sie wissen möchten. Hören Sie gut zu. Dann bedanken und verabschieden Sie sich und verlassen das Haus.

Konzentrieren Sie sich wiederum für ein paar Minuten nur auf Ihren Atem. Lassen Sie die Gedanken kommen und gehen. Vielleicht haben Sie direkt eine Idee gefunden, vielleicht kommt diese auch erst in den nächsten Tagen. Lassen Sie es zu, und geben Sie sich Zeit.

Wichtig: Da es bei dieser Meditation nicht darum geht, sich gedankenlos mit der Stille zu verbinden, dürfen Sie sich durchaus etwas Wichtiges, was Sie erfahren haben, zwischendurch aufschreiben. Ich garantiere Ihnen, dass Sie ansonsten viele wichtige Ideen vergessen, da die Intuition wie ein flüchtiges Tierchen ist. Assagiolo vergleicht sie mit einem Vögelchen, das in einen Raum fliegt, dort eine Runde dreht und wieder aus dem Fenster fliegt. Wenn ich meditiere, kommen mir oft die besten Ideen. Breche ich nicht sofort ab, verschwindet die Idee wieder, so sehr ich mich auch bemühe, sie zu behalten. Nur die vage Erinnerung, dass da doch etwas war, bleibt – und das ist dann richtig ärgerlich.

Für alle offenen Fragen oder immer noch unlösbar erscheinende Probleme möchte ich Ihnen in den folgenden Kapiteln verschiedene Methoden und Hilfsmittel vorstellen, mit denen Sie mehr Klarheit darüber gewinnen und mit denen Sie Ihre Kreativität aktivieren und gezielt einsetzen können. Zudem werden Sie auch Möglichkeiten erlernen, wie Sie gemeinsam mit anderen noch mehr Ideen erzeugen können. Aber bedenken Sie! Kreativitätstechniken allein machen nicht kreativ, sie unterstützen nur.

Anschließend stelle ich Ihnen verschiedene Wege vor, wie Sie aus den entwickelten oder gesammelten Ideen etwas Brauchbares herausholen können, denn Sie werden sehen, dass nicht alle Ergebnisse sinnvoll und passend sind. Gerade aber die Entwicklung völlig verrückter, abstruser Ideen ist sehr wichtig. Lassen sie vorerst alles zu, nachher können Sie immer noch sortieren und zensieren.

Brainstorming

> Wer im Leben kein
> Ziel hat,
> verläuft sich.
> (Henry Ford I.)

Brainstorming ist das klassische Instrument der Ideenfindung und wurde von Alex. F. Osborn entwickelt, der es nach der Idee »using the brain to storm a problem« (das Gehirn zum Sturm auf ein Problem verwenden) benannte. Es verbindet sowohl die rationale, analytische Ideensammlung als auch die intuitive Herangehensweise an ein Problem aus dem Bauch heraus und spricht auf diese Weise beide Gehirnhälften gleichermaßen an. Ziel eines Brainstormings ist das gemeinsame Finden von neuen Lösungen in einer Gruppe. Genauso gut können Sie aber auch für sich allein im stillen Kämmerlein diese Methode anwenden.

Wenn Sie mit einer Gruppe arbeiten möchten, laden Sie doch einfach abends Bekannte und Freunde zum kalten Buffet ein und machen mit ihnen Brainstorming. Je kreativer die Eingeladenen sind, desto besser. Also achten Sie darauf, dass Sie eine gemischte Gruppe haben, deren Mitglieder aus verschiedenen Bereichen Ihres Lebens kommen. Stellen Sie sicher, dass Sie auch Exoten und Querdenker dabeihaben! Kreative Menschen inspirieren sich gegenseitig bei der Ideensammlung.

Zu Beginn erklären Sie Ihre Fragestellung bzw. das Problem kurz und knackig. Wenn Sie zu allgemein bleiben, erhalten Sie keine konkreten Lösungen, beschreiben Sie zu detailliert, engen Sie die Kreativität der Teilnehmer ein.

W Die Regeln im Brainstorming

- Alles ist erlaubt, je verrückter, desto besser.
- Jegliche Kommentare, Kritik oder Ähnliches sind verboten.
- Niemand bewertet etwas, was ein anderer gesagt hat.
- Ergänzen oder verbessern Sie bereits vorhandene Ideen.
- Arbeiten Sie schnell, denken Sie nicht so viel.
- Vermeiden Sie Killerphrasen.

Ein Brainstorming dauert maximal eine gute halbe Stunde. Jede Idee, die geäußert wird, wird aufgeschrieben. Bedanken Sie sich gern für jede einzelne Idee, dadurch unterstützen Sie die Kreativität Ihrer Gäste. Geben Sie ihnen das Gefühl, dass Sie sie wirklich brauchen.

Im Anschluss werden alle Ideen gemeinsam ausgewertet, aber nicht bewertet oder gar kritisiert. Jeder richtet sein Augenmerk auf die positiven Aspekte einer Idee, diese werden gemeinsam herausgearbeitet und protokolliert. Später werden Sie ohne die Gruppe darangehen, all diese Ideen oder auch nur einzelne positive Aspekte zu einer Gesamtlösung zu verbinden.

ÜBUNG – BRAINSTORMING ALLEIN ALS ROLLENSPIEL

Stellen Sie sich vor, was verschiedene Persönlichkeiten z.B. Prominente, ein Baby, ein Kind, ein erfolgreicher Manager, eine Drag Queen, weise Menschen usw. zu Ihrem Problem oder zu Ihrer Fragestellung zu sagen hätten.

Überlegen Sie sich mindestens drei verschiedene Varianten. Stellen Sie zwei Stühle einander gegenüber. Auf einen Stuhl stellen Sie ein Foto von sich selbst. Auf den anderen Stuhl setzen Sie sich und versetzen sich in die Rolle einer der verschiedenen Persönlichkeiten. Angenommen, Sie haben Bill Gates als erfolgreichen Menschen bei Ihren Personen dabei. Seien Sie Bill Gates, setzten Sie sich auf den Stuhl, und sagen Sie dem Foto, was Sie als Bill Gates gerade denken. Lassen Sie Ihren Bauch sprechen, und versuchen Sie, Ihre eigentliche Persönlichkeit loszulassen. Danach stehen Sie auf, reiben sich das Gesicht mit den Händen, gehen einmal durch den Raum. Dann stellen Sie die nächste Person dar. Egal wie verrückt sie sind, schreiben Sie alle Antworten auf!

Anschließend prüfen Sie, welche Ideen überhaupt möglich sind und dann, welche Ideen rechtlich und moralisch einwandfrei sind. Denken Sie daran: Wenn etwas geht, dann geht es. Sätze wie »Das kann ich doch nicht machen« lassen Sie nicht gelten. Aus den verbleibenden Lösungen wählen Sie die erfolgversprechendste aus.

Mind-Mapping

Sobald ein Ziel ein wenig größer ist, gibt es eine Vielzahl von Dingen zu beachten, und auch im Brainstorming können Sie eine umfangreiche Ideensammlung erhalten. Mind-Mapping[44] ist ein hervorragendes Werkzeug zur Strukturierung eines Sachverhaltes, eines Problems oder eben einer Ideensammlung. Oft fehlt es gerade kreativen Menschen mit vielen Ideen oder mit großen Träumen an der Fähigkeit, ihre Gedanken zu gliedern. Sie haben einen Berg aus Ideen vor sich, die jedoch völlig unsortiert sind. Mit einer Mind-Map ermöglichen Sie es Ihrem Gehirn, einen Überblick zu gewinnen, aus dem sich der weitere kreative Prozess entwickeln kann. Ausgehend von Ihrem Ziel, dem sogenannten Schlüsselwort (im folgenden Beispiel: 10 Kilogramm abnehmen), das Sie zentral auf ein großes Blatt Papier schreiben, ordnen Sie die Hauptthemen (im Beispiel: Ernährung, Sport, Umfeld etc.) an. Diesen teilen sie weitere Unterpunkte zu. Zum besseren Verständnis benutzen Sie für die verschiedenen Ebenen unterschiedliche Farben. Immer wenn Sie eine neue Idee haben oder einen weiteren Aspekt entdecken, ergänzen Sie Ihre Mind-Map. Halten Sie sich nicht lange mit optischen Fragen auf. Sie können später immer noch eine saubere Variante erstellen. Mind-Maps eignen sich auch sehr gut dazu, neue Ideen oder Erkenntnisse später noch einzuarbeiten, denn sie können wachsen.

Im Internet finden Sie kostenlose Mind-Mapping-Programme zum Download, die sehr hilfreich sein können, weil sie die Übersicht bei Erweiterungen automatisch anpassen.

---

44 Vgl. dazu auch das Buch von Tony Buzan und Barry Buzan: Das Mind-Map-Buch. Die beste Methode zur Steigerung ihres geistigen Potenzials. München 2005

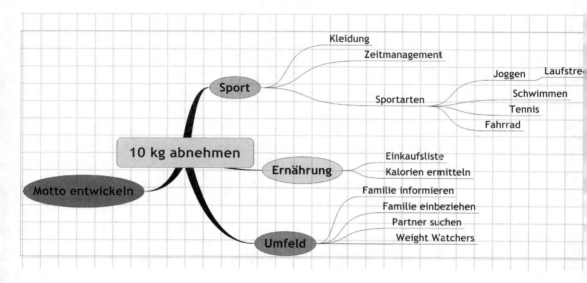

Die Walt-Disney-Methode

Walt Disney war nicht nur der Schöpfer von Mickey Mouse, er hat auch die nach ihm benannte Kreativitäts-Methode erfunden. Dabei nehmen Sie nacheinander die Blickwinkel von drei verschiedenen Persönlichkeiten ein und betrachten auf diese Weise Ihr Ziel und Ihre Ideen aus unterschiedlichen Perspektiven. Diese drei Persönlichkeiten sind:

> Wenn du es träumen kannst, kannst du es auch tun.
> (Walt Disney)

Der Träumer (der Spinner, der Visionär)
Hier werden Ideen gesammelt und Visionen geboren.

Der Realist (der Macher)
Hier werden das praktische Handeln und die Umsetzung überlegt.

Der Kritiker
Hier ist Platz für Einwände, Kritik, die Suche nach Widersprüchen und die Qualitätsprüfung.

Jeder hat seine ganz bestimmte Funktion, die in ihrem Kontext positiv ist. Jeder ist so gut wie der andere. Sie können auch mit verschiedenen Räumen arbeiten und zum Einnehmen der jeweiligen Perspektive Ihren Aufenthaltsort wechseln. Der Traumraum könnte beispielsweise eine Schaukel im Garten sein, der Praxisraum Ihr Schreibtisch und der Kritikraum wieder ein anderes Zimmer. Natürlich können Sie auch mit drei Stühlen arbeiten, denen Sie die jeweiligen Rollen zuweisen.

Beginnen Sie, indem Sie die Rolle des Träumers einnehmen. Lassen Sie Ihrer Kreativität freien Lauf. Assoziieren Sie, und nutzen Sie Ihre Intuition. Analysieren und problematisieren Sie nicht.

Machen Sie dann eine deutliche Pause, und versetzen Sie sich dann in die Macher-Rolle. Überlegen Sie, wie Sie Ihre Ideen umsetzen könnten. Welche dazu notwendigen Fähigkeiten haben Sie bereits? Wo hakt es noch? Was sind die nächsten Schritte? Gehen Sie alles durch, was Sie mit diesem Buch über die Zielrealisierung bereits gelernt haben.

Nach einer weiteren Pause werden Sie zum Kritiker. Diese Rolle ist zum Äußern von positiver und konstruktiver Kritik gedacht, die das Potenzial einer Idee optimiert und nicht für Killerphrasen, Nörgeleien oder Dauerpessimismus. Was wurde übersehen? Was gibt es zu ergänzen, zu bedenken oder zu verbessern? Meist fallen Ihnen hier einige gute Argumente ein, die einen weiteren Durchlauf erforderlich machen. Wiederholen Sie dieses Rollenspiel so oft, bis Sie eine Lösung gefunden haben, die auch dem Kritiker standhält. Natürlich können Sie diese Methode auch in einer Gruppe anwenden. Walt Disney arbeitete mit seinem Team ständig damit.

Kleidung

Ich bin kein Style-Experte. Dennoch möchte ich Ihnen den guten Rat geben, sich von Beginn an bei wichtigen Anlässen und Terminen, die die Realisierung Ihres Traums betreffen, angemessen zu kleiden. Kleider machen Leute. Wenn Ihr Ziel beispielsweise ist, etwas im Managementkontext zu erreichen, können Sie versuchen, sich durch schräge Kleidung als Exot zu profilieren – wahrscheinlicher wird Ihr Erfolg jedoch im Anzug oder Kostüm sein. Wenn Sie einen Kredit bei der Bank beantragen, erhöhen Sie in nicht ganz so todsicheren Fällen Ihre Chancen, wenn Sie sich »angemessen« kleiden. Wenn Sie eine Massage-Praxis aufmachen, kleiden Sie sich wie ein Masseur. Wenn Sie eine Rechtsanwaltskanzlei gründen, ziehen Sie sich wie ein Anwalt an. Ihre Kontakte erwarten dies von Ihnen. Wer Sie bezahlt, will ein entsprechendes Ambiente. Ja, natürlich zählt auch Ihre Persönlichkeit. Dummerweise zählt jedoch meist der erste Eindruck, den Sie machen. Der muss stimmen. Oft ist dieser Ihre erste und einzige Chance. Eine zweite bekommen Sie dann nicht.

Der erste Eindruck entscheidet,
der letzte bleibt hängen.
(Unbekannt)

Die 6-Hüte-Methode

Eine weitere wundervolle Kreativitätstechnik ist die 6-Hüte-Methode von Edward de Bono. De Bono gehört zu den renommiertesten Lehrern für kreatives Denken. Die 6-Hüte-Methode eignet sich vor allem zum Treffen von Entscheidungen, die weitreichende Folgen haben können. Sie dient aber auch zur Lösungsfindung bei festgefahrenen Problemen. Probieren Sie diese Methode einfach einmal für sich aus.

Wie ein Hofnarr ziehen Sie sich nacheinander sechs verschiedene Kappen an. Dabei lassen sie ähnlich wie bei der Walt-Disney-Methode Ihren Gedanken freien Lauf. Je nachdem, welchen Hut Sie gerade aufhaben, denken Sie einmal intuitiv, einmal objektiv, einmal subjektiv, einmal kritisch, einmal positiv und einmal euphorisch.

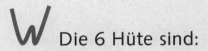

Die 6 Hüte sind:

Der weiße Hut	steht für Objektivität und Neutralität. Zahlen, Daten und Fakten gehören hierhin. Wie sehen die objektiven Fakten aus?
Der rote Hut	stellt das subjektive Empfinden dar. Intuition und Gefühle sind hier gefragt. Wie sehen Ihre Emotionen aus? Was sagen Intuition und Bauchgefühl?
Der schwarze Hut	drückt das kritische, zweifelnde Denken aus. Gefahren, Schwierigkeiten und Hindernisse werden hier geprüft. Welche objektiven negativen Aspekte gibt es?
Der gelbe Hut	steht für die positive, optimistische Betrachtungsweise. Er ist das Gegenteil zum schwarzen Hut.

	Hier suchen Sie nach Vorteilen, Chancen, Nutzen und allem Positiven. Welche objektiv begründbaren, positiven Aspekte gibt es?
Der grüne Hut	soll neue Aspekte und Alternativen in Betracht ziehen. Ihre Kreativität ist gefragt. Suchen Sie nach Ideen, Alternativen und anderen Möglichkeiten. Was könnte man noch ganz anders machen?
Der blaue Hut	verbindet die ersten fünf Hüte miteinander, ist also eine Art Zusammenfassung. Er ist eine Art Meta-Ebene, auf der Sie das Geleistete überdenken, sich einen Überblick verschaffen und das weitere Vorgehen festlegen.

Ob Sie sich farbige Papphüte basteln und aufsetzen oder nur ein farbiges Post-it an die Brust kleben, überlasse ich Ihnen. Sie können mit jedem Hut außer dem blauen beginnen, der immer der letzte Hut ist. Notieren Sie alles, was Ihnen während der Arbeit mit der 6-Hüte-Methode einfällt. Mit der Zusammenfassung zum Schluss haben Sie eine gute Entscheidungsgrundlage für Ihr weiteres Vorgehen.

Ideen-Auswertung

> Das Alte auf eine neue Weise tun – das ist Innovation.
> (Joseph Alois Schumpeter)

Egal welche der beschriebenen Methoden Sie angewendet haben, danach haben Sie einen Berg aus Ideen und Anregungen zu Ihrer Frage erhalten. Sicher haben Sie alles sauber aufgeschrieben und vielleicht sogar eine Mind-Map erstellt. Dann fragen Sie sich nun, wie Sie aus dem gesammelten Material einen begehbaren Weg zu Ihrem Ziel machen können.

Manche Ideen sind sehr rational, andere kreativ und wieder andere erscheinen utopisch bis verrückt. Lassen

Sie Frau Herz und Herrn Verstand gemeinsam entscheiden. Die besten Ideen bewegen Sie positiv und treffen Sie in Ihrer Seele. Dementsprechend gehen Sie Ihre Ideensammlung durch, und achten Sie darauf, was Sie zum Lächeln bringt, was Sie lockert, wobei Sie ein gutes Gefühl haben. Lassen Sie dabei erst einmal jede Zensur weg, denn dazu kommen wir gleich noch. Werfen Sie Ihre Ideenlisten niemals weg, sondern heben Sie alles auf. Jede Idee kann zu einem späteren Zeitpunkt in einem neuen Kontext wieder Sinn ergeben.

Anschließend fragen Sie auch Herrn Verstand nach seiner Meinung. Überprüfen Sie bei jedem Punkt, was an der Idee in irgendeiner Art und Weise brauchbar sein könnte. Legen Sie also nicht fest, warum etwas Quatsch ist, sondern suchen Sie »den wahren Kern« der Idee. Wenn Sie diesen entdeckt haben, überlegen Sie, wie Sie die Teile der Idee, die wirklich nicht brauchbar sind, ersetzen könnten.

Sollten Sie mit den besten Ideen dennoch nicht weiterkommen, machen Sie wieder ein Brainstorming. Und dann vielleicht nochmal eines.

Nahezu jedes Problem lässt sich in Unterprobleme aufteilen. So werden Sie einen detaillierten Ablaufplan entwickeln, der noch sehr wertvoll sein wird. Vielleicht fällt Ihnen auf, dass wir gerade »das Pferd von hinten aufzäumen«? Aber logischerweise sind die Unterprobleme einer Problematik immer vorher zu erledigende Aufgaben. Wenn Sie ein Ziel erreichen wollen, gehen Sie in der Planung vom Zielpunkt aus rückwärts, wobei Sie natürlich immer Ihren Ausgangspunkt im Auge behalten. Nur so können Sie sichergehen, dass Sie keine unnötigen Schritte machen oder dieselbe Strecke zweimal gehen müssen.

Wenn Sie aber schon alle Schritte kennen, die Sie gehen müssen, um Ihr Ziel zu erreichen, ist dieses Vorgehen nicht notwendig. Aber dann wären Sie sicher jetzt auch ganz woanders und würden dieses Buch nicht lesen.

 ## Selbst-Feedback

Je nachdem welcher Art Ihr Ziel ist, ergibt es Sinn, sich täglich selbst Feedback zu geben. Lassen Sie den Tag Revue passieren. Bei längerfristigen Zielen reicht es, dies auch nur einmal pro Woche zu tun. Was lief gut? Was hätten Sie besser oder anders machen sollen? Was haben Sie gelernt? Wofür können Sie sich loben?

Brainraising

> Zusammenkunft ist ein Anfang, Zusammenhalt ist ein Fortschritt, Zusammenarbeit ist ein Erfolg.
>
> Henry Ford I.

Brainstorming haben Sie als die Methode zur Ideensuche allein oder in einer Gruppe kennengelernt. Brainraising ist ein dieses ergänzender Weg, Kontakte, Tipps und Unterstützung von Freunden und Bekannten zu erhalten. Es ist das gemeinsame Überlegen, wer wie helfen kann oder wer jemanden kennt, der es könnte. Oft entwickelt sich aus einen Brainstorming später ganz von allein ein Brainraising.

Es liegt in der Natur des Menschen, anderen zu helfen – auch wenn diese natürliche Veranlagung oft nicht zutage zu kommen scheint. Die Menschen sind enger miteinander verbunden, als sie es wahrhaben wollen. Wenn ich in einer Gruppe für einen Freund Ideen gesammelt habe, wie dieser seinen Traum wahr werden lassen könnte, wie er einzelne Hindernisse überwinden könnte, wäre ich auch glücklich, ihm bei der Realisierung helfen zu können. Ob das nun ein Kleinkredit, die Vermittlung eines Kontakts, die Hilfe bei handwerklichen Arbeiten oder etwas ganz anderes wäre, soweit ich dazu in der Lage wäre, würde ich helfen. Sie auch? Die einzige Einschränkung wäre natürlich, dass es zeitlich und finanziell meine Grenzen nicht überschreiten dürfte. Diesen Punkt sollten auch Sie immer im Auge haben. Menschen helfen in dem Maß gern, welches sie für sich vertreten können. Dieses Maß können Sie nicht für andere bestimmen. Sie nehmen natürlich gern jede Hilfe an, wenn der andere aber nicht mehr will oder kann, sollten Sie Ihre Dankbarkeit für das Geleistete zeigen. Machen Sie Ihrem Helfer kein schlechtes Gewissen, er sollte sich nie verpflichtet fühlen, Ihnen zu helfen. Hilfe sollte immer aus dem Herzen kommen!

Für ein effizientes Brainraising brauchen Sie eine Gruppe von Menschen – am besten bunt gemischt. Sagen Sie Ihren Freunden und Bekannten, dass Sie Hilfe brauchen, und fragen Sie, ob sie einmal abends zwei bis drei Stunden Zeit haben. Wie gesagt, die meisten werden Ihnen gern helfen. Irgendwann ergibt sich vielleicht für Sie die Gelegenheit, sich zu revanchieren.

Ihr Brainraising beginnen Sie damit, dass Sie Ihren Gästen Ihr Ziel vorstellen und sie ein wenig für Ihren Traum begeistern. Kommen Sie dann zügig zu den kritischen Punkten, bei denen Sie Hilfe benötigen. Erklären Sie, was Ihr Problem, oder besser gesagt, Ihre Aufgabe ist, die Sie auf Ihrem Weg bewältigen müssen. Geben Sie ruhig zu, dass Sie noch keinerlei Ahnung haben, wie das funktionieren soll, dass Sie aber guter Dinge sind, und hoffen, ein paar interessante Hinweise und auch Hilfe zu bekommen.

Beachten Sie dabei den (kleinen) Unterschied zu einem Brainstorming! Sie sind nicht auf der Suche nach neuen Ideen, auch wenn sich diese nicht verhindern lassen werden, sondern Sie haben bereits eine konkrete Aufgabe aus einer Idee herausgearbeitet.

Nehmen wir zum Beispiel an, Sie wollten ein Café aufmachen und Ihre Überlegungen hätten ergeben, dass es am besten wäre, wenn Sie zumindest Teile der Einrichtung gebraucht kaufen würden. Das Geld reicht sowieso hinten und vorne nicht. Ihre Frage lautet dann: Wer kennt jemanden, der Zugang zu gebrauchten Café-Einrichtungen hat? Wer hat eine Idee, wo ich eine solche Einrichtung bekomme?

Sollten Sie die Einrichtung aus anderen Gründen unbedingt neu kaufen wollen, wäre Ihre Frage vielleicht: »Wer kennt jemanden, der mir diese Einrichtung zwischenfinanzieren kann?«

Seien Sie in Ihren Fragen so konkret wie möglich, und haken Sie nach! Machen Sie Nägel mit Köpfen, und fragen Sie nach Adressen, Telefonnummern, Internetseiten etc. Schreiben Sie alle Ideen und Vorschläge auf!

W Ein paar Regeln zum Umgang mit Hilfe

Mancher ertrinkt lieber,
als dass er um Hilfe ruft.
(Wilhelm Busch)

Viele Menschen können nicht gut um Hilfe bitten. Sie haben es nie gelernt. Diese Menschen sind auch oft unfähig, Hilfe überhaupt anzunehmen, sie fühlen sich dabei schlecht, weil sie womöglich die Kontrolle verlieren. Sollten Sie bei sich selbst eine solche Unsicherheit feststellen, machen Sie umgehend Schluss damit. Es ist keine Schande, andere um Hilfe zu bitten. Man kann nicht alles allein machen.

Denken Sie bei jeder Hilfe und Unterstützung an einen fairen Ausgleich. Es ist nicht damit getan, sich helfen zu lassen, auch der Helfer sollte für sich immer etwas daraus mitnehmen. Es sollte sich immer um ein gegenseitiges Geben und Nehmen handeln. Achten Sie auf Fairness und Ehrlichkeit. Sie brauchen kein Buch darüber zu führen, wem Sie wie viel schuldig sind. Ihr Bauchgefühlt wird Ihnen dies genau sagen. Vielleicht ist es auch nicht Ihr Freund, bei dem Sie irgendwann etwas gutmachen, sondern dessen Bekannte, die Hilfe braucht. Es ist durchaus auch erlaubt zu fragen, womit man denn im Gegenzug helfen könnte. Versuchen Sie, Ihr Geben-Nehmen-Konto auf längere Sicht ausgeglichen zu halten.

Respektieren Sie ein Nein. Sowohl Sie selbst, als auch Ihre Kontakte haben das Recht, Nein zu sagen. Ihre Freunde müssen Ihnen nicht helfen. Sie wiederum müssen nicht jede Hilfe annehmen, die man Ihnen aufzwingen will.

Vergessen Sie bitte nicht, Ihren Helfern ein Feedback zu geben. Wenn ein Tipp geholfen hat, freut sich jeder Helfer über ein Dankeschön. Wenn nicht, führt diese Information bei Ihrem Helfer vielleicht nach kurzem Nachdenken zu einer neuen Idee.

 # Erfolge feiern

Jeder Künstler erhält nach getaner Arbeit seinen verdienten Applaus. Wer applaudiert Ihnen? Haben Sie etwas geschafft? Haben Sie gestern oder diese Woche Ihre Aufgaben (fast) alle erledigt? Hatten Sie eine tolle Idee? Belohnen Sie sich dafür!

Wenn ich ein neues Buch beendet habe, merke ich immer wieder, dass die Freude vom Schreiben selbst kommt. Das gedruckte Exemplar in den Händen zu halten, ist zwar ein gutes Gefühl, aber auch wieder nicht so bewegend. Viel mehr fesselt mich dann schon wieder die Idee zu einem neuen Buch, das ich dann bereits angefangen haben werde. Wenn ich diese Zeilen schreibe, stelle ich fest, dass ich selbst solche Momente mehr feiern sollte.

Wenn Sie sich ein Ziel gesetzt haben, das Sie über einen längeren Zeitraum verfolgen, werden Sie dabei in mancher Hinsicht allein und verlassen sein. Kein Vorgesetzter lobt Sie für Ihre gute Arbeit, niemand bezahlt Ihnen eine Extraprämie, kein Publikum applaudiert Ihnen. Schon an diesem Satz merken Sie, was Ihnen fehlen wird: Anerkennung. Nun ist dies aber genau das, wonach die Menschen streben. Anerkennung für das Geleistete motiviert mehr als alles andere. Wie also können Sie sich entsprechende Anerkennung besorgen? Wer könnte Sie loben? Ihre Frau, Ihr Mann? Ihre Freunde und Bekannten? Ihre kleine Zielerreichungsselbsthilfegruppe? Ihnen muss klar sein, dass Sie Ihr Ziel verfolgen und dass nur wenige andere Menschen wirklich Interesse haben, darüber ständig auf dem Laufenden gehalten zu werden. Also loben und belohnen Sie sich!

Vielleicht haben Sie sich ein paar Zwischenziele gesetzt und vorher schon beschlossen, dass Sie sich bei Erreichen dieser Punkte eine Belohnung verdient haben. Halten Sie diese Versprechen, Ihr Unterbewusstsein könnte sehr nachtragend sein, wenn Sie sich etwas versprechen und dann nicht einhalten. Sollten Sie sich eine zweistündige Wellness-Behandlung versprochen haben, wenn Sie endlich den Mietvertrag für Ihr kleines Café unterschrieben haben, dann vereinbaren Sie umgehend einen Termin. Schieben Sie das nicht auf. Auch wenn auf Ihrem Plan für diesen Tag schon wieder andere, neue Aufgaben stehen, machen Sie Wellness. Wenn Ihr Unbewusstes nicht mitspielt, werden Sie nie erfolgreich sein. Denken Sie immer daran!

Genauso sollten Sie es mit Versprechungen halten, die Sie Ihrer Familie oder Ihrem Partner gegenüber gemacht haben. »Wenn ich den Mietvertrag endlich habe, gehen wir essen, Schatz. Im Moment geht es einfach nicht!« sagt sich schnell. Halten Sie solche Zusagen ein! Die negative Energie der Enttäuschung Ihres Partners (und Ihres Unbewussten, das diese Zusage kennt) werden Ihrem Projekt nur schaden.

Zeit

> Es ist nicht wenig Zeit, die wir haben, sondern es ist viel Zeit, die wir nicht nutzen.
> (Seneca)

Man könnte meinen, es wäre heute zum Standard geworden, keine Zeit zu haben. Wer am Wochenende noch nichts vorhat, wird schief angeguckt, wer abends um 18.00 Uhr nicht mehr arbeitet, ist entweder Beamter oder arbeitslos. Erfolgreiche Menschen stehen zu dieser Zeit nicht auf dem Tennisplatz oder sitzen im Café. »Zeit ist Ihr kostbarstes Gut!«. »Zeit ist Geld!« – schon beim Lesen dieser beiden Redensarten zieht sich die Bauchregion zusammen, nicht wahr? Denn wir leben in einer hektischen, sich rasant wandelnden Zeit ohne Ruhe.

Versuchen wir es anders: »Sie haben alle Zeit dieser Welt.« Das hört sich besser an, oder? Gäbe es die Möglichkeit, den Faktor Zeit aus dem Leben zu nehmen, verschwände eine ganze Menge Stress. Insofern möchte ich Sie bitten, alles, was ich zum Thema Zeit hier zu sagen habe, nicht als Empfehlung zum kontrollierten Zeitmanagement zu betrachten, sondern als Unterstützung Ihrer Motivation. Es geht nicht darum, Zwischentermine und Zeitdruck künstlich aufzubauen, sondern lediglich darum, einen belastbaren Rahmen zu schaffen.

Ich persönlich bin kein Fan von ausgeklügelten Zeitmanagementsystemen, die das Leben in Tabellen und Zettel einteilen. Sobald Sie Ihr Ziel erkannt haben und sobald Sie Ihre teilweise auch unbewussten Widerstände aufgelöst haben, brauchen Sie kein Zeitmanagement mehr, denn Sie werden danach dürsten, weiterzumachen.

ÜBUNG – ZEITLINIE

Legen Sie zwei große Blätter (mindestens DIN A3-Format) im Querformat vor sich hin. Auf dem ersten ziehen Sie im oberen Drittel quer eine gerade Linie, eine Achse, die die Zeit darstellt. Der Anfangspunkt links ist Ihre Geburt, der Endpunkt rechts ist Ihr Tod. Markieren Sie den heutigen Tag auf dieser Linie. Suchen Sie nach zehn Bezeichnungen oder Rollen, die Sie momentan ausfüllen (z.B. Vater, Mutter, Chef, Häuslebauer, Klavierspieler, Liebende oder Liebender…). Schreiben Sie diese unter die Mar-

kierung. Zwischen Ihrer Geburt und dem heutigen Tag markieren Sie auf der Linie alle wichtigen Ereignisse, die Sie zu dem gemacht haben, der Sie heute sind. Lassen Sie sich Zeit, und überlegen Sie gründlich. Erinnern Sie sich sowohl an positive als auch an negative Ereignisse. Was waren einschneidende Erfahrungen, die Sie geprägt haben?

Zwischen dem Heute-Punkt und dem Ende der Linie markieren Sie weitere Punkte für Dinge, mit denen Sie rechnen und die wahrscheinlich eintreten werden.

Stellen Sie sich dann vor, dass der Tag Ihres Todes gekommen wäre. Wie sähen Sie Ihr Leben rückblickend? Nochmals meine Bitte: Nehmen Sie sich für alle Übungen die notwendige Zeit!

Nehmen Sie sich das zweite Blatt, ziehen Sie wiederum eine lange Linie. Auch diesmal ist der Anfangspunkt der Zeitpunkt Ihrer Geburt und der Endpunkt ist Ihr Tod. Doch einen Zentimeter rechts vom Anfangspunkt markieren Sie einen weiteren Punkt, den Sie »Heute« nennen. Und nun markieren Sie für alle Ziele, Träume und Vorsätze, die Sie haben und an die Sie sich kurz vor Ihrem Tod gern erinnern möchten, einen Punkt auf der freien Linie, und schreiben Sie alle auf.

Zum Abschluss stellen Sie sich vor, dass Sie dieses Leben gelebt hätten und zurückblicken würden. Ist das Gefühl ein anderes als beim ersten Übungsteil?

Was ist eigentlich Zeit? Einstein sagte, dass Zeit das sei, was man auf der Uhr ablese. Allgemein bekannt ist die Erkenntnis, dass Zeit etwas Relatives ist. Zeit ist subjektiv, jeder erlebt sie anders. Mancher schöne Moment vergeht viel zu schnell, ein anderes Mal will die Zeit überhaupt nicht vorübergehen.

Fakt ist – zumindest scheinbar –, dass Zeit immer knapper wird. Richtete man sich früher noch nach Sonnenauf und -untergang, entwickelten sich die Zeitmessmethoden nach und nach über Sonnenuhr, Wasser- und Sanduhren sowie mechanische Ungetüme in Kirchtürmen hin zur heutigen Atomuhr. Und dennoch liegt es an Ihnen, an welchem Zeitmaß Sie sich orientieren – was zugegebenermaßen nicht einfach ist. Der Druck von außen erscheint groß, die eigene Entscheidungskraft verblasst dagegen. Gerade in Ihrer Zeiteinteilung fühlen sich die Menschen fremdbestimmt. Stellen Sie sich vor, dass Sie alles, was Sie tun, gern tun. Sie sind im Moment des Tuns voll und ganz bei der Sache – bis Sie das Nächste angehen und wieder vollkommen darin aufgehen. Stellen Sie auch fest, dass der Druck dann verschwindet?

 **Kritische Punkte**

Wer bedauert schon auf dem Sterbebett,
dass er nicht genug Zeit im Büro verbracht hat?
(Stephen Covey)

Kritische Punkte sind zeitliche oder örtliche Stellen, an denen Sie Gefahr laufen, Ihre guten Vorsätze und Pläne »zu vergessen«. Wenn Sie sich vorgenommen haben, heute nach der Arbeit Sport zu machen, und Sie gehen auf dem Heimweg an der Eckkneipe vorbei, in der Sie unglücklicherweise auch noch zwei Freunde sehen, könnten Sie weitergehen oder aber Sie kehren ein, und das Sporttreiben hat sich erledigt. Auch ein kritischer Zeitpunkt ist der Moment, in dem Sie abends nach Hause kommen, die Schuhe auszuziehen und dann automatisch den Fernseher anschalten. Wenn Sie dort erst einmal sitzen, wird es schwerfallen, noch etwas anderes zu tun.

Beobachten Sie Ihren Tagesablauf für ein bis zwei Wochen, und achten Sie darauf, wo Ihre kritischen Punkte liegen. Klingelt zwar der Wecker morgens um sechs Uhr, schalten Sie ihn aber regelmäßig wieder aus und schlafen länger, anstatt an Ihrem Buch zu schreiben? Kommen Sie jeden Morgen auf dem Weg zur Arbeit an dieser Bäckerei vorbei, die so tolle Schoko-Croissants hat, und schaffen es nicht, keines zu kaufen? Beobachten Sie sich, und lernen Sie Ihre kritischen Punkte kennen.

Dann wird beim nächsten Mal, wenn Sie die Fernbedienung in die Hand nehmen, am Bäcker oder an der Kneipe vorbeigehen oder der Wecker klingelt, nicht irgendein Automatismus ablaufen, sondern Sie werden sich sehr bewusst entscheiden, etwas zu tun oder eben nicht.

Der richtige Zeitpunkt

Größere Schiffe verlassen einen Hafen, wenn der Wasserstand »passt«, sie starten nicht irgendwann. Voraussetzung für den Start ist zudem die entsprechende Vorbereitung. Für alles, was geschieht, gibt es einen richtigen Zeitpunkt. Wenn sich etwas manifestieren soll, ist eine Synchronizität zwischen Gedanken und Ereignissen erforderlich. Aus deren Gleichklang, also aus der Harmonie zwischen dem, was Sie denken und dem, was möglich ist, kann etwas erwachsen.

> Nur aufs Ziel zu sehen, verdirbt die Lust am Reisen.
> (Friedrich Rückert)

Stellen Sie sich das so vor: Zur Realisierung einer Idee muss ein latentes Energiefeld existieren, dass sich erst gemeinsam mit der zugehörigen Idee als Realität manifestieren kann. Angenommen, Ihr Traum ist »fällig«. Dann trifft Ihre Gedankenenergie auf dieses latente Energiefeld und ihr Inhalt manifestiert sich. Ihr Traum wird möglich. Diesen richtigen Zeitpunkt bestimmen Sie mit, denn Sie erschaffen auch dieses Feld mit. Herrscht Harmonie zwischen Ihrer Idee und dem Energiefeld, ist die Zeit gekommen, Ihren Traum zu verfolgen und wahr werden zu lassen. Dieses Feld ist gewissermaßen Ihre Medizin. Immer wenn das Potenzial einer Idee mit Ihrer Medizin harmoniert, wird alles möglich sein.

ÜBUNG – ZIEL, ALTER UND DATUM

Wann möchten Sie Ihr Ziel erreichen? Legen Sie einen Zeitpunkt fest. Vereinbaren Sie mit sich selbst einen genaues Datum, zu dem Ihr Traum verwirklicht sein wird, z.B.: »Am 31.07.2014 habe ich ein kleines Hotel in der Karibik.« Schreiben Sie Ihr Ziel und das Datum auf, und heften Sie es an Ihre Visionstafel.

Schließen Sie nun die Augen, und stellen Sie sich vor, wie dieser Tag sein wird. Erleben Sie in Ihrer Fantasie die Szene so intensiv wie möglich. Nutzen Sie alle Ihre Sinne, und genießen Sie die Vorstellung so lange Sie möchten.

Teilziele

Wie schon gesagt, ist es für jedes Ziel hilfreich, sich Teilziele zu setzen. Wenn Sie in die Stadt zum Einkaufen fahren, machen Sie sich eine Liste mit den Dingen, die Sie brauchen. Wenn Sie dazu in verschiedene Geschäfte gehen müssen, planen Sie wahrscheinlich vorher auch, wo Sie anfangen, um keine unnötigen Wege zu laufen. Zudem wäre es unsinnig Eiscreme im ersten Geschäft zu kaufen und dann die ganze Zeit mitzuschleppen. Sind Sie ein sehr strukturiert denkender Mensch? Dann werden Sie wahrscheinlich mit allen organisatorischen Dingen weniger Probleme haben, und Sie sollten den Schwerpunkt Ihrer Zielarbeit auf die Beschäftigung mit Ihrer Intuition legen. Diejenigen, die eher unorganisiert, spontan und manchmal auch chaotisch sind, brauchen einen genauen Plan.

Ein guter Plan setzt sich aus verschiedenen Teilzielen zusammen. Diese erleichtern das Erreichen Ihres Zieles. Denken Sie an die Baby Steps. Machen Sie kleine sichere Schritte anstelle großer gewagter Sprünge. Der Mensch strebt nach Sicherheit, also sorgen Sie dafür, dass Sie ein sicheres Gefühl haben. Zudem ermöglichen Teilziele eine konstante Erfolgskontrolle und erhöhen das Gefühl der Selbstwirksamkeit.

W Selbstwirksamkeit

Unter Selbstwirksamkeit versteht man die Einstellung, die Sie zur Wirksamkeit Ihres Handelns haben. Wie sehr glauben Sie, Ihr eigenes Leben gestalten zu können? Wer eine geringe Erwartung von seiner Selbstwirksamkeit hat, hat wenig Vertrauen in das, was er tut. Er ist der Überzeugung, dass er mit seinen Fähigkeiten nicht allzu viel ausrichten kann. Seinen persönlichen Einfluss schätzt er als gering bis gar nicht vorhanden ein, sodass er auch auf der Hand liegende Lösungsmöglichkeiten übersieht. Gesellschaftlichen Umständen oder auch dem Schicksal gibt er die Schuld an seinem Unglück. Ihm erscheint das das Leben eher fremdbestimmt.
Das Gegenteil dazu sind Menschen mit hoher Selbstwirksamkeitserwartung, die an sich glauben und auch schwierige Situationen bewältigen können. Sie haben Ver-

> trauen in das Leben, und nehmen Ihr Schicksal in die Hand. Selbstwirksamkeit ist eine Haltung. Wer sie hat, hat weniger Ängste, dafür aber mehr Hoffnung und Optimismus sowie ein besseres Erleben. Diese Menschen haben Durchhaltevermögen und gehen Herausforderungen proaktiv an. Unsere Selbstwirksamkeitserwartung ist nicht angeboren, sondern sie ist ein Produkt unserer Glaubenssätze.

Bei der Beschäftigung mit Teilzielen finden Sie in jedem viele neue Informationen, die Sie für die nächsten Schritte auf dem Weg zu Ihrem Ziel berücksichtigen können. Auch merken Sie früh, ob Sie überhaupt das Richtige tun. Gerade bei langfristigen Zielen ist es wichtig, Dinge auf der ersten Etappe auszuprobieren.

Je nach Größe Ihres Traums können Sie mit Tages-, Wochen-, Monats- oder auch Jahreszielen arbeiten. Wer in zehn Jahren nicht mehr arbeiten möchte, braucht einen anderen Zeitplan als jemand, der in acht Wochen fünf Kilogramm abnehmen möchte. Wenn Sie aufhören wollen zu rauchen, müssen Sie nicht allzu viele Schritte hin zu Ihrem Ziel machen. Bei anderen Zielen wissen Sie dagegen gar nicht, wo Sie anfangen sollen. Teilziele erhöhen die Motivation dabeizubleiben, weil sie erreichbar sind, auch wenn das Gesamtziel noch in weiter Ferne zu liegen scheint. Sie lernen aus Teilzielen, und Sie gewinnen Informationen auf Ihrem Weg. So erlangen Sie ein Gefühl für die Wirksamkeit Ihres Tuns.

Womit fangen Sie an? Überlegen Sie sich etwas, was für Sie einen spürbaren ersten Schritt hin zum Ziel bedeutet, etwas, was Ihnen bereits eine Ahnung davon vermittelt, wie es später einmal sein könnte. Wenn Sie beispielsweise in die Karibik ziehen möchten, könnten Sie sich als ersten Schritt einige Bücher zum Thema beschaffen und recherchieren, welche gesetzlichen Grundlagen es dort für Ausländer gibt. Sie könnten aber auch mit einem Spanisch-Sprachkurs beginnen.

Sollten Sie bereits Fähigkeiten oder Dinge besitzen, die für Ihr Ziel erforderlich sind, machen Sie sich diese bewusst. Nichts kann Sie mehr stärken, als Ihre bereits vorhandenen Ressourcen. Wenn Sie Ihr Ziel untergliedern, fragen Sie sich bei jeder Aufgabe, wann diese am besten zu erledigen sei. Gibt es vielleicht etwas, was vorher erledigt werden muss? Prüfen Sie jeden Schritt. Natürlich werden Sie auch Dinge übersehen, das ist normal. Sie müssen nicht perfekt sein.

Setzen Sie sich Termine, zu denen Sie Ihre wesentlichen Teilziele erledigt haben wollen. Bis wann möchten Sie was erreicht haben? Ist das realistisch? Legen Sie außerdem regelmäßige Zeiträume fest, zu denen Sie immer wiederkehrende Tätigkeiten ausüben wollen. Wer sich vornimmt, täglich zu meditieren, legt sinnvollerweise eine Zeit fest, z.B. jeden Morgen um 6.30 Uhr. Wer beispielsweise neben der Arbeit ein Buch schreiben möchte, legt für sich jeden Tag eine bestimmte Stunde fest, in der er dafür Ruhe finden kann. Ich habe mein erstes Buch morgens zwischen 6.00 und 8.00 Uhr geschrieben. Wenn Sie kleine Kinder haben, ist vielleicht der spätere Abend besser geeignet. Finden Sie heraus, wo Ihre Möglichkeiten liegen.

ÜBUNG – TAGESPLAN

Morgens, wenn Sie aufgestanden sind, stellen Sie den Tag unter ein bestimmtes Motto. Lassen Sie sich intuitiv leiten, und wählen Sie, was Ihnen in den Sinn kommt. Wenn Sie mögen, arbeiten Sie mit einem Kartenset und ziehen jeweils eine Tageskarte. Anschließend nehmen Sie sich ganz konkret vor, was für Sie heute einmal nicht sein soll? Gibt es etwas, was Sie immer wieder einmal stört? Lassen Sie es heute nicht in Ihr Leben.

Dann planen Sie Ihren Tag mithilfe folgender Fragen: Welche Qualität wollen Sie heute besonders einbringen? Welches sind Ihre Ziele für heute? Was steht auf dem Programm? Was ist das Wichtigste, was Sie sich für heute vorgenommen haben?

Abends sollten Sie ein kurzes Fazit ziehen. Was ist mir gelungen? Was war besonders gut? Was waren Glücksmomente? Wofür darf ich dankbar sein? Richten Sie dabei den Fokus nicht auf alles, sondern nur auf die positiven Momente.

 Die »Leute«

Die Meinung unserer Mitmenschen ist uns wichtig und hat einen großen Einfluss auf unser Verhalten. Meinen Sie, dass nur Ihre Schwiegermutter oder Ihre Mutter immer denken: »Was wohl die Leute dazu sagen?« Glauben Sie mir, Sie selbst sind da nicht viel besser. Es ist ein Grundbedürfnis des Menschen, von Nahestehenden akzeptiert zu werden. Natürlich sind es nicht wirklich »die Leute«, die Sie davon abhalten, Ihr Ziel anzugehen. Ihre Gedanken, was »die Leute« wohl denken könnten, sind das Problem. Währenddessen haben »die Leute« Besseres zu tun, wahrscheinlich denkt ohnehin nur ein verschwindend geringer Teil dieser Menschen so, wie Sie es vermuten. Und wenn es doch so ist, ist dies ein Grund für Sie, Ihren Traum aufzugeben?

Machen Sie sich bewusst, wer denn eigentlich »die Leute« sind. Sind das die, die so leben, wie Sie sich das wünschen? Sind es die, mit denen Sie befreundet sein möchten? Vielleicht die, die ein glückliches Leben führen? Oder doch eher die, denen Sie nie ähnlich werden wollen?

W Zeitdiebe

Kennen Sie die grauen Herren aus Michael Endes Roman »Momo«? Sie stehlen den Menschen die Zeit, um sie für sich selbst zu nutzen und so zu überleben. Was sind Ihre grauen Herren? Je nachdem, was Sie vorhaben, werden Sie ein Zeitproblem bekommen. Zeit und Geld erscheinen oft als die knappsten Ressourcen.
Meist ist der Tag scheinbar schon so voll. Aufstehen, frühstücken, arbeiten, gegen 18.00 Uhr nach Hause kommen, die Kinder wenigstens eine halbe Stunde beglücken, Abendbrot, Reden, Lesen, Fernsehen ... Wo bleibt da noch Zeit für Ihre Ziele? Im Kapitel über Gewohnheiten bin ich bereits kurz darauf eingegangen, dass Sie sich auf die Suche nach zeitfressenden Gewohnheiten machen sollten. Bei den meisten Menschen ist der größte Zeitfresser der Fernseher – dicht gefolgt von der Unfähigkeit, sich auf die wesentlichen Dinge zu konzentrieren.

Neben kreativen Ideen – Sie könnten ja z.B. zur Arbeit joggen – gilt es also, sich Zeitfenster zu schaffen und diese konsequent zu nutzen. Wer ein Buch schreiben möchte, kann dies – wie gesagt – morgens vor der Arbeit machen. Eine Stunde früher aufstehen und abends eine Stunde weniger Fernsehen verschafft Ihnen dafür mindestens zehn Stunden in der Woche. Ihnen reicht das nicht? Dann arbeiten Sie doch nur noch vier Tage pro Woche.

Überlegen Sie sich, wie viel Zeit Sie über welchen Zeitraum wohl brauchen werden, um Ihr Ziel in angemessener Zeit zu erreichen. So können Sie leicht umrechnen, wie viel Zeit Sie gutmachen müssen und in welche Richtung es zur Lösung des Problems gehen könnte.

Ihr Traumfahrplan

Viele Menschen müssen Dinge sehen können, um sie besser erfassen zu können. Jedes Projekt, das mehr als nur drei oder vier Schritte nacheinander erfordert, können Sie in einem Bild verständlicher als mit Worten oder Listen darstellen. Es lohnt sich also, Ihren Plan zu visualisieren. Nehmen Sie sich entsprechend große Papierbögen, schreiben Sie die einzelnen Schritte gut lesbar darauf, und pinnen Sie sie an eine Zimmerwand. Ganz links heften Sie das aktuelle Datum, ganz rechts das Zieldatum, das Sie ja bereits festgelegt haben. Für Ihr Ziel können Sie auch ein entsprechendes Foto, das Sie motiviert, oder natürlich Ihre Collage zum Motto-Ziel nehmen. Zwischen diese beiden kommen alle Teilziele, Unterziele etc. als einzelne Blätter in ihrer zeitlichen Reihenfolge. Auch diese Zwischenstationen werden durch entsprechende Bilder aussagekräftiger und einprägsamer. Wenn Sie dann noch die verschiedenen Verbindungen zwischen den Schritten mit Pfeilen darstellen, haben Sie Ihren Traumfahrplan. Fotografiert und verkleinert können Sie ihn auch immer in der Brieftasche mit sich tragen.

> Was du heute kannst besorgen, das verschiebe nicht auf morgen.

Ein solcher Plan kann auch mögliche Komplikationen aufzeigen. Wenn Sie z.B. mehrere Handlungsstränge und viele verschachtelte Unterziele gleichzeitig haben, zwischen denen wechselseitige Abhängigkeiten bestehen, kann es schwierig werden. Nehmen Sie sich auf jeden Fall die Zeit, solche Abhängigkeiten zu ermitteln. Es wäre doch schade, wenn das Leben Ihnen ansonsten ständig zeigt, was Sie vergessen haben, zu berücksichtigen. Dann nämlich kostet es Sie erst richtig Zeit (und Geld).

Prüfen Sie bei jedem (Teil-)Ziel, ob Sie alle Unterziele erfasst und angepinnt haben. Sind das wirklich die kleinsten Einheiten Ihres Zieles? Und selbst dann noch sollten Sie in regelmäßigen Abständen überprüfen, ob sich etwas verändert hat.

Wenn Sie den Zeitbedarf für einzelne Schritte abschätzen können, wissen Sie genau, wann Sie Ihr Ziel erreicht haben werden. Aber überschätzen Sie sich nicht, und bauen Sie Pufferpositionen für Phasen der Ruhe, für Urlaub, für Unvorhergesehenes und als Reserve ein. Auch diese Termine sollten Sie immer wieder überprüfen. Der beste Plan nutzt nichts, wenn er nicht befolgt und immer wieder überarbeitet wird. Kein Plan ist perfekt, das muss er auch nicht sein. Vielleicht werden Sie eines Tages feststellen, dass Sie vergessen haben, etwas ganz Wichtiges zu berücksichtigen, was Sie zwei Monate Zeit kostet. Dann ändern Sie Ihren Fahrplan und alle betroffenen Teilziele. Ihr Ziel ist beherrschbar, Sie müssen nur einen Schritt nach dem anderen gehen.

 ## ÜBUNG – WOCHENPLAN

Eine wunderbare Sache, um anstehende Aufgaben übersichtlich darzustellen, ist die, die verschiedenen Aufgaben mithilfe eines gezeichneten Ringes und vieler Post-its, auf denen die verschiedenen Aufgaben geschrieben stehen, visuell deutlich zu machen. Zeichnen Sie dafür auf ein großes Blatt (DIN A2) einen großen Kreis, der bis etwa 5 cm an den Rand heranreicht. Darin zeichnen Sie einen zweiten Kreis, der etwa 10 cm kleiner ist, sodass ein Ring von 5 cm Breite entsteht. In den Ring schreiben Sie »Heute« und außerhalb des Ringes »Woche«. In das Zentrum könnten Sie Ihr Motto-Ziel notieren oder etwas, das z.B. eine Art

Kraftwort für die Woche sein könnte. Also etwas wie »Ruhe«, »Kraft« oder »Gelassenheit« oder auch eine Kombination wie »Schwung und Ausdauer«. Lassen Sie sich etwas einfallen.

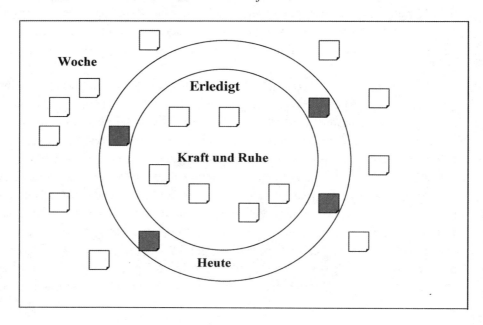

Alle Aufgaben für die kommende Woche schreiben Sie auf Post-its und kleben sie außerhalb des Ringes auf. Abends entscheiden Sie, was Sie am nächsten Tag abarbeiten wollen. Diese Post-its wandern nun von außen in den Ring hinein. Wenn Sie etwas (vollständig!) erledigt haben, heften Sie den jeweiligen Zettel nach innen in das Zentrum.
Im Laufe der Woche wandern so alle Post-its von außen nach innen, und Sie sehen, was Sie geschafft haben.

Der Tages- und Monatskalender

Ich weiß, dieser Buchteil ist ein wenig anstrengend. Es fing alles so schön an. Wir sprachen über Träume und Visionen und über Ihre Leidenschaften. Jetzt hingegen geht es um ganz profane Dinge. Aber genau das unterscheidet den erfolgreichen Menschen von einem Träumer: Er macht weiter und verharrt nicht im Traumstadium. Ich empfehle jedem, der nicht erwartet, dass ihm das Glück ganz von selbst in den Schoß fällt, auch diese Seiten aufmerksam zu lesen.

Sollte Ihr Traumfahrplan aus Ihrer Sicht nicht übersichtlich oder nicht detailliert genug sein, machen Sie sich eine Vorrangliste. In dieser Liste sind alle Schritte einzeln aufgelistet in der Reihenfolge, in der sie sinnvollerweise erledigt werden sollten. Dafür nehmen Sie sich ein paar Seiten Papier, die Sie unter den Traumfahrplan hängen. Je nach geplanter Dauer Ihrer Zielverwirklichung steht jedes Blatt für einen Tag, eine Woche, einen Monat oder ein Quartal. Ordnen Sie nun jedes Element, jede Aufgabe, Ihres Traumfahrplans einem dieser Blätter zu, bis Sie alle zugeordnet haben und dementsprechend für jeden Zeitabschnitt genau wissen, was Sie zu tun haben. Darauf aufbauend können Sie zum Beispiel aus einem Monats- oder Wochenprogramm einen Plan für jeden Tag machen. Zu Anfang jeder Woche überprüfen Sie Ihren Gesamtplan, aktualisieren ihn und entwickeln das Tagesprogramm für jeden Tag der nächsten Woche.

Das ist Ihnen jetzt aber wirklich zu kompliziert und zu technisch? Ich weiß, Träume sind etwas Wunderbares. Ein wenig zu überlegen, wie es wohl wäre, und erste mögliche Schritte zu erwägen, ist die eine Sache. Die Umsetzung ist viel schwieriger und harte Arbeit. Ich habe vor Jahren lange überlegt, mit dem Rauchen aufzuhören. Mir war natürlich absolut klar, dass das dämlich war. Darüber nachzudenken, war leicht. Aber in der Umsetzung bin ich regelmäßig gescheitert – übrigens bis zu dem Tag, als ich nach drei Sitzungen mit einem Schamanen plötzlich keine Lust mehr hatte zu rauchen.

Wenn Ihr Traum nicht zur »Unendlichen Geschichte« werden soll, planen Sie genau. Irgendwann werden Sie möglicherweise einen Fehler in Ihrem Plan finden und ein wenig Zeit verlieren, aber ganz ohne Plan werden Sie bei vielen Projekten nie zu einem Ende kommen. Und wenn Planen wirklich nicht Ihre Stärke ist, dann suchen Sie sich Hilfe. Irgendein Freund oder Bekannter hat garantiert Erfahrung mit Planungstechniken und kann Sie unterstützen.

Sollten Sie mehrere Unterziele parallel abarbeiten wollen, ist es sinnvoll, Tages- und Wochenkalender für diese Unterziele getrennt zu führen. Will ich beispielsweise ein Café eröffnen, könnte ich als Hauptgruppen die Renovierung des Ladens, die Bestellung der Einrichtung und dann vielleicht auch noch die Vorbereitung auf die Prüfung beim Gesundheitsamt einteilen. Da diese Bereiche relativ unabhängig voneinander sind, macht es Sinn, die zugehörigen Aufgabenlisten auch getrennt zu führen. Sie erinnern sich an die Mind-Map?

Wenn Sie zu den Menschen gehören, die sich leicht verzetteln, dann machen Sie sich am besten jeden Morgen einen Tagesplan, der alle Tätigkeiten bis zum nächsten Morgen beinhaltet. Das, was auf Ihrem Zettel steht, ist das Wichtigste in Ihrem Leben! Denken Sie daran: Der nächste Schritt ist immer der wichtigste!

Vielleicht denken Sie aber auch, dass das Leben doch aber gar nicht so planbar ist. Ja, Sie haben recht. Und Sie werden eine ganze Reihe an Überraschungen, Problemen, Zufällen und neuen Entwicklungen erleben, wenn Sie Ihrem Fahrplan folgen. Es kann sogar passieren, dass Sie Ihr ganzes Ziel umwerfen, weil Sie plötzlich eine viel bessere Idee haben. Und dennoch gibt es nichts Besseres, um sich selbst zu kontrollieren, als klar definierte Aufgaben und einen detaillierten Zeitplan.

 ÜBUNG – DAS GESTERN VERÄNDERN

Dies ist eine schöne Übung aus dem Mentaltraining, die Ihnen hilft, eine andere Sicht auf die Dinge zu gewinnen – und in Ihrem Unterbewusstsein bewirkt sie eine veränderte Bewertung des Erlebten! Es ist nämlich niemals zu spät, bereits Geschehenes zu ändern.

Visualisieren Sie abends rückblickend für den Tag alles, was nicht nach Ihren Vorstellungen verlaufen ist, neu, in der Form, in der Sie es sich gewünscht hätten. Zeigen Sie Ihrem Unterbewusstsein beispielsweise, wie das Gespräch mit dem Banker hätte ablaufen können. Erleben Sie anstelle des Streitgesprächs mit Ihrem Partner ein harmonisches Gespräch.

Achten Sie auf die Reaktionen Ihres Körpers, er wird Ihnen durch entsprechende Körperwahrnehmungen danken.

Konkurrenz

Oft liest man in einschlägigen Büchern oder hört auf Seminaren: »Seien Sie besser!«, »Seien Sie einzigartig!«, »Seien Sie Erster mit Ihrem Wissen!« oder auch »Der Zweite ist der erste Verlierer«. Diese Sprüche sind Unsinn. Welche Bereiche kennen Sie, in denen es nur ein einziges erfolgreiches Unternehmen gibt? Wie viele erfolgreiche Allgemeinmediziner, Rechtsanwälte, Ingenieure etc. gibt es? Wie viele Bronzemedaillengewinner jubelten stolz auf Ihren dritten Platz bei der Siegerehrung? Sie sind der Beste, Sie sind einzigartig, und Sie sind Erster in Ihrem Leben.

Glauben Sie, dass es Sinn ergibt, sich mit anderen Menschen zu vergleichen? Würden Sie sagen, dass es objektive Kriterien gibt, die man als Maßstab nehmen könnte, um Menschen in besser und schlechter einzuteilen?

Kurt Tepperwein erzählt in einem Buch[45] eine Geschichte, die er in Japan erlebt hat. Er sah einer Gruppe Schüler beim Sprinten auf einer Laufbahn zu. Sie starteten ganz normal und rannten, was das Zeug hielt, aber es war niemand da, der die Zeit stoppte und feststellte, wer gesiegt hatte. Als er nachfragte, antworteten ihm die Schüler, dass dies kein Wettkampf sei und es nicht darum ginge, wer der Schnellste sei. Die Kinder liefen zum Spaß gegen sich selbst.

Meist gehört zu jedem Sieger auch ein Verlierer. Gewinnen bedeutet zugleich, jemand anderen zum Verlierer zu machen. Im Spiel kann das Spaß machen, im Leben wird daraus oft großer Ernst. Sorgen Sie dafür, dass immer für alle Beteiligten eine Win-Win-Situation entsteht. Vergessen Sie Konkurrenzdenken, und konzentrieren Sie sich auf sich selbst. Jede Aufmerksamkeit, die Sie den vermeintlich besseren Eigenschaften, Besitztümern oder Fertigkeiten anderer schenken, lenkt Sie ab von dem, was Sie selbst glücklich machen könnte. Das Boot Ihres Nachbarn zu besitzen, wird Sie nicht glücklich machen, egal wie neidisch Sie darauf sind. Zum einen weiß niemand, ob der Nachbar selbst damit glücklich ist, zum anderen sind Ihre Leidenschaften vielleicht ganz andere. Wenn aber ausgerechnet ein solches Boot Ihr Traum ist, dann kümmern Sie sich um diesen Traum und nicht um Ihren Nachbarn.

---

45 *Kurt Tepperwein: Ihr Leben als Meisterwerk. Die Tepperwein-Methode für Glück und Erfolg. München 2006*

Ihr Traum als Hobby

Sie haben einen Traum, den Sie aber auch nach allen Überlegungen und Risikoabwägungen nicht in Vollzeit ausleben können? Sie haben vielleicht nicht die aus Ihrer Sicht erforderliche Sicherheit? Sie haben eine Familie zu ernähren, die Ihnen wichtig ist, und das erscheint Ihnen mit der Verwirklichung Ihres Traums nicht möglich? Ist das wirklich wahr oder ist das eine Ausrede, warum Sie nicht starten wollen? Ich rate Ihnen, zuerst Ihre Glaubenssätze diesbezüglich zu klären. Vieles ist möglich – oft mehr, als man meint. Und wenn Sie dennoch weiterhin davon überzeugt sind, dass Sie es nicht wagen können oder sollten, dann machen Sie Ihren Traum zu Ihrem Hobby, und genießen Sie ihn auf diese Art. Auch das ist eine Möglichkeit, einen Traum zu leben. Wenn Ihr Schicksal vorsieht, dass Sie mit Ihrem Hobby Erfolg haben, wird es so kommen.

Ich bin jetzt 47 Jahre alt und habe bis vor zwei Jahr keinen Gedanken daran verschwendet, Golf zu spielen. Nehmen wir zusätzlich einmal an, ich hätte ständig im Fernsehen Übertragungen von Golfturnieren angeschaut und davon geträumt, Golfprofi zu werden. Diesen Traum hätte ich aber nie verfolgt, da Golf immer noch ein teurer Sport ist. Mittlerweile habe ich mich auf ein mittleres Handicap heruntergespielt und könnte mit ein wenig Training in weiteren zwei Jahren durchaus ganz ordentlich spielen. Aber erst durch meine andere Leidenschaft, das Coaching, entdeckte ich eine Möglichkeit, Golf und Coaching zu kombinieren. Mentaltraining für Golfer ist ein beliebtes Thema, das ich unterrichten könnte. Wenn ich gut wäre, würde dieses Geschäft boomen und irgendwann stände Tiger Woods vor der Tür, weil er seinen Schwung verloren hat …

Sollten Sie also eine Leidenschaft haben, deren Umsetzung Sie aus guten Gründen nicht angehen wollen oder können, machen Sie diese erst einmal zu Ihrem Hobby. Wenn das etwas ist, was anderen Menschen helfen kann oder was Sie anderen beibringen können, wird sich mit der Zeit vielleicht viel mehr entwickeln, als Sie anfangs dachten. Schaffen Sie sich freie Zeit, in der Sie ihr Hobby verfolgen. Oft hört man, dass einfach keine Zeit da sei. Für manche Dinge mag das stimmen. Will ich Golf spielen, brauche ich mindestens drei Stunden Freizeit. Viele andere Dinge benötigen genau die Zeit, die Sie sich dafür nehmen. Wer öfter Klavier spielen will, kann auch nur zehn Minuten täglich spielen. Wer gern malt, sollte vielleicht von den Ölfarben zum Bleistift wechseln, weil Bleistiftzeichnungen erstellen deutlich weniger Zeit und Aufwand erfordert. Wenn es Ihnen wichtig ist, werden Sie sich die entsprechende Zeit nach und nach freischaufeln.

Effektivität und Effizienz

Effektivität und Effizienz sind zwei Begriffe, die mancher der materialistischen Sichtweise der Businesswelt zuordnen würde. Bei manchem erwecken sie negative Gefühle. Was haben sie mit Träumen und Visionen zu tun? Wie soll man effektiv und effizient auf der Suche nach dem Sinn sein?

Aber warum eigentlich nicht? Warum sollte man nicht seinen persönlichen Weg effektiv gehen? Was soll schlecht daran sein, Dinge effizient zu tun? Das Gegenteil jedenfalls wäre schlecht. Vielleicht dient eine kurze Erläuterung der Begriffe dem besseren Verständnis.

> Der Langsamste, der sein Ziel nicht aus den Augen verliert, geht immer noch geschwinder als jener, der ohne Ziel umherirrt.
> (Gotthold Ephraim Lessing)

Effizient	Effektiv
die Dinge richtig tun	die richtigen Dinge tun
mehr in kürzerer Zeit	Balance zwischen Output und Potenzial
rationeller	langfristige Ziele
schneller	das Ergebnis im Blick
auf den Vorgang achten	auf das Ergebnis achten
Arbeitsschritte	Ziel
problemorientiert	ergebnisorientiert

Walter Zimmermann schreibt: »Während sich die Effektivität auf ein Ziel konzentriert, ist die Effizienz auf das Wie, auf den Weg zum Ziel, ausgerichtet. Effektivität sorgt dafür, dass wir auf ein Ziel ausgerichtet sind. Effizienz sorgt dafür, dass wir rationell vorgehen, also die vorhandenen Ressourcen ... so sparsam wie möglich einsetzen.«[46] Effektivität betrifft also die Qualität des Zieles: Worauf arbeite ich hin? Effizienz betrifft die Qualität des Weges: Wie ich erreiche dieses Ziel? Effizienz ist die Fähigkeit, weniger zu tun und dabei mehr zu leisten. Mithilfe des gezielten Einsatzes von effizienten Methoden, Hilfsmitteln und Handlungsweisen können wir somit unsere Lebensqualität erhöhen. Und Lebensqualität ist etwas, nach dem jeder Mensch strebt. Vielleicht werfen Sie einmal einen Blick auf die folgenden Fragen zu den beiden Begriffen, die Ihnen helfen können, sich selbst ein wenig zu reflektieren.

Fragen zur Effektivität
- In welchen Bereichen sind Sie richtig effektiv?
- Wo haben Sie Ihr Ziel richtig gut vor Augen?
- Wo könnten Sie noch Ihre Effektivität erhöhen?
- Was genau ist Ihnen wirklich wichtig?

Fragen zur Effizienz
- Bei welchen Themen arbeiten Sie richtig effizient?
- Wo leisten Sie viel bzw. haben einen hohen Output, ohne dabei sehr viel zu tun?
- Wo könnten Sie Ihre Effizienz noch erhöhen?
- Für was könnten Sie weniger Zeit oder andere Ressourcen aufwenden (z.B. delegieren, outsourcen = extern vergeben), um gleichzeitig mehr zu bekommen? Auch im Privaten gibt es hier viele Möglichkeiten für ungeliebte oder zeitfressende Aufgaben wie Autowaschen, Bügeln, Putzen, Rasenmähen, Steuererklärung ...
- Häufig ist unser Perfektionismus ein Effizienz-Killer. Fragen Sie sich also, ob jede Aufgabe immer in hundertprozentiger Perfektion erledigt werden muss.

46 Walter Zimmermann: Erfolg durch Effizienz: Mit weniger Aufwand mehr erreichen. Offenbach 2007, S. 8

 # Zufälle

Wenn Sie sich auf alles einlassen, was ich Ihnen empfehle, sind Sie auf dem besten Weg zu sich selbst. Ihre Intuition und Ihre Kreativität werden nach und nach stärker, und Sie werden auch im Alltag immer mehr Hinweise finden, die Ihnen eine Hilfe sein können. Achten Sie auf Zufälle, die Ihnen passieren und auf Begegnungen, die Sie haben.

Zufälle sind Dinge, die Ihnen zufallen. Alles, was Sie erleben, beinhaltet immer auch eine Aussage über Sie, eine Art Botschaft. Sie erinnern sich an das Kapitel, in dem ich das Außen als Spiegel Ihres Inneren erläuterte? Begegnungen mit anderen Menschen können sich zu tollen Möglichkeiten entwickeln, wenn Sie sich darauf einlassen. Auch die Natur ist eine reiche Quelle für Zeichen. Die wenigsten von Ihnen werden so aufgewachsen sein, dass sie die Hinweise des Außen verstehen können. Wir haben verlernt, die Sprache des Lebens zu verstehen. Das Leben flüstert uns seine Botschaft mit Bildern, Tönen und Erlebnissen zu. Sollte Ihnen zum Beispiel einmal ein Tier auffallen, weil es eigentlich an diesem Ort nichts zu suchen hat, empfehle ich Ihnen zu prüfen, was es damit auf sich haben könnte. Was sind die typischen Eigenschaften dieses Tieres? Welche davon haben Sie vielleicht zu viel, welche fehlen Ihnen? Wofür steht dieses Tier in Sagen und Mythologie, welchen Archetypus repräsentiert es?

Perfektionismus

> Es ist nicht
> die einzige Ironie
> des Lebens, dass die
> Perfektion,
> nach der wir alle streben,
> besser unerreicht bleibt.
> (Wiliam Somerset
> Maugham)

Wie perfekt sind Sie? Geht so, eher schlampig, oder gehören Sie zu denen, die immer alles perfekt machen »müssen«? Wenn Sie Flugzeugmechaniker oder Pilot sind – wunderbar! Dann fliege ich gern mit der Airline, die Sie beschäftigt. Im eigenen Leben kann Perfektionismus allerdings zur Qual werden. Manche Menschen werden nie fertig, denn das letzte i-Tüpfelchen sitzt noch nicht. Ihre eigene Qualitätssicherung ist so streng, dass das Ergebnis vor ihnen nie besteht. Machen auch Ihnen Ihre hohen Ansprüche das Leben schwer? Sind Sie dauernd unzufrieden? Können Sie sich gut Fehler verzeihen? Menschen mit perfektionistischer Tendenz können bei anderen oft sehr fehlerverzeihend und großzügig sein, nur mit sich selbst sind sie zu streng.

Hatten Sie irgendwann einmal die Idee, Pianist, Maler, Schriftsteller, Fotograf, Architekt oder ähnliches zu werden und haben diese ziemlich schnell wieder verworfen, weil Sie glaubten, nicht gut genug zu sein? Perfektionisten meinen, dass sie bei allem, was sie tun, die Besten sein müssten. Sie können sich nicht vorstellen, dass auch ein nicht so perfekter Maler glücklich sein kann – auf jeden Fall glücklicher, als ein Maler, der gar nicht malt. In ihren Augen hat immer nur der Beste seines Fachs eine wirkliche Daseinsberechtigung.

Wer meint, er müsse immer perfekt sein, erwirbt damit die Garantie auf konstante Unzufriedenheit. Absolute Perfektion gibt es möglicherweise gar nicht. Gibt es nicht immer noch ein Detail, das man noch verbessern könnte? Oder ist aber der Kosmos, das Leben an sich schon perfekt, und Sie füllen Ihre Rolle darin perfekt aus? Wie soll man entscheiden, was perfektionistisch ist und was nur ganz normale Sorgfalt? Orientieren Sie sich an Ihrer Stimmung! Ihre Körperwahrnehmungen zeigen Ihnen, ob Ihnen etwas guttut oder nicht.

Alles, was jetzt, in diesem Moment gerade ist, ist so perfekt für diesen Moment. Eine Verbesserung dieses Augenblicks ist nicht möglich, aber man kann seine Einstellung dazu verändern.

W Tipps für Perfektionisten

- Behalten Sie immer das große Ganze im Blick, verzetteln Sie sich nicht.
- Seien Sie nicht so streng mit sich, lenken Sie den Blick auf Ihre Stärken.
- Vergleichen Sie sich nie mit anderen. Es gibt immer irgendjemanden, der etwas besser kann. Das ist aber nicht ausschlaggebend.
- Lassen Sie sich helfen, arbeiten Sie mit anderen Menschen zusammen.
- Erlauben Sie sich, Fehler zu machen.
- Machen Sie eine Sache bewusst nur gut, nicht sehr gut. Setzen Sie sich zum Ziel, etwas nur 80 Prozent zu leisten.
- Entspannen Sie sich, seien Sie locker!

Proaktiv – Reaktiv

Kennen Sie die Geschichte von Buridans Esel? Buridans Esel verhungerte zwischen zwei Heuhaufen, weil er sich nicht entscheiden konnte. Statt proaktiv einen Haufen zu wählen (und den zweiten anschließend auch noch zu fressen) wartete er darauf, dass jemand für ihn entschied. Welcher Typ sind Sie? Brauchen Sie immer erst einen Reiz, auf den Sie reagieren können? Sind Sie eher fremdbestimmt oder gehen Sie aktiv an die Dinge heran?

Wenn Sie Ziele erreichen, gute Vorsätze wahr machen und Träume leben wollen, sollten Sie sich aktiv entscheiden und zum Macher zu werden. Ein Macher ist entscheidungs- und umsetzungsstark, zupackend, kreativ, überlegt, analytisch, visionär – und wird so erfolgreich sein. In vielen Fällen ist er aber auch ein Persönlichkeitsanteil, der eher vernachlässigt wird.

In meiner Praxis habe ich viele Kunden, die Ihre sanften, harmoniebedürftigen Persönlichkeitsanteile ausleben und wahre Gutmenschen sind. Die Tatsache, dass Sie in ihrem inneren Team überhaupt keinen Macher haben, sondern diese Rolle an ihre Mitmenschen vergeben, bemerken sie gar nicht. So leben sie fremdbestimmt und wundern sich noch darüber, dass sie nicht vorwärtskommen.

Jeder Mensch ist bis zu einem gewissen Alter eher reaktiv. Jahrelang wird das eigene Leben von den Eltern und anderen fremdbestimmt. Mancher versucht im Alter von vielleicht 16 bis 18 Jahren daraus auszubrechen, weil er erkennt, dass er nicht sein Leben lebt, sondern das, was sich andere darunter vorstellen.

Sollten Sie feststellen, dass auch Ihr Leben nicht allzu sehr von proaktivem Handeln bestimmt ist, zeige ich Ihnen nun Möglichkeiten, dies zu ändern und so zu erfahren, wie erfrischend ein selbstbestimmtes Leben sein kann.

Studien belegen, dass ein Mensch je risikofreudiger er ist, auch desto zufriedener ist. Passive Menschen, die nicht aktiv an das Leben herangehen, die wenig Mut haben und Risiken vermeiden, werden öfter krank. Werden Sie zum proaktiven Gestalter Ihres Lebens, beenden Sie die Phase Ihrer einengenden, begrenzenden und fremdbestimmten Vergangenheit.

Zunächst zeichnet sich der proaktive Mensch dadurch aus, dass er sich selbst, seine Stärken und auch seine Schwächen realistisch einschätzen kann. Er weiß, was er wert ist. Er lebt seinen freien Willen und ist in der Lage, aus den vielen Möglichkeiten das jeweils adäquate Verhalten zu wählen – in der Regel unter Berücksichtigung seiner inneren und der gesellschaftlichen Regeln. Er handelt aus eigenem Impuls heraus und legt den Fokus auf die positiven Aspekte. Der reaktive Mensch benutzt gern Killerphrasen oder Worte wie: »Man ...«, »Ich kann nicht ...«, »..., aber ...«. Der proaktive Mensch hingegen spricht » Ich will«, »Ich werde«, »Ich kann ...«.

Proaktive Menschen vergrößern durch ihre Herangehensweise ihren Einflussbereich, reaktive verkleinern ihn. Fehler proaktiv anzugehen heißt, sie zu erkennen, zu beheben und daraus zu lernen und nicht wegzuschauen oder gar nach einem Schuldigen zu suchen.

Oder warten Sie vielleicht lieber darauf, gerettet zu werden? Dies mag Ihnen noch nicht einmal bewusst sein, aber dennoch gibt es Menschen, die sich wie von einer fremden Macht gesteuert in ihr Unglück begeben, um dann von einer anderen Person daraus gerettet werden zu wollen. Sie haben gar kein Interesse daran, Ihre Probleme selbst zu lösen.

Reaktiv	Proaktiv
problemorientiert	lösungsorientiert
unter dem Diktat des Dringlichen	vergeben klare Prioritäten
persönlich stagnierend	orientiert am Wichtigen
fremdbestimmt, unselbstständig, unfrei	interessiert an persönlicher Entwicklung
erfüllt die Erwartungen anderer	selbstbestimmt, gestaltend
in Alltagsprobleme verwickelt	wählt und entscheidet
fixiert auf Klagen und Kritik	hat Visionen und Ziele
Schuldzuweisungen	verbindlich in Verpflichtungen
leugnen die Verantwortung für das eigene Handeln und die Konsequenzen	ergebnisorientiert
wenige Grundsätze, kaum Werteorientierung	keine Schuldzuweisungen
Gefühl des Ausgeliefertseins	übernimmt Verantwortung
wenig Selbstvertrauen	klare Grundsätze und persönliche Werte

Reaktiv	Proaktiv
Minderwertigkeitsgefühle	Gefühl für eigenen Wert und Würde
Angst vor Unbekanntem	Gefühl des Gefordertseins
unmotiviert	kreativ, fantasiebegabt
in Verhaltensmustern gefangen	Selbstvertrauen
	flexibel und beweglich
	lernfähig und lernwillig
	offen für Innovationen

Prioritäten – Verzetteln Sie sich nicht!

Wichtige Dinge sind selten eilig und eilige Dinge sind selten wichtig.

Ich bin ein Mensch, der hervorragend viele Dinge gleich-zeitig machen kann – wenn ich an meinem Schreibtisch sitze und eigentlich die Steuererklärung machen sollte. Mir selbst fällt gerade beim Verfassen dieser Zeilen auf, dass ich schreibe: »sollte«, nicht »will«. Klingt ziemlich reaktiv und fremdbestimmt, oder? Entwe-der, ich will die Steuer machen oder ich suche mir jemanden, der sie für mich macht. Wenn ich mir dies nicht leisten kann, sollte ich einen Weg finden, dass ich diese Aufgabe dennoch erledige – und zwar zügig und in einem Rutsch. Alles andere führt nur dazu, dass ich doppelt so lange brauche wie nötig.

Sprechen wir über Prioritäten. Eine Priorität ist der Stellenwert einer Aufgabe in Bezug auf ein Ziel. Je höher die Priorität ist, desto wichtiger ist die Aufgabe und desto eiliger sollte sie erledigt werden. Es gibt eine Menge Literatur zum Thema »Prioritäten setzen«, ein Patentrezept ist aber, einfach seinen gesunden Menschenverstand zu benutzen.

Vielleicht hilft Ihnen auch schon die Pareto-Regel (oder auch: 80-zu-20-Regel) weiter, die besagt, dass man in der Regel mit 20 Prozent des Aufwandes 80 Prozent des gewünschten Ergebnisses erreicht und mit den restlichen 80 Prozent Aufwand die verbliebenen 20 Prozent des Ergebnisses. Die Regel ist super, solange es nicht um etwas geht, was bis zum Ende getan werden muss. Wollen Sie z.B. ein Buch schreiben, sind gerade die letzten 20 Prozent sehr wichtig.

Prioritäten zu setzen, heißt also letztlich, sinnvolle Kriterien für die Abarbeitung einer Aufgabe zu ermitteln. In der Regel sind diese Dringlichkeit und Wichtigkeit.

ÜBUNG – MEHR ZEIT GEFÄLLIG?

*Die Ablehnung, Unwichtiges zu tun,
ist eine entscheidende Voraussetzung für den Erfolg.
(Alec Mackenzie)*

Beantworten Sie bitte die folgenden Fragen schriftlich. Auch wenn Sie meinen, dass Aufschreiben überflüssig ist, tun Sie es sich selbst zuliebe bitte trotzdem. Die Wirkung ist besser!
Wofür könnten Sie mehr Zeit gebrauchen?
Warum haben Sie diese Zeit nicht? Was hindert Sie daran?
Schreiben Sie auf, wofür Sie Ihre Zeit stattdessen einsetzen.
Was könnten Sie tun, um die schlimmsten Zeitfresser zu neutralisieren?

Der amerikanische Präsident Eisenhower entwickelte das folgende Modell, das anstehende Aufgaben entsprechend Ihrer Priorität in vier Kategorien einteilt. Es ist eigentlich selbstverständlich, dass wichtige, dringende Dinge zuerst erledigt werden und Unwichtiges zum Schluss gemacht wird. Warum treiben sich dennoch so viele Menschen auf Facebook herum? Es scheint schwer zu sein, die eigenen Prioritäten durchzusetzen. Sie zu erkennen, ist dagegen weniger ein Problem. Die Übung »Wochenplan« (Seite 285) ist eine Hilfe, anstehende Aufgaben durchschaubar zu machen. Es liegt letztlich an Ihrer Motivation und Disziplin, wie stringent Sie Ihr Ziel verfolgen. Sollten Sie sich immer wieder bei der Beschäftigung mit unwichtigen Dingen erwischen, sollten Sie auf jeden Fall Ihr Ziel überdenken! Machen Sie die Übung »Zehn Steine« (Seite 58), oder überprüfen Sie Ihre Glaubenssätze.

Sollten Sie also Ihr Tagesprogramm morgens oder am Abend vorher planen und einteilen, achten Sie beim Ausführen der Aufgaben darauf, in welchem Quadranten die jeweilige Aufgabe liegt, und handeln Sie dementsprechend. Versuchen Sie, nicht nach Lust und Laune vorzugehen.

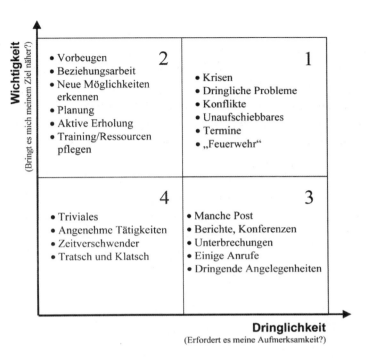

Quadrant 1: sofort handeln, keine Zeit verlieren, meist nicht vorhergesehene Dinge

Quadrant 2: nicht sofort handeln, sondern planen. Hier liegen die kreativen Dinge, die zum Erfolg führen.

Quadrant 3: oft scheinbar dringend, aber nie wichtig. Diese Dinge erledigen Sie, wenn Zeit ist.

Quadrant 4: weder wichtig noch dringlich, völlig überflüssig. Absagen, wegwerfen oder nur »zum Spaß« machen.

 # Mangel

Mangel ist ein Produkt des Verstandes, der davon ausgeht, dass von etwas nicht genug vorhanden ist. Ein Großteil unseres Denkens wird von Mangelbewusstsein bestimmt. Dies führt natürlich dazu, sich an Dinge zu klammern.

Was Sie haben, kann ein anderer nicht mehr haben. Aber brauchen Sie es überhaupt? Wenn alle Menschen tief in ihrer Seele unterschiedlich sind und jeder seine eigene Medizin besitzt, ergibt es wenig Sinn, zu glauben, dass der Schlüssel zum Glück bei allen gleich sei. Wie ich schon angedeutet habe, besagen neueste Theorien der Evolutionsforschung, dass Evolution aus einem Miteinander entsteht. Gegenseitige Anpassung, Kooperation und Entwicklung scheint hinter allem zu stehen. Das Leben ist selbstorganisierend und entwickelt sich so, wie es gerade möglich ist. Ein »zu wenig« kann also gar nicht entstehen, weil immer ausreichend im Sinne von genug von allem vorhanden ist – auch wenn dies unserem Bewusstsein nicht so ganz einleuchten will.

Arbeit mit Glaubenssätzen

Nachdem wir uns zu Beginn bereits ein wenig mit Glaubenssätzen beschäftigt haben, werfen wir nun einen Blick darauf, wie man sie erkennt und wie man sie ändern kann. Insbesondere finden Sie in diesem Teil zahlreiche Übungen, mit denen Sie Ihre Glaubenssätze verarbeiten können. Lassen Sie sich Zeit mit den Übungen, und machen Sie diese auch immer wieder, wenn Sie bei anderen Themen den Eindruck haben, dass ein Glaubenssatz hineinspielen könnte. Zu den einschlägigen Erkennungszeichen Ihrer Glaubenssätze kommen wir nun.

> Gutes Werkzeug, halbe Arbeit.

Welche Glaubenssätze haben Sie?

Was hindert Sie daran, Ihre Ziele zu erreichen? Wie erkennt man bei all den Regeln und Erfahrungen des Lebens, was wahr und was ein Glaubenssatz ist? Zuerst einmal sollten Sie sich Ihrer Glaubenssätze bewusst werden. Dies erfordert Arbeit und vor allem Achtsamkeit für die eigenen Aussagen und Gedanken. Alles, was nicht hundertprozentig erwiesen ist, ist Glauben und könnte daher auch anders sein, manches nur ein wenig anders, manches ganz anders. Sie haben Glaubenssätze über sich selbst, über andere Menschen und über die Welt.

> Der Erfolg ist eher eine Frage des unbeirrbaren gesunden Menschenverstandes als der Begabung.
> (An Wang)

Schauen Sie sich Ihr Leben an. Alles, was Sie wahrnehmen und erleben, ist das Ergebnis Ihrer Glaubenssätze. Sie entscheiden – unbewusst –, worauf Sie Ihre Aufmerksamkeit richten, was Sie also sehen, hören, riechen, schmecken oder fühlen. Die Frau, die glaubt, dass alle Männer Schweine seien, wird zumeist wieder von Männern enttäuscht werden. Die Frau aber, die stattdessen glaubt, Männer seien liebenswert und zärtlich, wird viel öfter genau dies erleben. Die Welt, wie Sie sie sehen, wie Sie sie erleben, gibt Ihnen wertvolle Hinweise auf Ihre tiefsten Überzeugungen. Betrachten Sie die Welt als Spiegel Ihrer Glaubenssätze. Wenn im Außen etwas nicht stimmt, schauen Sie, wie es in Ihnen aussieht.

 ## ÜBUNG – GLAUBENSSÄTZE ERFINDEN

Glaubenssätze beziehen sich thematisch immer auf Bedeutungen, Grenzen, Möglichkeiten, Konsequenzen oder Erwartungen.[47]
Hier finden Sie ein paar Beispiele dazu. Erfinden Sie doch einfach zu jedem der Themen einen Glaubenssatz. Wenn Sie dazu schon in der Lage sind, nehmen Sie einen eigenen! Welcher Satz bezieht sich auf Sie selbst, welcher auf die Welt und welcher auf andere Menschen?

Bedeutung:
Dass er mich nicht gegrüßt hat, bedeutet, dass er mich nicht mag.
....

Grenzen:
Man küsst sich nicht in der Öffentlichkeit.
....

Möglichkeiten:
Es ist für mich nicht möglich, ein guter Klavierspieler zu werden.
....

Ursachen:
Mich liebt niemand, weil ich so eine große Nase habe.
....

---

47 Mehr Informationen zu Glaubenssätzen und auch zahlreiche Beispiele mit Übungen finden Sie u.a. in dem Buch von Klaus Grochowiak: Die Arbeit mit Glaubenssätzen. Als Schlüssel zur seelischen Weiterentwicklung. Darmstadt 2010

Konsequenzen:
Wenn ich mir die Nase operieren lasse, werde ich attraktiver.
....
Erwartungen:
Ich werde nie den richtigen Partner finden.
....

Bei der Arbeit mit Ihren Glaubenssätzen registrieren Sie jeden Satz, jede Aussage und jeden Gedanken, den Sie aus voller Überzeugung sagen oder denken. Je überzeugter Sie von der Richtigkeit sind, desto eher handelt es sich um einen Glaubenssatz. Wörter wie »immer«, »alle«, »jedes Mal« und ähnliche weisen ebenfalls auf einen Glaubenssatz hin.

 ### ÜBUNG – DIE GLAUBENSSÄTZE ANDERER MENSCHEN

Wenn Sie sich ein wenig mit dem Thema beschäftigen, werden Sie feststellen, dass Sie unglaublich viele Glaubenssätze entdecken.
Bei anderen Menschen fällt uns Kritik naturgemäß leichter, dementsprechend sind sie eine wahre Fundgrube für falsche Glaubenssätze. Hören Sie anderen Menschen aufmerksam zu. Sie können hier mit ein bisschen Übung viele neue Glaubenssätze kennenlernen. Dies ist eine herrliche Übung, um sich in das Thema einzuarbeiten.

Überlegen Sie sich zu jedem Glaubenssatz, den Sie in den folgenden Übungen herausfinden, seinen Ursprung. Ist er aus Ihrer eigenen Analyse oder Interpretation eines Geschehens entstanden oder haben Sie ihn übernommen?

ÜBUNG – GLAUBENSSÄTZE ERMITTELN, TEIL 1

Vervollständigen Sie doch einfach einmal die folgenden Satzanfänge ganz spontan mit einer eigenen Aussage, die zu Ihrem aktuellen Leben passt.
- *Immer ...*
- *Alle ...*
- *Jeder ...*
- *Grundsätzlich ...*

ÜBUNG – GLAUBENSSÄTZE ERMITTELN, TEIL 2

Was haben wichtige Personen in Ihrem Leben häufig gesagt? Können Sie sich noch erinnern?

- *Mein Vater sagte immer: ...*
- *Meine Mutter sagte häufig: ...*
- *Der Lieblingsspruch meines Opas war: ...*
- *Von meiner Oma hörte ich immer: ...*
- *Mein großer Bruder/meine große Schwester hat immer gesagt: ...*
- *Eine Lektion, die mein erster Lehrer ständig wiederholte, war: ...*
- *Der wichtigste Satz meiner Kindheit war: ...*
- *Eine Lehre, die ich nie vergessen werde, war: ...*
- *Etwas, was ich nie wahrhaben wollte, war: ...*

Was halten Sie heute von diesen Sätzen? Ergeben sie noch Sinn? Wie sollten diese Sätze heute besser lauten? Schreiben Sie diese besseren Sätze auf.

Meist tauchen Glaubenssätze nur auf, wenn es dafür einen Anlass gibt. Daher kann es Ihnen schwerfallen, Glaubenssätze einfach so zu sammeln und damit zu arbeiten. Dagegen helfen nur permanente Aufmerksamkeit und Achtsamkeit im täglichen Leben und Denken.

Merken Sie sich das, was Sie in Gesprächen äußern. Bitten Sie vielleicht auch andere, darauf zu achten, ob Sie mit Glaubenssätzen agieren. Sie werden sich wundern, wie viele sie finden werden. Es ist geradezu erschreckend, zugleich aber auch faszinierend, weil diese Erkenntnisse ganz neue Möglichkeiten für Ihr Leben eröffnen. Alles, was Sie sich vorher verboten oder für sich als unmöglich ausgeschlossen hatten, wird plötzlich möglich, denn Ihr Potenzial ist riesengroß.

Achten Sie auch auf das, was Sie denken. Beobachten Sie Ihre Annahmen, Schlüsse und Bewertungen. Vielleicht tragen Sie ab jetzt immer einen Notizblock bei sich und beginnen eine Glaubenssatzsammlung. Sich der eigenen Glaubenssätze bewusst zu werden, ist ein immens wichtiger, erster Schritt.

ÜBUNG – GLAUBENSSÄTZE UND VERÄNDERUNGEN

Wer ein Ziel hat, ist mit dem Status quo nicht zufrieden und möchte etwas verändern. Es ist daher gut zu wissen, wie Sie unbewusst zu Veränderungen stehen. Was sind Ihre Glaubenssätze diesbezüglich? Beantworten Sie für sich selbst einmal die folgenden Fragen.

- *Welche Rolle hat Veränderung in Ihrem Leben bisher gespielt?*
- *Konnten Sie damit gut umgehen oder war dies eher problematisch?*
- *Machen Sie gern Neues, oder gruselt es Sie tief im Inneren davor?*
- *Gehört Veränderung für Sie zum Leben oder ist sie ein notwendiges Übel?*
- *Sind Veränderungen schmerzhaft, leicht oder wichtig?*
- *Halten Sie es für möglich, dass Sie sich in manchen Punkten weitgreifend verändern können?*
- *Trauen Sie anderen Menschen dies zu?*
- *Wer wären Sie nach einer größeren Veränderung?*
- *Wie steht Ihre Umwelt zu Veränderungen?*

ÜBUNG – LEINWAND

Wählen Sie einen Bereich Ihres Lebens, in dem es nicht so richtig läuft. Setzen Sie sich bequem hin, schließen Sie die Augen, und stellen Sie sich bitte vor, dass vor Ihren Augen nun ein Film abläuft. Der Film handelt von Ihnen. Sie sehen sich selbst, wie Sie sich im betreffenden Bereich verhalten. Was beobachten Sie an Ihrem Verhalten? Sie können einzelne Szenen immer wieder zurückspulen, wenn Sie sie mehrmals sehen möchten. Kommt Ihnen Ihr eigenes Verhalten plötzlich komisch vor? Würden Sie sagen, dass die Person im Film vielleicht ein bis zwei unnötige Glaubenssätze pflegt? Welche könnten dies sein? Prüfen Sie, ob es ein Glaubenssatz über Sie selbst oder über die Welt ist. Machen Sie weiter mit den entsprechenden Übungen zur Veränderung.

Glaubenssatzmolekül

> Den Weg zu den Quellen findest du nur, wenn du gegen den Strom schwimmst.
> (Laotse)

Ein Glaubenssatz kommt selten allein. Im Laufe des Lebens entsteht um den ersten Glaubenssatz herum, ein Netzwerk aus weiteren Sätzen. Mehrere Glaubenssätze zu einem Thema ergeben ein Glaubenssatzmolekül, in dessen Mitte sich der Kernglaubenssatz befindet. Ein solches Gebilde aus mehreren zusammenhängenden Glaubenssätzen, wird in der folgenden Grafik mit einem Beispielsatz gezeigt. Weil man meist nicht den Kernglaubenssatz kennt, sondern nur die am Rand befindlichen, ist es bei einer Glaubenssatzveränderung sinnvoller, zunächst das Molekül herauszuarbeiten. Dann verändern Sie den Kernglaubenssatz, mit dem das »Verhängnis« einmal seinen Lauf nahm.

Die grafische Darstellung Ihres Glaubenssystems zu einem bestimmten Aspekt ist außerdem eine schöne Hilfe, wenn Sie sehen möchten, wie alles zusammenhängt. Dabei tauchen auch immer wieder Glaubenssätze auf, die sich untereinander widersprechen, jedoch trotzdem zum Kernsatz passen und sich den passenden Moment in Ihrem Leben aussuchen, um sich mit Vehemenz zu melden.

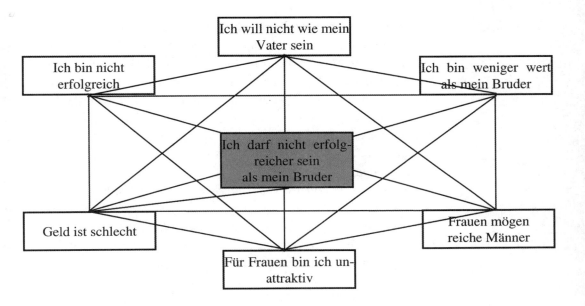

ÜBUNG – IHR GLAUBENSSATZMOLEKÜL

1. Stellen Sie alle Überzeugungen, die Sie zu Ihrem gewählten Thema haben, zusammen. Alternativ beginnen Sie mit einem Glaubenssatz und bauen Ihr Molekül nach und nach darum herum auf. Nutzen Sie die Übungen zur Aufdeckung Ihrer Glaubenssätze. Schreiben Sie die Sätze auf kleine Notizzettel, und legen Sie diese auf ein größeres Blatt Papier. Auf diesem markieren Sie die Verbindungen zwischen den einzelnen Sätzen.
2. Reflektieren Sie über das Molekül. Was fällt Ihnen auf? An welche Situationen müssen Sie denken?
3. Wenn Sie Ihre Glaubenssätze ändern möchten, beginnen Sie mit dem Satz, mit dem Sie die stärksten Gefühle verbinden. Wie Sie Ihre Glaubenssätze ändern, sehen Sie im nächsten Kapitel.
4. Ersetzen Sie alle alten Glaubenssätze durch neue, die Sie ebenfalls aufschreiben und anstelle der alten auf das Papier legen
5. Fotografieren Sie das Blatt, und hängen Sie es an Ihre Visionstafel.

Ich gebe zu, dass es eines ziemlichen Engagements und Zeitinvestitionen bedarf, damit Sie die Glaubenssätze wirklich allein auflösen können. Nehmen Sie sich die Zeit, das Ergebnis wird die Mühe belohnen. Die professionelle Hilfe eines Coachs ist immer hilfreich, wenn Sie das Gefühl haben, dass es allein nicht weitergeht.

Interpretationen

Der Mensch neigt dazu, das Verhalten anderer zu interpretieren. Wird beispielsweise der frisch Verliebte nicht angerufen, denkt er vielleicht: »Klar, sie liebt mich nicht.« Wie viele Gründe gibt es aber wohl außerdem, aus denen sie nicht anruft?

Es gibt eine Tatsache, man beobachtet etwas und interpretiert dann das Beobachtete. Diese Interpretation kann mit dem tatsächlich Beobachteten etwas zu tun haben, muss es aber nicht. Sie geben also Ihrer Beobachtung eine Bedeutung, die aus Ihnen heraus kommt. Aber diese hat zunächst nichts mit dem Beobachteten zu tun.

> Pflege Deine Gedanken wie der Gärtner seinen Garten.
>
> Dabei achte auf die Früchte genauso wie auf das Unkraut.

Zur Verdeutlichung noch ein weiteres Beispiel: Sie sehen einen Bekannten auf der Straße, und derjenige beachtet Sie gar nicht. Sie fragen sich: »Warum grüßt er mich nicht?« Je nachdem, wer er ist, ordnen Sie dieser Beobachtung eine Bedeutung zu, die weit über »Er hat mich einfach nicht gegrüßt«, hinausgeht. Vielleicht denken Sie: »Er mag mich nicht, er ist ein oberflächlicher Idiot ...« Machen Sie sich bewusst, welche simplen Erklärungen es noch geben könnte, die auch wahr sein könnten, z.B. könnte er Sie gar nicht gesehen haben, er könnte gerade einen Todesfall in der Familie gehabt haben und nicht reden wollen, er könnte kurzsichtig sein und seine Kontaktlinsen nicht tragen und so weiter und so fort.

Wie verändern Sie Ihre Glaubenssätze?

> Unsere Furcht davor, zu weit zu gehen, hindert uns meistens daran, weit genug zu gehen.
> (John Harricharan)

Selbsterkenntnis ist der erste Schritt zur Besserung, oder? Einen alteingesessenen Glaubenssatz loszuwerden, ist gar nicht so einfach. Wie der Name schon sagt, glauben Sie schließlich fest daran, zu wissen, dass Ihr Satz wahr ist. Dadurch, dass Sie sich auf diese »Pseudo-Wahrheit« fokussieren und dementsprechend in Ihrem Leben laufend die Bestätigung des Glaubenssatzes erfahren, erhalten Sie scheinbar immer wieder den Beweis, wie recht Sie doch haben. Energie folgt der Aufmerksamkeit und die Aufmerksamkeit folgt der Energie, heißt es in der hawaiianischen Huna-Philosophie. Wenn Sie glauben, dass Sie sowieso nie einen passenden Partner finden werden, werden Sie tagtäglich erleben, dass niemand zu Ihnen passt. Ihr Glaubenssatz scheint also wahr zu sein. Und wenn Sie mit 90 Jahren als Single sterben würden, hätten Sie sich bewiesen, dass Sie recht hatten, und Ihre letzten Worte wären: »Ich habe es Euch ja gesagt, ich finde nie einen …« Was aber, wenn Sie plötzlich eine Person kennenlernen und sich daraus eine glückliche Partnerschaft entwickeln würde? Damit wäre der Gegenbeweis doch da, oder wäre dies für Sie nur die seltene Ausnahme von der Regel?

Im Folgenden werde ich verschiedene Übungen vorstellen, die zeigen, wie Sie mit Ihren Glaubenssätzen arbeiten können. Wenn Sie Ihren Glaubenssatz nach allen Regeln der Kunst auseinandergenommen haben, brauchen Sie immer einen neuen Satz, der den alten ersetzt. Die entstandene Lücke muss gefüllt werden, ansonsten besteht die Gefahr, dass sich das Alte wieder nach vorne schiebt. Dazu gehört es, als Erstes zu überlegen, was denn stattdessen ein passender Glaubenssatz sein könnte.

Im später erfolgenden Ökologie-Check wird der neue Glaubenssatz dann auf seine Alltagstauglichkeit geprüft. Was sind die Kriterien, die ein neuer Satz erfüllen muss, damit er funktioniert? Er muss sowohl Herrn Verstand als auch Frau Herz gefallen. Er muss nicht nur von beiden akzeptiert werden, besser wäre es, wenn beide ihn lieben würden.

Nehmen Sie sich Zeit, den richtigen Ersatz zu finden. Das Thema Glaubenssätze mag Ihnen vielleicht ein wenig langatmig, ein wenig kompliziert und auch unspirituell erscheinen. Dennoch sollten Sie mir in diesem Fall vertrauen und sehr sorgfältig arbeiten. Das Ergebnis Ihrer gesamten Zielrealisierung hängt möglicherweise davon ab, inwieweit Sie blockierende Glaubenssätze erkennen und verändern.

Neutralisieren Sie Ihren alten Glaubenssatz, indem Sie die entsprechenden Übungen machen. Dadurch wird er nach und nach seine Kraft verlieren. Sie können den alten Satz durch einen neuen Glaubenssatz ersetzen. Dies ist in der Regel sicherer. Noch besser ist es, ein ganz neues Glaubenssatzmolekül zu erschaffen – also ein ganzes System aus neuen Sätzen.

Verwenden Sie auf jeden Fall positive Formulierungen, und vermeiden Sie »weg von etwas«-Sätze wie z.B. »Ich will kein Versager mehr sein.« Sagen Sie sich stattdessen: »Ich bin bereit, Erfolg zu haben.«

ÜBUNG – GEGENBEWEIS

Formulieren Sie das Gegenteil Ihres Glaubenssatzes, und suchen Sie nach Beispielen, die Ihnen beweisen, dass das Gegenteil richtig sein kann.

Angenommen, Ihr Glaubenssatz beginnt mit »Ich bin zu alt, um ...« Dann suchen Sie nach einer Person, die im hohen Alter etwas Außergewöhnliches geschafft hat. Hulda Crooks begann beispielsweise im hohen Alter bergzusteigen und stand mit 91 Jahren noch auf dem Fujijama.

Angenommen, Ihr Glaubenssatz beginnt mit »Mir fehlt die entsprechende Ausbildung, um ...« Dann lässt sich diese beispielsweise durch eine Statistik widerlegen, die besagt, dass 80 Prozent der erfolgreichsten Unternehmer weder Abitur noch Studienabschluss haben.

Sie werden zu jedem Glaubenssatz Gegenbeweise finden. Und wenn Sie sich dann »Ja, aber ...« hören sagen, haben Sie gleich Ihren nächsten Glaubenssatz gefunden.

ÜBUNG – WOHER WEISS ICH DAS?

Haben Sie erst einmal all die hinderlichen Glaubenssätze aufgedeckt, ist der wichtigste Teil der Arbeit zwar gemacht, dennoch sind Sie noch nicht fertig. Es hilft, seine Glaubenssätze zu kennen. Das löscht sie aber meist noch nicht. Sie benötigen eine Methode, diese Sätze zu ändern, zu löschen oder in ihr Gegenteil umzukehren. Eine gute Möglichkeit ist das Hinterfragen der Aussage des jeweiligen Glaubenssatzes. Stellen Sie sich dazu die folgenden Fragen:
- *Woher weiß ich das?*
- *Ist es absolut sicher, dass dieser Satz wahr ist?*
- *Gilt der Satz für jeden Menschen auf der Erde?*
- *Gibt es irgendwo eine Ausnahme?*
- *Kann ich mir eine Situation vorstellen, in der der Satz nicht zutrifft?*
- *Wie könnte ein Mensch diesen Glaubenssatz sehen, der die letzten 20 Jahre in einem Raumschiff verbracht hat?*

ÜBUNG – WER SAGT DAS?

Für die Arbeit mit den Glaubenssätzen kann es interessant sein festzustellen, ob ein Satz aus der eigenen Erfahrung stammt oder von jemand anderem übernommen wurde. Fragen Sie sich:
- *Wer sagt das?*
- *Hat der Glaubenssatz etwas mit mir selbst zu tun?*

ÜBUNG – VERALLGEMEINERUNGEN

Sie – genauso wie ich – neigen zu Verallgemeinerungen. Es liegt in der Natur der Glaubenssätze, dass eine Handvoll Erfahrungen ausreicht, um eine allgemeingültige Regel zu einem Thema zu konstruieren, die Ihnen zukünftig die Reaktion erleichtern soll. Besteht die Möglichkeit, dass es Ausnahmen von dieser Regel gibt, führt dies zu Problemen. Sie reagieren vielleicht inadäquat und bemerken es jedoch nicht, weil Sie meinen, alles richtig zu machen – schließlich halten Sie sich ja an die Regel. Begeben Sie sich in die Vergangenheit, und forschen Sie nach Situationen, die zu Ihrem Glaubenssatz geführt haben. Dabei helfen Ihnen die folgenden Fragen:

- *Wann war das?*
- *Wer war beteiligt?*
- *Was ist geschehen?*
- *Woran können Sie sich erinnern?*
- *Wie sind Sie auf Grundlage dieser Antworten zu Ihrem Glaubenssatz gekommen?*
- *Was hat Sie dazu bewogen, diese Verallgemeinerung so fest in Ihrem Leben zu verankern?*

Vielleicht fällt Ihnen sogar keine einzige Situation mehr ein – ein Grund mehr, diesen Glaubenssatz aufzulösen.

ÜBUNG – SONST GESCHIEHT WAS?

Für Glaubenssätze, die folgendermaßen eingeleitet werden: »Ich kann nicht ...«, »Ich muss ...« usw. sind auch diese Fragen eine Hilfe:
Sonst geschieht was? Ist das sicher? Gilt der Satz immer? Gibt es eine Ausnahme?

ÜBUNG – IST DAS WIRKLICH WAHR?

Sie haben Ihr Ziel formuliert, den Ökologie-Check und vieles weitere gemacht, dennoch gibt es anscheinend ein Problem, von dem Sie meinen, dass es mit einem Glaubenssatz zusammenhängen könnte.

Drehen Sie den Satz doch einmal um, negieren Sie ihn. Oft gibt es verschiedene Möglichkeiten, einen Satz in sein Gegenteil umzuformen. Testen Sie jede Möglichkeit, die Ihnen einfällt, und schreiben Sie sie auf. Besteht die Möglichkeit, dass sich die gegenteilige Formulierung wahr, besser oder zumindest möglich anhört? Was würde geschehen, wenn Sie die Negation zu Ihrem Glaubenssatz machen würden?
Was würde dieser neue Satz für Sie bedeuten? Denken Sie nicht an die möglichen Konsequenzen, sondern an die Bedeutung.

1. Beispiel:
Glaubenssatz: Ich kann keine Kaltakquise am Telefon machen.
Negation: Ich kann Kaltakquise am Telefon machen.

Auch die Negation macht Sinn. »kann nicht« bedeutet in Coaching zumeist »will nicht«. Es gibt keinen Grund auf der ganzen Welt, aus dem ich es nicht zumindest lernen könnte. Vielleicht wäre ich kein Naturtalent, aber ich könnte es tun. Die Negation ist dementsprechend viel richtiger.

2. Beispiel:
Glaubenssatz: Ich muss viel Geld verdienen, um glücklich zu sein.
Negation: Ich kann auch mit wenig Geld glücklich sein.
Bedeutung: Wenn ich nicht viel Geld verdiene, bin ich ein Versager, und niemand liebt mich mehr. Mein Vater wäre nicht mehr stolz auf mich. Ich definiere meinen Selbstwert über finanziellen und beruflichen Erfolg.

Sie sehen, hier gäbe es auch zahlreiche andere Möglichkeiten, die Bedeutung des Satzes auszulegen. Testen Sie dies für sich in Ruhe aus. Legen Sie in der Bedeutungssuche den Fokus auf Aussagen über Sie selbst, die Formulierungen dieser Art enthalten: »wenn ich nicht ..., dann wird man mich ...«

ÜBUNG – GRUNDANNAHMEN

Prüfen Sie an Ihrem Glaubenssatz, von welchen Annahmen er ausgeht. Meist gibt es mehrere Möglichkeiten. Fragen Sie sich, ob diese wahr sind.

Beispiel:
Glaubenssatz: Ich werde nie ein guter Verkäufer sein.
Annahmen: (Betonung fett gedruckt)
***Man** muss ein guter Verkäufer sein.*
***Ich** muss ein guter Verkäufer sein.*
*Ich muss ein **guter** Verkäufer sein.*
*Ich muss ein guter **Verkäufer** sein.*
*Es gibt **gute und schlechte** Verkäufer.*
***Ich kann es nicht lernen**, ein guter Verkäufer zu werden.*
*Ich bin kein **guter** Verkäufer.*
*Ich bin **kein** guter Verkäufer.*
***Ich** bin kein guter Verkäufer.*

Wenn Sie diese Übung in Bezug zu dem Beispiel mit der Kaltakquise setzen, erkennen Sie, was alles dahinterstecken kann. Allein die letzte Annahme »Ich bin kein guter Verkäufer« ist eine Hypothese, weil ich schließlich gar nicht erst zum Telefonhörer greife.
Ich werde also nie wissen, ob ich ein guter Verkäufer wäre. Wenn ich nun alle Annahmen auf ihren Wahrheitsgehalt überprüfe, werde ich feststellen, dass keine davon wahr ist, denn es gibt Alternativen und Möglichkeiten, diese Annahmen alle zu widerlegen.

ÜBUNG – TUN, ALS OB

Wenn Ihr Glaubenssatz beinhaltet, dass Sie irgendetwas nicht können, dürfen, sollen, dass man etwas nicht macht etc., dann tun Sie einfach so, als ob es doch ginge, und machen Sie es.

ÜBUNG – WAS STECKT DAHINTER?

Eine weitere Variante zur Aufdeckung von Glaubenssätzen ist die rückwärtsgerichtete Arbeit an einem Problem. Wie bereits erläutert, zeigen sich Ihre Glaubenssätze in Ihrem äußeren Erleben. Haben Sie ein Problem, können Sie analytisch ergründen, welcher Glaubenssatz Ihr Problem verursacht hat.

Problem: *Ich verdiene mit schamanischer Teamentwicklung nicht genug Geld.*
Nun gibt es zwei Richtungen, in die ich arbeiten kann. Einmal könnte ich mich fragen, warum es mir so wichtig ist, mehr Geld zu verdienen. Steckt dahinter vielleicht ein Glaubenssatz wie »Ich muss viel Geld verdienen, sonst bin ich nichts wert«?
Oder geht es eher in eine andere Richtung, wie hier:
Bedeutung: *Ich verdiene nicht genug, weil ich nicht genug Akquise mache.*
Ich mache nicht genug Akquise, weil ich Kaltakquise am Telefon nicht kann.
Und schon sind wir beim angeführten Beispiel.
Ergebnis: *Ich verdiene nicht genug, weil ich Kaltakquise am Telefon nicht kann.*
Glaubenssatz: *Ich kann keine Kaltakquise am Telefon.*

Sie erinnern sich: »nicht kann« = »nicht will«. In diesem Fall ginge es, wie weiter oben bereits gezeigt, weiter mit der Negation des Satzes.

ÜBUNG – SCHLIMMSTENFALLS

Sollte Ihr Glaubenssatz mit einer Angst vor etwas verbunden sein, könnten Sie einmal durchspielen, was alles im schlimmsten Falle geschehen könnte. Da es allzu oft um das liebe Geld geht, bleiben wir bei diesem Thema.

Angenommen, Sie haben einen Glaubenssatz, der verhindert, dass Sie finanziellen Erfolg haben. Ihr Traum vom kleinen Hotel in der Karibik platzt, weil Sie es nicht geschafft haben, und Sie sehen sich schon in Gedanken völlig verarmt mit einer leeren Flasche Rum unter einer Palme liegen.

Schreiben Sie auf, was Ihnen alles zustoßen könnte, wenn Sie Ihren Traum angehen. Malen Sie sich alles aus. Was könnte schiefgehen? Wo würden Sie in letzter Konsequenz enden? Lassen Sie Ihrer Fantasie freien Lauf.

Wie realistisch ist das, was Sie aufgeschrieben haben? Wie könnten und würden Sie dem bereits zu Anfang entgegensteuern?

ÜBUNG – GLAUBENSSÄTZE DURCH EINE SCHAMANISCHE REISE AUFLÖSEN

Mithilfe einer geführten Meditation, die an schamanische Reisen angelehnt ist, können Sie Ihre Glaubenssätze ebenfalls erkennen und verändern. Im Verlauf einer solchen Reise besuchen Sie das Haus der Seelenverletzungen, das Haus der Glaubenssätze und das Haus der Talente und Schätze. Im Haus der Glaubenssätze werden Sie Ihren alten Glaubenssatz finden und können diesen verändern, wenn Sie es ein zweites Mal besuchen. Dies hier zu erklären, würde den Rahmen sprengen. Wenn Sie Interesse an dieser Methode haben, empfehle ich Ihnen meine »Fantasie-Reise in die Unterwelt« auf der im Schirner Verlag erschienenen CD[48].

---

48 Oliver Driver: Mentaltraining der Schamanen. Geführte Fantasiereisen in schamanische Welten. Darmstadt 2011

Ökologie-Check

> Nicht weil es schwer ist, wagen wir es nicht, sondern weil wirs nicht wagen, ist es schwer.
> (Seneca)

Der Ökologie-Check ist die Prüfung, ob eine Glaubenssatzänderung auch für Ihr Unterbewusstsein und für Ihre Umwelt praktikabel und akzeptabel ist. Was Ihr Verstand in der Veränderung Ihrer Glaubenssätze als wertvoll und positiv einschätzt, muss Ihr Unterbewusstsein noch lange nicht so sehr schätzen. Es könnte sogar massive Einwände haben. Vielleicht erkennen Sie die Analogie zu den Regeln der Mottobildung. Ihr Unterbewusstsein weiß deutlich mehr als ihr Verstand. Wenn es sich also meldet, sind das sehr wertvolle Hinweise, denn es will nur Ihr Bestes. Die Fragen des Ökologie-Checks entsprechen teilweise auch den Fragen, die an anderer Stelle in diesem Buch erwähnt werden, dennoch sollten Sie sie sich an dieser Stelle nochmals stellen.

ÜBUNG – ÖKOLOGIE-CHECK

1. Kompetenz: Fragen Sie Ihr Unterbewusstsein, ob Sie die notwendige Kompetenz haben, um diesen Glaubenssatz zu ändern oder ob Sie möglicherweise erst noch mit einfacheren Sätzen Erfahrungen sammeln sollten. Das Ergebnis kann sein, dass Sie lieber einen Coach aufsuchen und das Thema professionell angehen sollten.[49]

2. Machen Sie eine Visualisierung der Glaubenssatzveränderung, in der Sie sich vorstellen, wie es danach wäre.
  - *Prüfen Sie dabei, ob es irgendwelche Einwände gegen diese Vorstellung gibt. Notieren Sie diese bitte. Achten Sie auf Ihre sonstigen Gefühle und Wahrnehmungen während der Visualisierung. Spüren Sie wirklich nur die erwarteten guten Gefühle, oder werden Sie auch überrascht von einer gewissen Gleichgültigkeit oder gar negativen Gefühlen? Das sind Hinweise auf verdeckte Ein-*

---

[49] Grundsätzlich kann ich Ihnen nur raten, bei weitreichenden Träumen und Zielen ein wenig Geld in einen guten Coach zu investieren. Die Arbeit mit diesem Buch ist dafür eine sehr gute Vorbereitung.

wände. *Versuchen Sie herauszufinden, welcher Einwand sich dahinter versteckt.*

- *Bleiben Sie in Ihrer Visualisierung. Prüfen Sie, wie der neue Glaubenssatz Ihre Umwelt, insbesondere Ihre Mitmenschen, beeinflussen würde. Wer wäre betroffen? Wie würde derjenige reagieren? Wie wäre dies wiederum für Sie? Kämen Sie damit klar oder sollte noch etwas geändert werden?*
- *Welche Auswirklungen wird diese Glaubenssatzveränderung auf andere Bereiche Ihres Lebens haben? Was werden Sie verlieren? Was wird sich verändern? Was wird möglich und was wird nicht mehr möglich sein? Sind die Konsequenzen für Sie tragbar oder ist schon abzusehen, dass daraus neue Probleme entstehen werden?*

Solange ich als Mann mit dem Glaubenssatz »Alle Frauen sind gleich« unglücklich verheiratet bin, habe ich keinen Veränderungsbedarf, weil sich meine Situation ohnehin nie verbessern würde. Änderte ich den Satz jedoch, würde ich mitten in einem Dilemma landen. Meine Ehe würde zur Qual, da ich nun wüsste, dass irgendwo eine andere warten könnte, mit der ich viel glücklicher wäre. Die Trennung aber würde die Kinder belasten und mich finanziell ruinieren und so weiter und so fort. Sie sehen, ein ganzer Rattenschwanz kann mit der Auflösung eines Glaubenssatzes verbunden sein, weil immer wieder neue Glaubenssätze zum Vorschein kommen.

3. *Kommen wir nun zu ihren gesammelten Einwänden. Prüfen Sie jeden Einwand so ernst wie den wertvollen Ratschlag eines guten Freundes. Suchen Sie für jeden Einwand eine Lösung, falls Sie dazu selbst aktiv werden können. Sollte ein Einwand lauten »Hey, deine Ausbildung ist noch nicht umfassend genug!«, prüfen Sie, ob Sie vielleicht doch noch etwas lernen müssen – oder ob ein Glaubenssatz wie z.B. »Sei perfekt!« dahintersteckt. Wenn Sie nicht aktiv werden können, ändern Sie Ihren Glaubenssatz ab, sodass er besser zum Einwand passt. Beginnen Sie danach jeweils diese Übung von vorne.*

4. Sind während der Visualisierung Störungen aufgetreten, die Sie nicht greifen können, sodass auch kein Einwand formulierbar ist, stellen Sie sich die folgenden unähnlich/ähnlich-Fragen:

-   *Wem aus Ihrem engeren Familienkreis werden Sie unähnlicher, wenn Sie Ihren neuen Glaubenssatz erfüllt leben?*

Oft ist es so, dass wir Vater, Mutter, Bruder oder anderen Familienmitgliedern unbewusst nicht unähnlich werden wollen. Dahinter steckt eine Solidarität mit demjenigen, die meist unpassend und irrational ist. Vater ist das große Vorbild, und wir wollen so sein wie er. Oft ist es auch so, dass Vater oder Mutter aufgrund äußerer Umstände etwas nicht erreicht haben. Das Leben hat es ihnen verwehrt, und wir zeigen unsere Loyalität zu ihnen dadurch, dass wir unseren Traum ebenfalls nicht ausleben. Fragen Sie sich, was derjenige sagen würde, wüsste er, dass Sie Ihre Träume nicht leben wollen, weil Sie ihm lieber ähnlich bleiben wollen.

-   *Wem aus Ihrem engeren Familienkreis werden Sie ähnlicher, wenn Sie Ihren neuen Glaubenssatz erfüllt leben?*

Der Konflikt besteht in diesem Fall darin, dass Sie jemandem ähnlicher werden würden, dem Sie gar nicht ähnlich sein wollen. So kann der beruflich erfolgreiche Vater die Karriere des Sohnes torpedieren, weil dieser bei sich selbst nicht die in seiner Kindheit erfahrenen, negativen Aspekte von Erfolg erleben will. Papa war nie zu Hause und hatte keine Zeit für seinen Sohn. Daher sieht dieser jetzt (unbewusst) Erfolg als etwas sehr Negatives an.

Weitere Fragen, die Sie sich dazu stellen können, sind:

-   *Gibt es Grenzen innerhalb meiner Familie, die ich mit dem neuen Glaubenssatz überschritte?*
-   *Entspräche ich dann meinen eigenen Vorstellungen nicht mehr?*
-   *Würde ich damit meine eigenen Werte sabotieren?*

Neue Glaubenssätze

Sie haben nun bereits viel darüber gelernt, wie Sie mit Glaubenssätzen arbeiten können. In vielen Fällen werden Sie den Glauben nicht unmittelbar durch Wissen ersetzen können. Auch verschwindet ein alter Glaube nicht einfach, nur weil Sie es so entschieden haben. Wie bereits angedeutet, ist ein neuer, besserer Glaubenssatz notwendig, der den alten ersetzt. Bei allen Glaubenssätzen, die Sie ändern wollen, hilft es, den Satz mit: »Bisher …« zu beginnen, z.B. »Ich habe nie Erfolg.« Umformulierung: »Ich darf Erfolg haben. Bisher habe ich keinen Erfolg gehabt, jetzt nutze ich meine Chance.« Bei diesem Beispiel wäre ein neuer Glaubenssatz, wie »Ich werde von nun an immer und überall erfolgreich sein« nicht zielführend, denn wahrscheinlich würden Sie sich sehr schnell selbst beweisen, dass Sie eben doch nicht immer Erfolg haben. Es bestünde zudem die Gefahr, dass Sie selbst zu wenig für Ihren Erfolg tun würden (und daher scheitern). Dann würde Ihr alter Glaubenssatz wieder auftauchen, denn es hätte sich schon wieder gezeigt, dass Sie nie Erfolg haben. Besser formulieren Sie mit Worten wie: »Ich erwarte, dass ich, wenn ich mich entsprechend einsetze, Erfolg habe«, oder »Erfolg ist für mich möglich.«

Suchen Sie nach Ausnahmen zu Ihren alten Glaubenssätzen, und beweisen Sie sich damit selbst, dass der alte Satz unsinnig war. Wenn Sie keine Ausnahmen finden, konstruieren Sie welche. Was müsste geschehen, damit eine Ausnahme möglich wäre? Wie wäre dies für Sie? Was müssten Sie dazu beitragen? Wie sicher sind Sie, dass Ihr Glaubenssatz überhaupt richtig ist?

Wenn Sie die ersten Glaubenssätze bei sich entdeckt haben, wissen Sie bereits, dass diese aller Wahrscheinlichkeit nach falsch sind. Fragen Sie sich also, ob es auch anders sein könnte. Formulieren Sie neue Glaubenssätze sorgfältig.

> Es ist nicht gesagt, dass es besser wird, wenn es anders wird. Wenn es aber besser werden soll, muss es anders werden.
> (Georg Christoph Lichtenberg)

ÜBUNG – WIE SOLL MEINE WELT SEIN?

Überlegen Sie sich angesichts Ihrer aufgedeckten Glaubenssätze, wie Ihre Glaubenssätze lauten müssten, damit Sie Ihr Ziel erreichen können. Wie muss Ihre Wahrnehmung der Welt sein, damit Sie das bekommen, was Sie haben möchten?

Positive Glaubenssätze

> Es gibt nur einen Erfolg –, auf deine eigene Weise leben zu können.
> (Christopher Morley)

Nicht alle Glaubenssätze sind negativ. Neben den einschränkenden Glaubenssätzen gibt es auch unterstützende. »Ich kann alles schaffen, was ich möchte!« wäre beispielsweise ein solcher Satz. Überlegen Sie, welche Überzeugungen vielleicht nützlich sein könnten, und notieren Sie sich, wenn ein Glaubenssatz dabei ist, der für die Verwirklichung Ihres Traums von Bedeutung sein kann. Dann heften Sie ihn an Ihre Visionstafel.

Hier eine kleine Auswahl:
- Jeder Mensch hat ein Recht darauf, glücklich zu sein.
- Jeder sollte sich einmal am Tag etwas Gutes tun.
- Probleme sind Chancen, und ich kann aus allen Situationen etwas lernen.
- Alles hat seinen Sinn.

Glaubenssatzkonflikte

Ich hatte bereits erwähnt, dass es durchaus möglich ist, dass Sie Glaubenssätze haben, die sich widersprechen. Gerade auf dem Weg zu einem Ziel kann das sehr hinderlich sein. Oft ist es so, dass man einen guten Vorsatz hat, ihn aber aus unerfindlichen Gründen nicht durchsetzen kann.

> Mach das Beste aus dir, etwas Besseres kannst du nicht tun.
> (Ralph Waldo Emerson)

Manchmal hat man das Gefühl, als ob da zwei Personen im Kopf säßen. Die eine will unbedingt ein paar Kilogramm abnehmen und mindestens dreimal pro Woche joggen, die andere ist ein Couch-Potatoe, der diese Vorhaben morgens mit Müdigkeit und abends mit Bier und Chips sabotiert. Wenn wir den Wert dieser beiden Anteile würdigen, erkennen wir, dass der eine möchte, dass wir fit und gesund sind und der andere dafür sorgt, dass wir auch Ruhephasen und Entspannung in unser Leben holen.

ÜBUNG – KOALITIONSVERHANDLUNG

Stellen Sie sich vor, Sie würden ein Gespräch, eine Art Koalitionsverhandlung, von zwei gegensätzlichen Glaubenssätzen moderieren. Thema wäre: Sollen wir Sport machen und weniger Essen? Jede ihrer beiden Hände steht für jeweils einen inneren Anteil. Sie als Moderator beobachten beide und fragen nach. Wie fühlen sich die beiden Hände?

Jede der beiden darf nun ohne Störung ihre Beweggründe aufzeigen. In einer zweiten Runde soll jeder Anteil erläutern, warum er diese Gründe angebracht hat, und was er damit erreichen möchte. Was ist ihm wichtig? Welcher Gedanke steckt dahinter?

Das Ergebnis wird sein, dass beide nur Ihr Bestes wollen. Sie sind dann an einem Punkt angekommen, an dem ihre beiden Ziele gar nicht mehr sehr unterschiedlich sind. Fragen Sie Ihre Hände, ob sie bereit sind, sich aufeinander zu zu bewegen und eine gemeinsame Lösung zu entwickeln.

Spüren Sie sich gut in die beiden hinein, und führen Sie dann die beiden Hände in einem stimmigen Tempo zusammen, und reichen Sie sich die (eigenen) Hände.

Suchen Sie nun nach einem neuen Glaubenssatz zu dem ursprünglichen Konflikt, der beide inneren Parteien befriedigt. Beobachten Sie zukünftig, ob der Satz passt.

Verhalten muss man lernen

> Mensch sein heißt ja niemals, nun einmal so und nicht anders sein zu müssen –
> Mensch sein heißt immer auch anders werden können.
> (Viktor Frankl)

Auf einen offenen Punkt möchte ich Sie noch hinweisen: Nur weil ein Glaubenssatz neutralisiert wurde und durch einen neuen Satz ersetzt wurde, der Mut macht, bedeutet dies nicht zwangsläufig, dass Sie nun bereits die Fähigkeiten haben, diesen Satz zu leben. In manchen Bereichen gehört zu einem beabsichtigen Verhalten auch erweitertes Wissen oder Können dazu.

Prüfen Sie also, ob es in Bezug auf die angestrebte neue Wirklichkeit etwas gibt, was Sie können oder wissen möchten, aber noch nicht beherrschen. Wenn Sie sich vorgenommen haben, abzunehmen und regelmäßig Sport zu treiben, sollten Sie zum einen wissen, wie man sich überhaupt vernünftig ernährt und zum anderen gehört selbst zum Joggen eine gewisse Technik.

Ein Traum wird wahr

Es wird Zeit, Abschied zu nehmen. Sie haben in sich hineingehört und Ihre innersten Bedürfnisse erkundet. Sie haben Ideen gesammelt und geplant. Ihre Visionstafel ist zwischenzeitlich zu einem kleinen Kunstwerk geworden. Und nun? Nun erfolgt der Startschuss! Raus aus der Kuschelwelt der Planung und hinein ins richtige Leben!

> Nach jedem Traum gibt es ein Erwachen – auch nach dem erfüllten Traum.
> (Sam Peckinpah)

Sie werden etwas tun, was Sie vielleicht nie für möglich gehalten haben. Andere Menschen werden Sie beneiden, manche werden sich auch von Ihnen abwenden. Nicht jeder mag dabei zuschauen, wie andere ihren Traum leben, während sie selbst dies nicht wagen. Viele neue Erfahrungen warten auf Sie. Sie werden sich selbst viel besser kennenlernen, und Sie werden Fähigkeiten entwickeln, mit denen Sie nicht gerechnet haben. Einfachste Dinge werden schiefgehen. Sie meinen vielleicht, dass Sie das größte Risiko Ihres Lebens eingehen. Das Leben ist ein Spiel. Erinnern Sie sich?

Denken Sie daran, regelmäßig einen Traum-Check zu machen. Vertrauen ist gut, Kontrolle ist besser. Sollten Sie bereits jetzt voll und ganz auf den Fluss des Lebens vertrauen, gratuliere ich Ihnen. Dann haben Sie dieses Buch wohl sowieso nur zum Spaß gelesen, denn welche Ziele sollten Sie noch haben, wenn doch das Leben ohnehin für alles sorgt?

All die anderen, die eher dazu neigen, ihr Leben beeinflussen und mitgestalten zu wollen, sollten den Fortschritt ihres Projektes regelmäßig überprüfen. Je nach Umfang und Dauer der notwendigen Schritte bis zur Zielerreichung ist eine turnusmäßige Bestandsaufnahme in Ihrem stillen Kämmerlein hilfreich, wenn nicht sogar notwendig. Wenn Sie sich beispielsweise vorgenommen haben, innerhalb von zwei Jahren an der Volkshochschule eine Sprache zu lernen, ist dies weniger wichtig, weil Sie dort im Unterricht jede Woche sehen werden, wie weit Sie sind. Haben Sie vor, in zwei Jahren Ihr eigenes Hotel in der Karibik zu eröffnen, lohnt es sich schon eher, den aktuellen Stand objektiv zu erfassen. Schauen Sie den Tatsachen ins Auge!

Ich möchte in diesem Kapitel aber auch noch auf eine Möglichkeit zu sprechen kommen, die ebenfalls eintreten kann. Auf den ersten Blick könnte dies ein sehr trauriger Abschnitt sein. Er handelt davon, dass Sie es möglicherweise nicht schaffen werden, Ihren Traum zu leben. Sei es, weil Sie Angst vor dem Ungewissen haben oder weil Sie eine Familie zu versorgen haben und nicht glauben, dass dies mit Ihrem Traum vereinbar wäre. Sollte Ihr Traum nicht Ihr Traum gewesen sein, so wissen Sie dies nun auch, und Sie können sich auf die Suche nach Ihrem wahren Traum machen.

Auch wenn ich dieses Buch als Hilfe für den Weg zur Traumverwirklichung geschrieben habe, so soll es doch keinen Druck erzeugen. Wenn Sie feststellen, dass Sie gut damit klar kommen, Ihren Traum nur zu träumen, ist das völlig in Ordnung.

Genauso ist es möglich, dass Sie einiges für Ihren Traum getan haben, nun aber spüren, dass es zu viel für Sie wird. Egal ob dahinter ein Glaubenssatz steckt, den Sie noch bearbeiten könnten oder etwas anderes, Sie können sich jederzeit entscheiden, Ihr bisheriges Leben zu behalten oder es nur leicht zu verändern und den Traum einen Traum sein lassen.

Kennen Sie die Geschichte von zwei buddhistischen Mönchen, die einem am Flussufer sitzenden Mädchen begegnen? Das wunderschöne Mädchen hat Angst, den Fluss zu überqueren. Der eine Mönch tut so, als ob er das Mädchen nicht sieht, denn die Regeln verbieten ihm den Kontakt mit dem anderen Geschlecht. Der Mönch Tansan hingegen nimmt das Mädchen auf seine Arme und trägt es hinüber. Die beiden Mönche wandern weiter und nach einer Weile schimpft der eine: »Was hast du getan?! Du hast gegen unsere Regeln verstoßen, du hast das Mädchen berührt.« Tansan geht weiter und entgegnet: »Ich habe das Mädchen am anderen Flussufer zurückgelassen, du aber trägst es immer noch in dir.«

In diesem Sinne: Wenn Sie einen Traum aufgeben, tun Sie es richtig, und trauern Sie ihm nicht ewig hinterher. Im Folgenden möchte ich Ihnen ein kleines Ritual vorstellen, das Ihnen hilft, Abschied von Ihrem Traum zu nehmen. So werden Sie offen für neue Ideen, und die ungestillte Sehnsucht kann ebenfalls aufgelöst werden.

ÜBUNG – TRAUM-CHECK

- *Wo stehen Sie?*
- *Was haben Sie in der letzten Woche/im letzten Monat geschafft?*
- *Wo waren Sie besonders gut? Welche Erfolge hatten Sie?*
- *Wie können Sie sich für das Erreichte belohnen?*
- *Was ist liegen geblieben?*
- *Schenken Sie den kritischen Punkten und den Meilensteinen besondere Aufmerksamkeit?*
- *Wo gibt es Handlungsbedarf?*
- *Wo müssen in Ihrem Traumfahrplan Schritte ergänzt oder abgeändert werden?*
- *Wie liegen Sie in Ihrem Terminplan? Was hat sich verzögert? Wo waren Sie schneller?*
- *Welche Probleme sind aufgetaucht? Welche Lösungen haben Sie dafür gefunden?*
- *Benötigen Sie Hilfe? Von wem?*
- *Welche Schritte stehen für die nächste Woche an?*
- *Was steht morgen früh an?*

Sollte Ihr Projekt im Fluss sein, also sehr dynamisch und nahezu von allein laufen, kann diese Bestandsaufnahme in fünf Minuten beendet sein.

 ## Ihre Medizin

Das Sonnensymbol weist in diesem Buch auf wichtige Ressourcen hin, die Ihnen bei der Realisierung Ihres Traums helfen können. Jetzt, kurz vor Ende des Buches, möchte ich Ihnen nochmals ans Herz legen, Ihrer Medizin, Ihrer ureigenen, individuellen Kraft zu folgen. Diese ist neben Ihrem Traum, das Kraftvollste, was Sie haben. Erst wenn Idee und Medizin im Einklang sind, wird Ihr Traum Realität werden.

Ihre Medizin unterscheidet sich von der aller anderen Menschen. Sie ermöglicht es Ihnen, einen Weg zu gehen, der anders als der der anderen sein wird. Ihr Weg passt nur zu Ihnen, zu niemandem sonst. Sie spüren, wenn Sie auf diesem Weg sind. Sie spüren, wenn Sie von ihm abweichen – auch wenn Sie dies vielleicht nicht wahrhaben wollen. Ihre innere Stimme sagt Ihnen jederzeit, ob Sie Ihre Medizin leben oder nicht. Hören Sie auf diese Stimme! Schenken Sie ihr Gehör! Vielleicht müssen Sie Ihren Traum noch nicht einmal kennen, solange Sie nur auf Ihre innere Stimme hören. Denn dann sind Sie ganz von allein auf dem richtigen Weg. Der Traum kommt zu Ihnen, Sie müssen nichts mehr erreichen.

ÜBUNG – »MEIN LIEBER TRAUM ...«

Nehmen Sie sich etwas Zeit, und schreiben Sie einen kleinen Brief an Ihren Traum. Beschreiben Sie, wie Ihr Traum aussah, was Sie sich erhofft hatten und was Sie dafür möglicherweise bereits getan hatten. Fassen Sie noch einmal die Geschichte Ihres Traums zusammen, und erklären Sie, warum es Ihnen nicht möglich ist, ihn weiterzuverfolgen.

Wenn Sie können, malen Sie den Traum. Nehmen Sie einen Gegenstand als Symbol für den Traum – möglichst etwas Brennbares. Wenn Ihr Traum z.B. eine Weltumsegelung mit einem selbstgebauten Segelschiff war, könnten Sie ein kleines Boot aus Holz schnitzen. Packen Sie den Brief, das Bild und das Symbol zusammen in Papier ein. Dann machen Sie ein kleines oder noch besser ein großes Feuer, verabschieden sich von dem Traum und verbrennen das Paket. Wenn Sie die Möglichkeit haben, dies mit einer Gruppe, Freunden oder der Familie zu machen, ist das Ritual besonders schön und wirksam.

Wenn Sie an einem Gewässer wohnen, könnten Sie auch ein kleines Floß bauen, das Paket darauf anzünden und es von der Strömung wegtreiben lassen.

Schlusswort

Anfangs sagte ich, dass ich Sie begeistern und ein Feuer in Ihnen entfachen will. Ist mir dies gelungen? Ich hoffe, Sie haben alle Übungen gemacht und Antworten auf die von mir gestellten und Ihre eigenen Fragen gefunden. Verzeihen Sie mir, dass ich Sie ein wenig ausgehorcht habe und es gelegentlich auch einmal »ans Eingemachte« ging.

> Am Ziel deiner Wünsche wirst du jedenfalls eines vermissen: dein Wandern ans Ziel.
> (Marie von Ebner-Eschenbach)

Die wichtigsten Schritte haben Sie getan: Sie haben sich mit sich selbst beschäftigt und den Menschen kennengelernt, der Sie heute sind, aber auch den, der Sie sein könnten.

Es ist geschehen. Sie haben den Entschluss gefasst, Ihren Traum wahr werden zu lassen, Ihren Vorsatz endlich umzusetzen und Ihre Leidenschaften zu leben. Sie sind auf der Suche nach Ihrer Medizin. Vielleicht haben Sie sie sogar bereits gefunden. Sie haben erkannt, dass Sie Ihre Träume leben wollen und können. Losgelöst von den Rollen, die Sie von Geburt an gespielt haben, können Sie nun neue Wege für sich entdecken. Aus »kann nicht«, »darf nicht« oder »sollte nicht« wird ein freudiges »Warum nicht?«.

Es liegt an Ihnen, was Sie daraus machen. Sie sind nicht mehr der Mensch, der sich allein durch den Gedanken, einen Traum zu haben, auf dem Weg zu dessen Verwirklichung wähnte. Sie haben verstanden, dass es mehr dazu bedarf. Anstatt sich um die Dinge zu sorgen, die Ihnen Unbehagen bereiten, schauen Sie nach vorne in die Richtung Ihres Zieles. Sie haben einen Plan, Sie wissen, wohin Sie wollen – oder aber Sie wissen nun, warum Sie mit dem, was Sie haben, zufrieden und glücklich sind. Dann nehmen Sie Ihr jetziges Leben aber auch bedingungslos an!

Sie haben alles in sich, was Sie brauchen, Ihnen fehlt nichts. Es gilt, Chancen zu ergreifen, Fähigkeiten zu entwickeln und zu entfalten und den Traum wahr werden zu lassen. Nutzen Sie Ihre Medizin, die in Ihnen pulsiert. Ihr Weg ist heute und auch morgen noch nicht beendet, Sie werden sich Ihr Leben lang weiterentwickeln und das Spiel des Lebens nach bestem Wissen und Gewissen spielen. Wer sich selbst gefunden hat, wird ein dauerhaftes Gefühl der Freiheit, der Liebe, des Ernstes, der Schönheit und der Stille erfahren. Das verspreche ich Ihnen.

Lassen Sie mich hier einen anderen Aspekt ansprechen, der eines Tages auftauchen könnte. Wochen-, monate- oder sogar jahrelang haben Sie Ihr Ziel konsequent verfolgt. Nun haben Sie es geschafft und ernten die Früchte Ihrer Arbeit. Die wirkliche Welt ist doch immer ein wenig anders, als Sie es sich in Ihrer Fantasie vorgestellt hatten. Manches ist besser, manches schlechter, manches einfach nur anders. Wenn Sie aufgehört haben zu rauchen oder zehn Kilogramm abgenommen haben, gilt es nun, den Status quo zu halten.

Sollten Sie aber sogar ein großes Projekt bewältigt haben, dürften Sie plötzlich eine ziemliche Leere in sich spüren. Traum erfüllt – was nun? Der Luxus-Oldtimerschlitten ist restauriert, alles blitzt und blinkt. Ihre Abende sind nun frei, und am Wochenende haben Sie wieder Zeit. Sie fragen sich vielleicht: »Was habe ich früher nur gemacht, wenn ich frei hatte?«

Oder noch schlimmer: Sie haben Ihr Traumhotel in der Karibik oder Ihr Café eröffnet und müssen nun sechs oder gar sieben Tage pro Woche pünktlich um 7.00 Uhr anfangen zu arbeiten und 30 Leute mit Frühstück versorgen. Sie können nicht einfach einmal ausschlafen. Auch die unangenehmen Arbeiten wie die Steuer machen, einkaufen, die Mitarbeiter einstellen oder entlassen, sich Gästebeschwerden anhören, die Abrechnung machen usw., bleiben an Ihnen hängen. Oft wird es später Abend, bis Sie mit allem fertig sind. Erinnern Sie sich an die entsprechende Übung, in der Sie sich Ihren späteren Alltag vorstellen sollten?

Sie besitzen jetzt ein Café, und Sie haben als Quereinsteiger eigentlich kaum eine Ahnung, wie man ein Café führt? Dann tun Sie einfach so, als ob Sie die letzten zehn Jahre nichts anderes getan hätten. Seien Sie professionell und sicher. Irgendwann werden Sie hinter Ihrer Theke stehen und plötzlich merken, dass Sie nicht mehr nur so tun, weil Sie die Rolle dann leben. Nun werden Sie wissen, dass Sie es geschafft haben und dass Sie sich jeden Traum erfüllen können.

Wir alle sind Teil eines großen Ganzen. Mancher spricht von der Erde als einem einzigen Organismus. Jeder Teil hat in diesem System seine Aufgabe und seine ihm dafür gegebenen Voraussetzungen, seine Medizin. Es gibt für uns alle einen bestimmten Platz, an dem wir unsere Kraft optimal zum Wohle des gesamten Organismus einsetzen können. Sie sind für Ihre Position die ideale Besetzung. Niemand anderes kann dies besser als Sie. Sie sind besonders, Sie sind einzigartig.

Sollten Sie im Laufe der Lektüre zu der Erkenntnis gekommen sein, dass »eigentlich« in ihrem Leben doch alles ganz in Ordnung ist und Sie vielleicht nur ein oder zwei Kleinigkeiten ändern würden, gratuliere ich Ihnen. Was wollen Sie mehr? Menschen ohne Ziele, die dem Leben vertrauen und es einfach leben, die das Spiel des Lebens spielen und nicht darüber nachdenken, sind Menschen, die mit ihrer Medizin im Einklang leben. Jeder Tag ohne Ziel ist in diesem Fall ein guter Tag. Wer dort, wo er ist, verharren möchte, hat die Weisheit seiner Medizin gefunden.

Gern würde ich Ihnen noch ein paar kluge Ratschläge mit auf den Weg geben.

- Entscheiden Sie sich! Nur an etwas denken, dafür beten, es visualisieren wird wenig bewegen. Erst wenn Sie Ihr Zögern überwunden und Ihre Zweifel besiegt haben, geht es los. Und Hilfe wird aus Richtungen kommen, mit denen Sie nie gerechnet hätten.
- »Versuchen« Sie nichts. »Versuchen« ist der kleine Bruder von »nicht tun«. Wer versucht, erreicht nichts. Seien Sie ein »Macher«, tun Sie die Dinge.
- Seien Sie Sie selbst. Versuchen Sie nicht, das Leben anderer Menschen zu leben.
- Denken Sie lösungsorientiert. Suchen Sie also nicht nach Problemen und noch weniger nach deren Ursache. Suchen Sie nach der Lösung, stellen Sie sich ganz konkret vor, wie die Lösung aussehen könnte, und finden Sie Ihren Weg zur Umsetzung. Die notwendigen Techniken dazu finden Sie in diesem Buch.
- Geben Sie nicht vorzeitig auf: Gut Ding will (manchmal) Weile haben. Sorgen Sie also dafür, dass über Ihnen kein finanzielles oder wie auch immer geartetes Damoklesschwert hängt. Ein Traum lässt sich besser verfolgen, wenn wichtige andere Aspekte wie die fortlaufende, finanzielle Versorgung der Familie etc., geregelt sind, und Sie nicht spätestens nach Ablauf eines bestimmten Zeitraumes erfolgreich sein müssen.
- Nehmen Sie Ihre Mitmenschen und insbesondere Ihre Familie mit. Nichts kann schwerer für einen Partner sein, als ein Partner, der sich allein auf einen Selbstverwirklichungstrip begibt.
- Gehen Sie nicht mit dem Kopf durch die Wand! Schauen Sie die Wand lieber genau an, tasten Sie nach Schwachstellen, und schauen Sie, ob es einen Weg darüber oder darum herum gibt. Noch wichtiger ist die Beantwortung der Frage: »Ist es überhaupt Ihre Wand?«

Natürlich würde es mich sehr freuen, von Ihren Bemühungen und Zielen zu hören. Haben Sie nicht Lust mir eine E-Mail zu schicken, in der Sie mir schreiben, was Sie mithilfe der Ideen dieses Buches angegangen sind und wie es so gelaufen ist?

Genauso sehr freue ich mich auch über Verbesserungsvorschläge, die in der nächsten Auflage Berücksichtigung finden werden.

ÜBUNG – HAND IN HAND

Nichts geschieht,
ohne dass ein Traum vorausgeht.
(Carl Sandburg)

Schließen Sie noch ein letztes Mal die Augen – bevor Sie meiner Empfehlung folgen und das Buch nochmals durcharbeiten –, und lassen Sie Ihren Traum zu Ihnen kommen. Seien Sie absichtslos und offen, denken Sie nur, dass sich das, was Ihr Traum ist, zeigen soll. Lassen Sie jetzt nicht gezielt Ihren konkreten Traum erscheinen, sondern warten Sie ab, was kommt – nichts weiter. Die Bilder lassen Sie so stehen und denken nicht groß darüber nach.

Machen Sie diese Übung mindestens einmal täglich. Wenn Sie das Gefühl haben, dass sich ein bestimmter Traum immer wieder zeigt, der noch nicht kongruent zu dem ist, was Sie sich »eigentlich« wünschen, sollten Sie dies prüfen. Dann gehen offensichtlich Frau Herz und Herr Verstand noch nicht Hand in Hand miteinander.

Das Leben ist ein Spiel,
    das man nicht gewinnen, nur spielen kann!

Über den Autor

Oliver Driver begann als Bauingenieur und arbeitet heute als Inhaber des coaching salon in Köln in der Personalentwicklung mittelständischer Unternehmen sowie als Coach für Führungskräfte und Privatpersonen.

Sein Herz schlägt für systemisches Coaching und Großgruppenarbeit, aber auch für schamanische Rituale und Spiritualität. Er bildet Coachs, Trainer, Heilpraktiker und weitere in schamanischen Techniken aus.

Zu diesem Thema sowie zu angrenzenden Bereichen hat er verschiedene, im Schirner Verlag erschiene Bücher geschrieben. So, wie Schamanen Grenzgänger zwischen den Welten sind, so wechselt Oliver Driver vom Coach zum Schamanen zum Autor und verbindet so diese gar nicht so verschiedenen Welten.

Weitere Informationen unter:
www.shamanic-coach.de

Ebenfalls vom Autor erschienen:

Selbstheilungspraxis – Der schamanische Weg. Ein Weg in die Leichtigkeit durch die Kraft der Seele

288 Seiten
ISBN 978-3-89767-874-3

In vier Monaten mithilfe von 89 Übungen zur Selbstheilung – selten gab es ein so klar strukturiertes Buch über die Anwendung schamanischer Weisheiten, mit deren Unterstützung Sie auch ohne Vorkenntnisse wieder ganz heil werden können.

Von einfachen Atem- und Visualisierungsübungen bis hin zu den schamanischen Reisen in die Unter- und Oberwelt beinhaltet dieser Kurs eine Vielzahl von Übungen und Erklärungen, die Sie auf dem Weg zu Erkenntnis und Heilung leiten. Ein detaillierter Übungskalender hilft Ihnen dabei, sich spielerisch mit dem geheimen Wissen der Schamanen auseinanderzusetzen. Sie lernen, Ihr Leben zu erträumen, Ihre Träume zu realisieren sowie Vergangenheit und Zukunft zu verändern.

Visionssuche mit dem Medizinrad –
Eine moderne schamanische Astrologie

304 Seiten, farbig mit Abbildungen
ISBN 978-3-89767-937-5

Oliver Driver verrät Ihnen, wie Sie mithilfe des Medizinrades Ihre wahre Vision finden und leben können. Das Wissen um die Arbeit mit den vier Himmelsrichtungen, den zwölf Monden und den anderen magischen Symbolen, die den Kreislauf der Erde und des Lebens symbolisieren, war nahezu verloren gegangen, bis moderne Schamanen es wiederentdeckten. Sie aktualisierten es und passten es an die heutige Zeit an, sodass Sie nun ein kraftvolles und wunderbares Instrument zur Verfügung haben, das Ihnen zeigt, wo Sie gerade in Ihrem Leben stehen und was Sie verändern können.

Das Spiel mit den Urprinzipien, den Archetypen, wird Ihr Herz für neue Erfahrungen öffnen. Insbesondere, wenn Sie Lust auf intuitives Erleben haben, wird dieses Buch Ihnen unbekannte Facetten Ihres eigenen Selbst aufzeigen. Pflanzengeister, magische Tiere und heilende Mineralien helfen Ihnen dabei, Ihren eigenen Weg zu gehen. Totemmeditationen, schamanische Aufstellungen und Reisen verbinden sich im Medizinrad zu einem machtvollen Erlebnis. So entstehen Heilung und Kraft.

– Alpha – Die kreative Welle

96 Seiten
ISBN 978-3-8434-5026-3

Können Sie sich an Phasen der Inspiration erinnern, in denen Sie einfach im Fluss waren, in einer Tätigkeit vollkommen aufgingen oder die Kreativität nur so aus Ihnen hervorsprudelte? Dann kennen Sie den Alpha-Zustand bereits. Mithilfe dieses kleinen Büchleins lernen Sie, wie Sie jederzeit bewusst in ihn eintreten können.

Oliver Driver zeigt Ihnen einfache Methoden und Übungen, mit denen Sie ohne jedes Hilfsmittel in den Alpha-Zustand gelangen. Sie öffnen damit das Tor zu Ihrem Unterbewusstsein. Dadurch erlangen Sie mehr Kreativität, innovative Problemlösungen und nicht zuletzt Heilung.

Nutzen auch Sie den Alpha-Zustand, und aktivieren Sie all die kreativen Ideen und Lösungen, die in Ihrem Unbewussten schlummern!

Folgende CDs des Autors sind ebenfalls erschienen:

**Mentaltraining der Schamanen –
Geführte Fantasiereisen in schamanische Welten.**

ISBN 978-3-8434-8166-3
Jewelcase, 3 CDs, Spielzeit: ca. 155 Min.

Durch Seelenreisen heilen die Schamanen bereits seit langer Zeit Körper, Seele und Geist. Der Hörer erfährt durch die geführten schamanischen Reisen einfache und zugleich wirksame Hilfe: Wer sich z.B. unvollständig fühlt und seine Seelenanteile sucht, der lernt, seine verlorenen Anteile zurückzuholen.
Diese drei CDs enthalten: »Einführung in schamanisches Reisen und die Welten«, »Fantasiereise in die Unterwelt« (= Unterbewusstsein) und »Fantasiereise in die Oberwelt« (= Höheres Selbst, Seele).

**Schamanische Trommeln –
240 Schläge pro Minute**

ISBN 978-3-8434-8167-0
Jewelcase, Spielzeit: ca. 65 Min.

Diese CD bietet dem Hörer ca. 65 Minuten lang den handgeschlagenen
Rhythmus mit 240 Schlägen in der Minute einer Schamanentrommel. Dieser führt ihn schnell und sicher in eine Trance.
In diesem Zustand der konzentrierten Absichtslosigkeit wird Selbstheilung
möglich. Der Hörer reist selbstständig, er entscheidet selbst, wie und wohin
ihn seine Reise führen wird.